羅光全書

冊卅三

牧廬文集（四）

臺灣學生書局印行

八十述往序

民國六十一年，幾位青年組織了先知出版社，要求我參加，以示鼓勵。我答應了，拿了錢出書，出版了《牧盧文集》。

那年，我滿了六十歲。六十爲一甲子，爲紀念一甲子的生命，把當時散佚的文章，收集起來，編輯了這部文集。文集分六冊；第一冊爲羅瑪四記，早已出版；第二冊爲台南五年，也已出版五年；下面四冊爲台北七年，又分爲述往，哲學，宗教，生活。文集出版不久，先知出版社因經營不良，即形倒閉。牧盧文集由我收藏，轉交學生書局，每冊改名出售，售書不多。

今年我滿了八十歲，在台北已住二十五年。二十五年內所寫的文章很多，或者是專書，或者編輯成集，都已陸續出版，祇有一些學術論文和演講稿，還存在莢子裡。到了八十，可以作一總結了；我把《牧盧文集》的原書重新編輯；前兩部仍舊，所改和所加不多；後面四冊完全改編，編爲兩冊，一冊爲牧靈編，追述在台北總教區的牧靈工作，一冊爲文化編，追述在輔仁大學的文化工作。前兩部記事，紀述羅瑪和台南的生活，文筆生動簡樸，頗能引人興趣，後兩部說理，則嫌枯燥。原本想摘錄台北二十五年的日記，然和全書體裁不合。每段又過短，故放棄不抄。但就幾項具有歷史價值的事，摘錄有關日記，不爲稱功，而是爲歷史保留資料。現在錄出有關日記，還有有關人士在世，可以作證，日記不能有僞。

我的八十年生活，分成三大段：衡陽十九年，羅瑪三十一年，台灣三十年。衡陽十九年，十二年在南鄉老家，七年在黃沙灣修院。羅瑪的三十一年，九年求學，廿五年教書，十八年在駐教廷使館任教務顧問。台灣的三十年，五年在台南任主教，十二年在台北任主教，十三年在輔仁大學任校長。八十以後的歲月，全在天主之中。

我在七十自述，獻身五十年，八十向天父自責自慶的三篇文章裡，通盤說出了我對生命的感想。在這篇序文，我不再重覆，因爲這三篇文章都收在本書的附錄裡，我現在要說的，是我的思想已經有定型，不會改變，在哲學裡，我的思想定型在生命哲學，宇宙爲天主所造，乃是一創生力，繼續進化，化生萬物，形成一生命洪流。在生活上，我的思想定型在基督結合一體，同基督負羞辱痛苦的十字架，補贖自身和人類罪惡，以崇拜天父的偉大，稱謝天父的慈愛，在這個思想的定型裡，我希望安渡餘年。

羅光序於天母牧盧

民國八十年三月十二日

牧盧文集（四）

目　錄

思想

台北總教區十二年（一九六六——一九七八）

牧函

論教區會議

可敬的神父們，可愛的教友們：

九月八日，聖母聖誕日，是人類得救的曙光日，聖母誕生了，預示救世主基督將要誕生。耶穌基督由童貞聖母瑪利亞生成人，聖母的誕生，便是預示基督誕生的曙光。在慶祝人類得救的曙光，我願意向各位報告我們臺北總教區教務發展的曙光；這一道曙光，乃是將要舉行的臺北總教區的教區會議。

一、教區會議

教區的事務，是非常繁雜的事務。爲發展教區教務所當有的計劃，絕對不是主教一個人所可以擬定的。聖教會法典便規定主教要有主教公署的人員，要有教區諮議。這次大公會議更又規定教區應有牧靈委員會和司鐸代表會。我到臺北就職以後，三個月來，就一心設立這些組織。總主教公署人員裡，已有三位副主教，六位秘書，教區諮議會有十四位諮議，教區牧靈委員會有委員四十人。至於教區司鐸代表會，目前則以教區諮議會暫代。這些組織，都是爲集合多數人的心思才力，協助我來發展本區的教務。但是我覺得爲釐訂本區教務的發展計劃，以上所有的組織，還不足夠，應該召集一次教區會議，集合全教區的力量，來共謀發展教務的大計。

教區會議是集合教區的神父，按照教會法典的規定，討論教區的教務，議決了有關的議案，由教區主教批准，公佈施行，成爲教區行政法規。

按照教會法典第三百五十六條的條文，教區會議每十年應舉行一次，此次第二屆梵蒂岡大公會議，在論主教的牧靈職責法令裡，鄭重聲明：法典上關於教區會議所有的條文，俱應著實遵行。

臺北教區成立已經十四年了，從沒有舉行教區會議，況且在大公會議公佈了所有的法令以後，教區的傳教工作有許多應當改革的地方，又加上在臺灣的新興社會裡，各方面的變動很快很多，我們爲能應付目前臺北總教區的環境，爲能加強我們傳教工作的效率，要聚齊全教區的神父，再加上修女和教友的代表，共聚一堂，集思廣益，一起研究發展本總教區教務方針。我於是決定在明年召開本總教區的教務會議。教區會議不是發展教務的目標，而是發展教務的方法。這種方法，乃是最有效的，最良好的方法。因爲不是我一個人，或是我和幾個人去研究傳教方針，而是集合兩三百人去共同研究，所研究出來的方針，一定很好。因此，我稱召開教區會議，爲我們總教區教務發展的曙光。

二、籌備教區會議

教會法典第三百六十條云，主教如以爲在教區會議以前，先行籌備更好，便可以組織籌備委員會，委任數位神父從事籌備事宜。我以爲這種籌備工作，不僅是可以做的，而且是非做不可的。若是事先不好好籌備，會議一定沒有好的結果，多做一分籌備工作，將來會議的結果就可以多一分。所以我組織了教區會議籌備委員會，委任五十位神父任籌備委員，又聘請十幾位修女和十幾位教友當籌備委員會顧問，務必使所草擬的議案，能夠適合教區當前的需要。

除了籌備委員會所當作的工作以外，我們總教區的全體神父、修女和教友，都要參加這種籌備的工作。你們第一要特別爲將要舉行的教區會議祈禱。教區會議的目的是爲發展教區的教務，因此便是天主的事業，天主的事業，要由天主來指示，要由天主來完成。爲能舉行教區會議，我們應多求天主的光照，多求聖母的助佑。我乃規定由今天起，一直到教區會議閉幕的一天止，本總教區的各聖堂，在行彌撒時，遵照禮儀爲重要事項祈禱的規條，加唸伏求聖神的集禱經。第二，各位神父目前即可將自己對於發展教務的意見，寫送籌備委員會，又可以向修女們詢問意見，將所聽到的意見，轉送籌備委員會。另外，每位神父在收到議案的第一次草案時，應該盡心盡力予以研究，提供意見；使教區會議的議案，能夠草寫的很完備週到，將來會議的結果，便也能夠盡善盡美。

三、全教區合作

各位神父，各位教友，教區會議是整個教區的一項大事，對於教區的前途具有很大的關係。我請你們都注意這樁事，都看重這樁事，都愛護這樁事。我也請你們把教區這樁大事，看作自己的一樁大事，你們誰不愛教會？誰不愛自己的教區？誰不愛自己教區的主教？教區會議便是說明你們愛聖教會，愛教區，愛主教的一個很好的機會！教區會議也是我們臺北總教區能否合作的一個大考驗。在這一個考驗上，我們教區的全體神父、修女、修士、教友，我們要表現出來，我們全體是一家人，全體都通力合作，全體都謀求教區的利益。教區的利益，乃是耶穌的利益，我們通力謀求耶穌的利益，耶穌必定給我們增加聖寵，加增精神的愉快，加增常生的報酬。我懷著這個偉大的希望，用基督的聖名。

祝福你們

民國五十五年九月八日

嚴齋期牧函

可敬的神父們、可愛的教友們：

在農曆年節的炮竹聲中，我們開始了一年一度的嚴齋期，年節的炮竹，表示喜樂，表示慶祝，我們沒有覺得嚴齋期的來臨；就是在農曆年節以後，我們也不會感到嚴齋的不便，因爲嚴齋期內的大小齋，除了兩天齋以外，其餘都取消了。一方面因現代社會的生活，日趨緊張，工作繁重；一方面因爲我們的教友，多不是全家信教的，不宜於在家守齋。因此，一年內原先所有的大小齋都取消了，僅只保持了聖灰禮儀日和耶穌受難日的兩天大小齋，而且聖灰禮儀日的大小齋若像今年逢著農曆年節，也予以豁免。這樣今年唯有在耶穌受難日，我們守齋。

但是聖教會取消減食的齋，並沒有取消克苦工作，更不能忽略犧牲的精神。克苦工作，是爲犧牲自己。犧牲自己的意義，第一爲馴服自己的私慾，使我們不爲慾情所蒙蔽而作惡犯罪；第二爲補償自己所犯的罪惡，免受因罪而應得的罪罰；第三爲表示敬愛耶穌，甘心和耶穌同受痛苦。耶穌曾經教訓門徒說：「誰若願意跟隨我，該棄絕自己，背著自己的十字架，

跟隨我走。」（瑪爾谷 第八章第三十四節）

嚴齋期，是紀念耶穌受難的時期。嚴齋期以後，然後有復活節，耶穌由痛苦而到快樂，由死亡而到復活，由羞辱而到光榮。我們信仰耶穌基督的人，也要跟他由克苦犧牲，而到幸福。我們在嚴齋期內，便要自動做克苦的工作。不僅是不正當的娛樂，不合法的消遣，應即立刻放棄；就是正當的娛樂，合法的消遣，也應該減少。常吸煙的人可少吸幾支；愛看電影的人，可少看幾場；沒有特殊慶節，不舉辦筵席；不動而好閒的人，應勤奮工作。

但是克苦的工作，爲能有高尚的意義，應含蓄愛德的精神，爲愛天主又爲愛人而作。聖保祿宗徒說：「我若把我所有的財產全施捨了，我若捨身投於火中，但我若沒有愛，爲我毫無益處。」（格林多前書 第十三章第三節）

在嚴齋期內，我們要發揚愛天主之心，加倍熱情祈禱；我們要表現愛教會之心，踴躍爲教區服務；我們要加強愛旁人之心，盡力捐助慈善事業。

因此，我規定嚴齋的第五主日，即苦難期第一主日，爲教區事業捐助日。本總教區內的各本堂，各修會，各學校在當天都要爲教區事業捐獻；各本堂的捐獻，由本堂教友合捐。爲協助本堂勸募，本區教友的各種組織，宜發動會員與本堂神父通力合作。所謂教區事業，在本年內，有耕莘醫院，有主教公署和教友活動中心的建築費，有本區慈善工作之基金，有本教區會議的費用。教區的事業是教會的事業，也是我們每個人的事業。歐美的教友，對於我們教區的事業，慷慨捐助。我們怎麼可以袖手旁觀呢？

同時，我鼓勵本總教區的教友訂閱教友生活週刊。這種週刊爲本總教區的刊物，報告教會消息，宣揚教會思想，本區每個教友家庭都應訂閱一份，而且還要捐款訂報，贈送教外親友。爲協助教友家庭訂報，各本堂神父，宜發動本堂區教友組織的會員，奔走教友家庭，介紹報紙，代收報費，務必在嚴齋期內，完成這項工作。

本總教區尙有其他三種月刊：恆毅月刊、現代學苑、時音。恆毅月刊爲一般教友的普通讀物；現代學苑，爲知識份子的思想嚮導；時音乃大專及高中學生的良友。我希望本區的神父和教友，愛惜這三種刊物，大量予以協助。

嚴齋期既是我們加強教會服務的時期，上面的兩種工作：爲教區事業捐獻，訂閱教區的刊物，就是我們爲教會服務的表現。梵蒂岡第二次大公會議，提倡信仰基督的人多有教會的意識，教會以教區爲具體的代表，凡是在教區內的神父、修士、教友，都要以教區爲家，認教區的事業爲自己的事業。我們爲這些事業，大家同心協力，爲愛天主而爲人服務。救主耶穌必以祂的聖寵神力，引導協助，使能有成。我也以救主的聖名，誠心降福各位，謹祝主佑。

民國五十六年二月十一日露德聖母節

民國五十六年聖誕牧函

諸位可敬的神父，諸位親愛的教友：

本月八號，聖母無原罪節，教宗保祿六世發表文告，建議全球各國以新年元旦，爲世界正義和平日。又訓示各國主教，鼓勵本教區神父教友，爲求正義和平，舉行祈禱，廣作宣傳。

和平是正義的良好結果，沒有正義，不能有和平，不愛正義和不尊重正義的人，也不能愛和平。教宗保祿說：和平不是靠假說和平的話所能造成的，假說和平話的人，屢次拿和平的話，掩飾侵略的行爲，若缺少真誠尊重對方的權利，和平也不能常久建立；因爲一個國家以內，若是國民的人格被壓迫，國民的自由被剝削，國民之間沒有真正的友愛，這個國家以內，怎麼有自由呢？在國際之間，若是有些國家，不尊重別的國家的利益，不尊重國際條約，國際間怎麼可以有和平呢？

我們知道，大戰以後，世界上還沒有和平，就是因爲共產集團，口中假說和平的話，實際上則想併吞別的民族，使全球赤化；口中宣傳扶助弱小民族，實際上則剝奪一切人的權和和財產，供共黨的使用。

我們要緊爲正義和平多行祈禱。祈禱求天主賞賜全球的人，誠心愛正義，擁護正義，保障正義。因爲，一天在世界上正義有了保障，和平就可以建立。我們又求天主摧毀進行侵略的勢力，消滅鼓吹侵略的思想，使全球的人民，可以自由生活，安居樂業。

可是我們求和平不是空談，也不是怕負起保障正義的責任。教宗訓告說：我們提倡和平，不是替那班膽小怕死的人說話，不是偏袒那些不肯爲國家民族的利益，犧牲私益的人，也不是幫助那些爲保障正義和自由，不敢擔負責任的人；提倡和平不是妥協，不是出賣義。

因此我們爲提倡正義和平，我們自身要培植愛正義，愛旁人的美德，孔子曾經說：「見利思義，見危授命，久要不忘平生之言，亦可以爲成人矣。」（憲問）孟子說：「生亦我所欲也，義亦我所欲也，二者不可得兼，捨生而取義也。」（告子上）這種精神是很高尙的積極精神，也是要求敢有犧牲一己的勇氣。

教宗也指示：爲求和平，應有仁愛的教育，應有正義的精神，我們遵從教宗的提示，還要教訓我們的子弟，愛己愛人，立己立人，孟子曾說：「老吾老以及人之老，幼吾幼以及人之幼……故推恩足以保四海，不推恩不足以保妻子。」（梁惠王下）又要教訓子弟尊重他人的人格，尊重他人的權利，在家庭學校內有孝弟的美德，有子曰：「其爲人也孝弟，而好犯上者鮮矣，不好犯上而好作亂者，未之有也。」（論語　學而）恢復我們祖傳的倫理，正是　蔣總統復興中華文化的勸告。

諸位神父，諸位教友，在新年元旦或在農曆春節日，你們到聖堂參與彌撒，求天主降福新年內你們一年的工作，請不要忘了為正義和平祈禱，我們整個總教區，則在正月六日傍晚七點鐘，將在民生路主教座堂，舉行祈求正義和平的大禮彌撒，由教廷新大使艾可儀總主教主禮，同一天，傳信部部長雅靜安樞機，在羅瑪慶祝晉陞神父五十週年金慶，我們在大禮彌撒中也為雅樞機祈主賜福，請諸位神父、修女、教友，在正月六日午後七時，請多多來到主教座堂，參與大典，我們要大禮堂裡同聲歌唱聖誕的天使所唱的歌「天主享受榮耀於天，善人享受太平於地。」

我謹以耶穌的聖名降福各位。

教友生活　民國五十六年十二月二十八日

宣示宗徒信經應奉圭臬
期勉服膺教宗頒行節育通諭

諸位神父、諸位教友公鑒：

在聖母蒙召升天的大節期，臺北總主教公署落成，並舉行降福聖堂禮。公署的聖堂，奉中華聖母為主保，原擬在五月卅一日落成，後因工程不能及時完竣，乃改於聖母升天節舉行降福。這座公署，代表臺北總教區；而在觀光的來賓眼中，更代表中國教會的建築，因此建築圖案為中國宮殿式，外表內部俱莊嚴新穎，華而不奢，偉而不俗，百年以後，尚可為一座可觀的建築物。我們同心感謝天主，助佑公署的工程，順利完成。也誠心感謝各方友朋和你們中間多人的慷慨捐助。

在這封牧函裡，我意特別向各位講最近教宗所發表的兩件文告，教宗保祿六世親自聲明這兩件文告，是自己登基以來最重要的文件，最重大的決議。這兩件文告：第一件是在信德年閉幕禮教宗所宣讀的信經，第二件是七月廿五日教宗所頒發的論節育通諭。

信德年閉幕禮教宗所宣讀的信經，乃是我們天主教會所信的信條。教宗聲明這次宣讀信經，雖不是在教座上決定教會的信仰，但他是以全教會的名義，即是以全教會的主教和全體天主子女的名義聲明我們教會從古到今所有的信條。因此，我們可知道這項聲明所有的權威，是最高的，所有的內容，是最正確的；我們便當誠心信服。

每位望教人在領洗的典禮中，都要聲明自己的信仰。在古羅瑪，漸漸造成了一種聲明信仰的形式，這種形式就是我們今日所誦讀的宗徒信經。宗徒信經一千三百年沒有變更，全教會的信眾常奉信仰的圭臬，在公開儀式和私人祈禱中，常常誦讀。

在教會最隆重的祭祀典禮彌撒中，我們也誦讀信經。彌撒裡的信經，較比宗徒信經文句稍多，內容則是一樣。彌撒裡的信經，是第一屆尼西大公會議和加彩東大公會議所定，文句加多，爲說明救主基督的本性和救贖事業。第一屆尼西大公會議在三百二十五年舉行，加彩東大公會議在四百五十一年舉行，這篇信經也有了一千五百年的歷史，後代的大公會議，尤其是脫利滕大公會議和第一屆梵蒂岡大公會議，對於信仰的信條，再加以決定，例如關於原罪、聖寵、七件聖事、聖體、諸聖通功，都更有詳細的規定，各屆大公會議所有關於信仰的決定，並不是加增新的教義，而是將包含在聖經和宗徒傳授裡的教義，予以說明。

神學學人在教會的工作，便是把教義，按照聖經和宗徒傳授的意義，用哲學的原則和方法，深入研究，作有系統地解釋，神學便是教義的系統解釋。

在最近幾個世紀裡，歐美的哲學思想變了，哲學的研究法也和以往有所不同。於是，在神學方面，便也起了變化。傳統的神學，對於現代人的心理，不大適合，而且許多新的科學，例如生物學、地質學、以及民族考古學，有了很大的進步。這些科學的知識，對於教義的解釋，也發生影響。現代的神學學人，乃有新的神學的造就。

教會是鼓勵人研究學術的，更鼓勵神學學人向深處研究神學。但是神學的對象是教義，教義乃是天主的啓示。啓示大都是超出人的理智範圍。基督爲保全啓示的正確性，指定了由教會擔任導師的職務。教會導師之職，則由教宗和主教負擔。神學學人的職責，是解釋教義。他們解釋教義的權威，乃是私人的權威；教會解釋教義的權威，則是正式的權威。神學學人的解釋便不能反對教會的解釋。

第二屆梵蒂岡大公會議，爲加強神學在當代學術上的地位，乃鼓勵神學學人自由研究神學，自由發表意見。從大公會議開幕時起，直到今天，歐美各國的神學學人群起編報寫書，到處教學講演，對於教義的各項信條，都有新的研究，新的解釋。雖說這種新神學，尚沒有一個完整的系統，但對於教義的研究，已經開了新的途徑。可是在有許多新的解釋中，有的解釋脫離了教義的傳統意義，和教會的正式解釋不相吻合；於是不單是在神學界引起了爭論，另外是在信友的心理上，產生了紛亂；以致於有人懷疑教會的教義改了，以前所信仰的有些錯了。全球的主教神父，對於這種現象，心裡都很焦急，紛紛要求教宗採取有效的步驟，澄清視聽。教宗乃在信德年閉幕大典時，宣讀了教會的信經，肯定了教會信仰沒有變更，教宗所讀的信經，是以我們每天所唸的宗徒信經作根據，再加以歷代大公會議決議，並添附現代的簡單解釋。從此以後，我們教會的信友，對於自己的信仰，不要再有疑慮了；教會的信仰，就是我們常常所有信仰，目前所有的信仰。目前所有的神學紛亂局面，也漸漸可以安定了。我們感謝教宗，這種安定人心的大德。

一、利用人工節育乃不道德行為 實行墮胎無異殺害胎兒

教宗保祿最近的第二種文告，討論節育問題通諭，也是當前全教會的人所迫切期待的文件。

節育問題是一個爲眾所週知的問題，也是億萬人切身的問題。在我們臺灣，目前政府和社會人士，集中力量，也在宣傳和推行節育。

節育若是按照自然的途徑，以減少生育率，本來不是違背道德的；然而現在所推行的節育，乃是利用人工節育，或裝置物品，或服用藥片，或實行手術，使男女的性行爲，不發生孕育作用。甚且還行墮胎，殺害胎兒。

人工節育，是否合於道德。教會在以往常常聲明這種行爲，根本是不道德的行爲，但是近年這人工節育行爲，已普遍全球；天主教教友中也有不少的人，應用這種方法。在第二屆梵蒂岡大公會議期中，有許多主教要求教宗有所決定，教宗乃組織一專門委員會，任命專家爲委員，愼重研究。同時教宗又廣詢主教神父和教友們的意見，以求明瞭這個問題的眞相。

這個問題的眞相，實在是一個社會經濟問題。生育率高，社會經濟不能配合，消費者多，生產品少，社會乃呈現普遍貧窮的現象。貧窮家庭，生育子女多，沒有教養能力，子女一生不能幸福。

神學學人又有人主張男女結婚，第一目的並不是在於生育子女，而是爲兩方結合，度合一的生活，合一的生活，即愛情的生活。夫妻愛情合一的表現，在人工節育上，不但不減輕，而且反能加強。

教宗接到了專家委員會的研究報告，又收集了各方人士的意見，親自考慮了一年之久，誠心祈禱了聖神的光照，最近乃頒發通諭，聲明人工節育不合道德，教宗知道全球有很多的人，期望他聲明人工節育可以實行。然而按照倫理原則，不能滿足這些人的期望。但是教宗也很同情許多教友對於這個問題，在心靈上物質上所遭遇的困難，他鼓勵專門學者繼續研究，也籲請教友提高精神，以精神去補救物質。

二、提高精神生活彌補物質匱乏

在臺北總教區信德年閉幕典禮艾大使舉行彌撒時，我曾講道，講論教宗和我們信德的關係。救主基督曾指定聖伯多祿爲教會的磐石，且吩咐伯多祿在救主升天以後要堅定弟兄們的信仰。教宗是聖伯多祿的繼承者，教宗在教會的地位，也就同聖伯多祿一樣，是教會的磐石，是教會信仰的堅定者。在一千九百多年的歷史裡，歷代教宗常盡到這種艱難的責任；而且也是我們天主教會在信仰和組織上，能夠完全一統的理由。正當目前教會信仰發生危險的時候，教宗愷切地指示我們保持純正的信仰，同時也不拒絕現代學術的貢獻。在台灣教會方面，本來沒有看到歐美目前所有的紛亂局面，並不覺得教宗宣讀信經的重要，然而從整個聖教會說，教宗宣讀信經，乃是穩定大局的重大事件。同時，爲著人工節育問題，千萬的教友幾年來都心懸不定，現今教宗聲明了教會的態度，大家心也定了，雖在實際生活上，不定的狀態還可能繼續存在，然而在良心方面，大家都有所遵循了。關於人工節育問題，我今年也曾經在三四月間，在教友生活上和中央日報上，先後發表了意見，我希望你們各位注意這個問題，在教宗的通諭譯成中文後，仔細研究，信德年閉幕典禮中教宗所宣讀的信經，則已經在「教友生活」七月二十五日的第二版上登載了譯文，我也請你們各位留心注意，信德是天主賞賜我們大恩惠，作爲我們精神生活的基礎。我們的信德純正、堅強、活潑，我們的精神生活也定活躍、高尙、美滿。精神生活好了，生活的其他方面表現也一定好。我們因此，充實我們的信仰，使我們有純正、堅強、活潑的信德。我們也求聖母助佑我們，並助佑在大陸因著信仰而遭迫害的同道，求聖母加強我們大家的信仰和信心；在生活的各種困難中，我們常能有精神的安慰，精神的快樂。謹以至誠之心，以耶穌的聖名，祝福各位。

民國五十七年八月十五日

培養教友堅強信德替聖教會奠定基礎

諸位神父、諸位友公鑒：

從本年七月開始，直到十一月底，我視察了本總教區七十多處本堂，又視察二十座修女院，餘下的十幾處本堂和十幾座修女院，我將繼續視察。我視察本堂和修女院的目的，是爲更明瞭本教區的傳教情形，也爲知道目前傳教的困難。現在我將從視察所得的感想，向各位談一談。

我所視察過的本堂，有的在市區，有的在鄉間，有的在山上，我看本堂神父的生活都很簡樸。神父的住宅雖然都已經不是十年以前的克難房屋，而是新建的樓房；但是陳設都很樸素，飲食更是淡薄。神父和教友生活水準相同，沒有階級的隔閡，神父關心教友的生活，教友也關心本堂神父的工作。這種團結的精神是很可欽佩。當然免不了教友中有不來堂參加彌撒的人，可是神父仍舊到他們家中訪問，彼此中間尚沒有失去聯繫。我希望這種連繫將來更加強，教友到聖堂參與彌撒領聖事。

我所視察的修女院，修會的性質不同，修女的國籍也異；但是她們的精神則是一致，都是愛天主而為天主工作，都是愛中國而為中國人服務。我和每位修女單獨談過話，我知道了她們每個人工作的繁重，卻沒有一個人因忙而抱怨。

整個臺北總教區傳教的工作，因著環境的關係，困難很多。教外同胞因著工作的忙碌，因物質享受的增高，很少有人對基督的福音起向慕的心；近年領洗的人數因此減少。有的神父認為這是天主給我們的一種恩惠，使神父可以有機會培植已經領洗的教友。但是這個培植教友的機會並不容易實現，因為教友也沒有多餘的時間。兒童和青年更是忙於學校的功課，連星期天也沒有假；成人因每天都有職業上的工作，一天到晚不得閒。還有許多教友因著遷移了住所，和本堂脫離了聯絡。因此，神父雖然有時間可以培植教友的信德，教友卻少有機會可以享受這種恩惠。

為好好利用這種機會，我們應該怎樣辦呢？

在本年神父避靜時，在教區諮議會，司鐸顧問會和教區牧靈委員會，各種集會中，我們都研究了這個問題。現在我把所研究出來的結論，向大家公佈，也希望大家照著實行。

對於成年教友，加強教友組織，重視教義要理。

為增加男女成年教友對於教義的知識，每處本堂按照實際情形，可以採取下列一兩種工作：

（甲）家庭讀聖經：本堂主婦會或婦女會，按期輪流在一家中，共同誦讀聖經，請神父解釋。

（乙）家庭玫瑰經：本堂教友分區輪流在一家中，共同誦玫瑰經，請神父講道。神父講道的題目每次互相連貫，解釋教義或禮儀的一部份。

（丙）教友組織的訓練：本堂的教友組織，按期集會，請神父教授聖經或禮儀。聖經爲信仰的基礎，禮儀爲信仰的實行。

（丁）總鐸區要理講習班：總鐸區的本堂，共同設一要理講習班，爲有志協助神父教區要理的教友，講授教義要理的方法和內容。

（戊）教區要理講習班：教區爲傳道員，修女和教友，舉辦要理教授訓練週。

對於青年兒童，舉辦各項活動，設立學生中心。

高中和大專的學生都是有志向的青年，他們有心研究教義；但高中學生因爲要預備投考大學，便很少有時間來讀要理。大專學生也因爲功課忙，學校活動多，很難抽出時間研究教義。初中學生多是沒法擺脫課本，神父簡直看不見他們。只有國民小學的學生，現在可以有時間參加要理班。因此，我們的注意力，要特別集中在小學生的要理訓練。

（甲）主日要理班：每主日，本堂的小學兒童分班讀要理，由修女或老師教授。

（乙）假期要理班：寒假期短，不容組織特別要理班，暑假期內則必該有兒童要理班。

（丙）學校要理班：天主教的小學和中學，應該要在課外設立要理班，爲教友學生教授要理。若有望道的教外學生，則設望道生要理班。

（丁）夏令營：暑假時，各本堂應與總主教公署聯絡，或自辦夏令營，或參加教區舉辦之夏令營，使中學生在夏令營內受培植。

（戊）同學會和青年會：教區設有大專同學會和中學同學會，本堂區也可設同學會或青年會，以培植會員的精神生活。

（己）學生中心，凡本堂有房有廳可供學生讀書或運動者，設立學生中心。

對於遷移教友，設置聯絡機構，尋找失散教徒

臺北總教區內，教友家庭的移動很頻繁，從一本堂遷到另一本堂，從外縣市遷來臺北。遷移的教友很少向本堂主任神父報到，因而神父不知道這些教友的地址，沒法和他們聯繫。爲改正這種嚴重的現象，我們決定採取以下的辦法：

（甲）總主教公署設立遷移教友聯絡處，聯絡處負責籌劃使遷移的教友和本堂神父取得聯絡。

（乙）請外縣市本堂，若知道他們本堂有教友遷來臺北時，通知臺北總主教公署；並邀請外縣市的本堂神父多次來臺北，和從他們本堂來的教友集會。

（丙）組織訪問團，訪問並尋找遷來的教友。這種訪問團將邀請職工青年會、大專同學會、基督生活團、聖母軍各組織派員參加，在假期分頭向臺北新建的社區，公寓和工廠，尋訪遷來的教友。

（丁）逐漸實行教友卡片，每位教友在本堂存一卡片，遷移時以卡片送交遷入的本堂神父，同時在遷出的本堂神父處留有卡片存根。

諸位神父、諸位教友，上面列舉的辦法，都不是新的辦法，也不是大費金錢的辦法，許多本堂已經在實行。但是我希望大家齊心去做，使效力增高。現在既是我們培植受洗教友信德的時候，我們應該善於利用。教友信德堅強了，宗教生活和倫理道德生活跟著就會提高；教友既是虔誠的教友，必定會向教外同胞傳教，望教和領洗的人隨著便可以加多。因此，我們大家勉勵罷！我們要把握時機，替中國聖教會打下根基，我們便不失爲時代的英雄，雖然是無名的英雄；但是在天主前，我們的名字可以寫在常生的冊子上了。我祈求無染原罪的聖母扶佑我的工作。我因

基督的聖名降福各位

民國五十七年十二月八日　聖母無原罪節

傳教工作的檢討與計劃

諸位可敬的神父，諸位親愛的教友：

在九月四號出版的教友生活週刊上，公佈了上年度台北總教區的教務統計表，大家都看到一年內台北總教區傳教工作的成績。總括起來說：傳教工作在各方面都繼續發展，成績還可以令人興奮。我因此特別感謝天主，也感謝全教區神父修女和教友。

統計了一年度的工作成績以後，我們該擬訂下年度傳教工作的計劃。我現在用這一封牧函和大家說明新年度我們工作計劃的大綱。

傳教工作和別的神修工作一樣，「不進便是退。」傳教工作若不能向外發展，吸收誠心慕道而領洗的人，傳教工作就要向後退，就要漸漸衰落。因爲若沒有慕道領洗的人，神父們的工作情緒便要降低，教友們的宗教熱誠也要冷淡。不向外傳教而只求訓練已經領洗的教友，不能有好成效；這是我們最近幾年所有的經驗。

慕道而領洗的人，一年比一年少：這是台灣目前的事實。究竟爲甚麼緣故？大家都在研究。

據我們普通的觀察，造成減少慕道人數事實的原因，可以有下面四點：

第一：台灣的經濟日趨繁榮，物質的享受日益增高，人心都趨向金錢，趨向享樂，因此，對於宗教不覺得有興趣。

第二：我們教會取消了戰時救濟機關，對於窮苦的人不繼續分送救濟品，一般窮苦的人便和我們教會失去接觸的機會。

第三：報章雜誌登載新聞，述說神父修女還俗結婚的新聞；又誇大教會內部分裂的爭執，教外人不免對教會有些懷疑，失去看重教會的好心。

第四：現在人類已到了太空時代，人已登上月球，科學的聲望達到了最高峰；台灣有許多人便以爲有了科學不必有宗教。

上面的四項原因，給我們的傳教工作帶來了許多困難，減少了慕道而領洗的人。但是我們不能因著困難便不往前進。上面的四大傳教困難，也可以改變爲傳教工作的助力。

經濟繁榮乃是天主的恩賜，是社會的一樁好事，不應該是傳教工作的阻礙。所不幸的，是經濟繁榮帶來了不合理的物質享受。我們的政府因此正在盡力提倡重建國民的倫理生活。爲發展我們的傳教工作，我們便該協助政府的這種工作。

我們教會不分發救濟品，對於傳教工作可以說是一種幫助；因爲許多不願人家誤會他們進教是爲麵粉的人，可以坦然無畏地來聽道領洗。

科學不反對宗教，研究科學的人也可以是虔誠的教友，乃是人所共見的事實。不過，我們傳道的方法，要能針對這些愛科學的人的心理，不能呆板地教他們背要理課本。

神父或修女中有還俗結婚者，這一事實更能表現神父修女的私生活有高尚的價值；因爲若是神父修女的生活不高尚，那些還俗結婚的人可以不還俗而在神父修女中混亂。

我們因此不能怕各種困難而不設法發展向外的傳教工作。我們新年度傳教工作計劃就是以向外工作爲目標。計劃的具體綱目，由我們教區的司鐸會和牧靈委員會，將來詳細研究，予以釐訂。我現在只說明計劃的大綱。

爲向外傳教工作行祈禱：傳教的工作是天主聖神的工作，我們爲求傳教工作向外發展，應特別求天主助佑。我自己身爲教區主教，我第一個要爲教區傳教工作向外發展而祈禱克苦。我也要求全教區神父修女修士和教友，都爲教區的傳教工作向外發展而常行祈禱。

按照以往的經驗，慕道者來聽道，常是由教友介紹而來。我便要求全教區的教友，盡力勸自己未領洗親戚朋友來聽聽道。另外，我要求臺北總教區裡的各種教友組織，在今後的十二個月裡，要努力介紹教外人來慕道領洗，每個教友組織今後十二個月的工作裡，要把介紹人來聽道作爲第一項工作。

每個修女院要集合全院的修女，研究如何在修女的工作上，可以介紹教外人來慕道領洗。修女們在工作上和教外女子們接觸的機會很多；而且修女還可以給慕道人講要理。

每座天主教學校都要設慕道者的要理班，讓教外學生自由來聽。但是在校的天主教學生應該肩負介紹的責任。同時在校負責教育的神父和修女，宜用高尚的人格，啓發教外和教內學生嚮慕高尚的精神生活。間接引慕道的人來聽道。因此，常要自加警惕，不要行爲失檢，遭人輕視。

若有慕道者來聽道，神父一定要心情愉快，樂於講道；也必須犧牲自己的時間和精力，以就合慕道者的需要。即慕道者要求分班，一班只有一人時，神父也不宜予以拒絕。

請大家閱讀一遍台北總教區教區會議案的第一章第一節；如何吸引更多人士嚮往教會。

各本堂神父請在彌撒中講道時，多鄭重向教友講解協助教會的責任，教友有責任協助教會向外人宣傳福音；有責任藉捐獻協助本堂和教區的事業。

我們教區的司鐸諮議會和牧靈委員會，在最近就將改選，改選以後就將集會研究新年度傳教工作的詳細綱目。我自己在最近將開始訪問各本堂的教友組織和各修女院，將來大家討論傳教工作向外發展的情況。整個總教區上下一心，集中精力向外宣傳基督的福音。

在近幾個月內，我修改了前十五年所寫的《徐光啓傳》。在閱讀徐文定公的史事時，我很佩服他向外傳教的心火，開創了上海教會，穩定了北平的教會。我們應效法文定公傳教的精神，在各種困難中勸教外人來慕道領洗。文定公曾在家書上訓告兒子說：「教中事切要用心，不可冷落，一放便易墮落矣。」（家書第九件）我們向外傳教的心切不可冷落，一放便不易振作。

爲基督工作，必有基督的助佑，我們大家懷著信心向前走，工作可以有成就。今天是聖母聖誕佳節，我們依賴聖母的庇蔭，更可以提起精神，加增工作的興趣。

我謹以

基督的聖名祝福諸位安康。

民國五十八年九月八日

民國五十八年聖誕節牧函

諸位神父、諸位教友公鑒：願主的和平與你們同在！

聖誕佳節，基督將和平帶來人間。新年元旦，我們乃舉行世界和平日。目前世界上武力衝突，炮火戰爭，雖只在少數地區發生，然一般人們缺乏愛好和平的心理，對於正義沒有信心。共產黨以階級鬥爭爲信條，以社會叛亂爲攫奪政權的手段。共產黨的心理乃是仇恨的心理。自由世界的自由人，則自私心盛，強併弱，衆暴寡。尤其不良青少年，結黨成會，互相械鬥，兇殺事件，日加益多。教宗保祿在一九七〇年和平日宣言裡就說：「鬥爭成了法律，鬥爭就是成功的力量，甚至於鬥爭就是正義。……我們不否認鬥爭可以是必須的、可以是正義的武器、可以是高尚精神的表現。我們也不否認鬥爭可以有成功的勝利。但是我們要說鬥爭不是人類所需要的光明途徑。我們要說在現今文明的時代，人類爲走上爲大衆有確實正義的途徑，應該在鬥爭、在暴動、在戰爭、在壓迫以外，另找一個領導的觀念，即是和平。和平不是膽怯，不是懦弱。和平以倫理的力量，代替獸性的蠻力；和平以理論、以談判、以精神之偉大，代替可怕的、效果不可靠的武力以及物質和經濟力量。

和平是人和人相處,而不是人和豺狼相處;和平是人使用自己偉大的精神力量。所以和平在目前社會裡應該居於上風。」

和平是精神力量;精神力量勝過獸性的暴力。總統因此常說為反共復國,要發揮我們的精神力量。我們要以愛護同胞的心理,代替共匪仇恨同胞的心理。我們要以建設民族文化的熱忱,代替共匪摧殘祖傳文化的瘋狂。所以我們反共復國不是愛戰爭,而是愛和平。我們是要使在共匪仇恨和恐怖下的同胞享有和平的安寧。

各位神父教友,我們要幫助我們的青年人發揚精神力量。動氣好鬥,不是勇敢;忍氣讓人,不是怯弱,殺身成仁,捨身取義,才是真正的偉大,真正的英雄。英雄的精神,則是和平的精神。

元旦日為普世和平日。我們熱誠為和平祈禱。正月一日,元旦上午十時三十分,將在主教座堂舉行大禮彌撒。承蒙大家為我年屆花甲,祈主賜福;然我們在彌撒中,必將為和平而祈禱。我們的心目中,將想著大陸,求中華聖母賞賜大陸同胞早享和平幸福。謹祝

諸位多蒙主寵　　新年快樂

民國五十八年聖誕節

慶祝臺北教區成立廿週年
檢討以往策劃未來

諸位神父、諸位教友公鑒：

今年我們慶祝本教區成立二十週年，我們誠心地感謝天主的洪恩，賞賜臺北教區發展迅速，組織完善，我們也紀念臺北第一任總主教郭公若石，第二任總主教已故田樞機耕莘，輔理主教成公世光，三位的功績。我們並不能忘記二十年來，在臺北總教區服務的神父、修女、傳教員，他們的努力，他們的辛苦。臺北總教區所有今日的成就，都是大家忍苦耐勞，埋頭苦幹的收穫。

但是大家知道，在臺灣的宣道工作，近年因著社會環境的變遷，困難日漸加多。因此我們更要振作精神，虛心研究，以便尋得適宜的方法，加強我們工作的效力。

我現在便和大家講論幾種應當實行的方法。

一、虔誠祈禱

宣傳福音，乃是神聖的工作；以天主的聖言，指示人生大道，引人歸向天主，和基督結成一體。這種神聖工作，要有天主聖神的指導，要有天主聖神的感召，因此大家該多行祈禱。

祈禱的中心，爲彌撒聖祭。在彌撒聖祭中，基督親自降臨祭臺和行祭神父，和參加祭禮的教友，在精神上結合一起，共同行祭，共同祈禱，共同奉獻犧牲。參加彌撒的教友，也因基督的精神，彼此互相融洽，互相團結，互相結成一家。

每位神父，當然要熱心舉行彌撒聖祭，小心謹慎，使祭臺清潔，使禮儀端重。教友參加彌撒，也要心情專一，共誦經文，共唱聖歌。

每處本堂宜有輔祭班，宜有歌詠團，人數雖然按照本堂環境可多可少；但他們爲增加禮儀的莊嚴，則都同樣重要。

每處本堂的教友，在主日和大慶節日，宜在自己本堂裡，參加彌撒，青年學生更宜在本堂主日彌撒裡，擔任輔祭、唱歌的職務，不宜分在他處聖堂參與聖祭。本堂的教友，藉著聖祭的精神，加強彼此的聯繫。

為提高教友參加彌撒的興趣。本堂神父宜多次向教友解釋彌撒的意義，購買主日彌撒單頁供教友使用。教友可以一週內輪流在離堂一兩家教友家中，舉行彌撒，招請附近教友與祭。且應指導教友，每晚，祈禱，造成教友家庭晚祈禱的良好習慣。這種良好習慣原先在我們大陸的教友家庭裡，已經根深蒂固。

我們的神父，原有每天朝拜聖體的習慣，許多修女院也原有顯供聖體的敬禮，我希望這種優良的傳統，常常繼續，使我們多邀天主的寵佑。

二、加強本堂的團結

主日彌撒，是本堂團結的根基，從這種根基上要發展其他的團體工作，以造成本堂教友成為一家的事實。

聖洗聖事，使人進入基督的教會；堅振聖事，使新教友進而成為成人的教友；婚配聖事，使成人教友建立家庭。這三件聖事都和本堂教友的團體，關係密切，宜在各人的本堂內舉行。如因特別原因，在本堂以外舉行時，先宜取得本堂神父的同意；而且為婚禮應送的獻儀，一部份應歸自己本堂神父。

本堂教友對於自己的本堂，應有親切的愛護，大家合力同心，參加教會所認許的組織，以協助本堂神父的工作。教友參加組織，不是爲爭權利，不是爲沽名釣譽，而是爲天主，爲教會服務。他們在本堂神父指導之下，勸冷淡教友重新熱心；引導新遷入的教友，認識本堂神父，協助本堂神父，教授兒童教義要理，訪問教友家庭，救濟貧困病人，復興民族道德，提高家庭生活；宣傳福音真道，敦勸教外友朋進教。百端盛舉，都是教友組織的職務，也是目前時代的要求。

當然在本教區居住的神父和修女，更應對於本堂工作具有責任感。凡不任本堂神父，或副本堂的神父，都應在自己職務以外的時間，到本堂服務，這是神品聖職的責任。凡在本教區的修女院，都應參加本堂工作，尤其對於所在地的本堂，有所協助。

三、適合時代

世界的局勢變了，台灣的社會也變了，我們爲宣傳福音，也要有適合時代的方式。雖然我們所有的人力和財力很有限，我們也不能不盡力採取適合環境的方法。

教育的方法，要適合兒童和青年的心理。現在我們爲教授要理，便不可習於老方式，需要有新的教授法。教區因此除已有永泉教義研究所以外，又成立了牧靈研習委員會，發刊見證雜誌，爲應付這種需要，希望大家予以協助。

青年學生，不僅是民族國家將來的主人；而且也是當前台灣對於福音真理較感興趣的人，我們對於他們，特別予以注意，除設立學校，成立同學會外，教區又設有耕莘文教院，萬里海濱焯炤康樂中心，同時修會也辦有學生宿舍。我希望大家愛護青年學生，合力共襄教區的學生活動。

台灣工業發展迅速，工廠林立，到台北工廠做工的青年男女，日漸加多。男女工人中有不少教友，離家鄉，來到大都市裡，所遇的困難很多。教區組有職工青年會，又辦有職工宿舍，大坪林職工宿舍規模宏大，現已竣工，三重市保祿職工宿舍，正在建築中。協助他們解決困難。但是在這方面的問題仍舊很複雜，若不是神父、修女、教友共同努力，我們將束手無策。

家庭和婚姻問題，也隨著社會工業化而劇增，教友的家庭也免不了這種危險。教區現在設有達義心理輔導中心，又設立家庭服務中心。我懇請神父和修女，以愛護教友家庭的心情，輔助這兩處中心的工作。

社會傳教工作，在現在世界各地，甚囂塵上。在我們台灣，也不例外。爲計劃這些工作，教區最近成立社會牧靈工作中心，希望可以集合大家的力量，漸漸可有成績。

在最近一次覲見教宗時，教宗又囑咐我特別注意文化工作，使中華民族傳統思想和基督福音思想能夠相結合，近兩年台灣神父和修女的牧靈講習班也再三提倡這事，我因此希望成立文化研究社，漸漸從事研究，我們教區出版的現代學苑，將在這方面刊登研究的文章。我們也將和中華學術的天主教學術研究所合作。並且我也懇請大專的天主教教授協助，使我們的文化工作，稍見成效。

近提倡司鐸和修女聖召，乃是目前教會的急需。今日的男女青年，並不是沒有昔日青年的勇氣，和犧牲精神，不願獻身於天主，而是社會環境吸引青年奔向現世的事業，我們要多向他們講說聖召的高尚，鼓勸他們從事牧靈的工作。我們教區的聖召委員會，在這方面已很努力。但我要求全教區的人，看重聖召，合力提倡，並支持修院的經費。

其他應做的事，尚有很多，真是千頭萬緒，不知從何下手。臺北總教區二十年的成績，已經可觀；然而將來的前途，則遠而且難。我們只有依恃天主的授助和聖母的庇佑，激起心火，努力前進，克盡職務，以求教區的發展，我謹以基督的聖名，祝福

各位神形康健

民國五十九年十月廿五日

檢討牧靈工作　勉勵神職自強

諸位神父、諸位修女公鑒：

一、神父和修女為基督福音作證

聖保祿曾經向哥樂森教友們說：「我們所宣揚的，就是基督；所以勸人教人，啓發人的智慧，也就是基督。努力使一切的人因基督而成完人，使能奉獻於天主。我就是爲這椿事不辭勞苦，一心依靠天主賦予我的力量，努力奮鬥。」（致哥樂森書 第一章第二八—二九節）

在台灣宣傳基督福音的神父和修女，努力了二十年，使三十萬同胞信仰基督。但是這三十萬的信友，並沒有人人因著基督而成完人；況且還有一千萬同胞並不信仰基督，而且目前台灣的環境，物質生活增高，物質的慾望也加強，信仰基督的人，遠離基督，不信仰基督的人不願認識基督，因此，我們的神父和修女中，有的人便覺得自己獻身爲基督服務，已經失掉意義，也就志氣消沉了。

但是聖保祿宗徒說：一心依靠天主賦予自己的力量，努力奮鬥。神父和修女無論在那種環境中，常是基督的證人。每一個人都以自己的生活，爲基督福音作證。神父尤其是社會的精神導師，以福音的生活理想，指導旁人。中國人的心理，一向尊重有德的人，孟子曾說，天下的達爵有三種：德、齒、爵。有德的人，常受人尊敬而成爲草上之風。雖然中國社會傳統以讀書人爲重，現在的人都看重大學教授；可是有德的君子，受人尊敬，尙在大學教授以上。目前臺灣社會人心，不看重宗教，很少有人接受神父爲精神導師，以接受福音之道。但若是神父修身立德，社會人士雖不信他的教義，也必尊敬他的人格。神父做到了這一點，他獻身於基督的意義，也就滿全了。同樣修女若能以德行做人師表，便也就滿全了爲基督作證的意義。在目前台灣的環境裡神父和修女絕對沒有志氣消沉必要，而且更要振作精神，在各方都要自求可爲人師之道。在儀表上，在衣著上，在談吐上，在行動上，都要自重，「自強不息」。

二、為青年人工作

在目前台灣的社會裡，因爲經濟生活的繁榮，真正沒有人注意宗教生活嗎？我們的傳教工作，真正沒有發展的可能嗎？按照今年六月初，臺北總教區牧靈檢討會的結論，又按今年一位瑞士神父在台灣所作的調查（台灣的價值體系），台灣目前的青年，尤其大專學生，有許多人對於宗教生活感覺濃厚的興趣，願意研究宗教教義，接受宗教信仰，實際上近幾年在臺北市領洗的成年人以大專學生爲多，同時，中國佛教在大專學生中也突然引起研究的心火。因此今年六月臺北總教區牧靈檢討會所作的結論，多是關於青年人的牧靈工作，我現在把這些結論，列舉於後：

關於教友的子女，我們一律給他們授洗，同時囑咐父母注意子女的宗教教育，本堂神父也隨時予以關照。

教外人的子女，得有父母的同意，經過相當的宗教訓練，在初中畢業的時期，便可以領受聖洗。

公教兒童的教義要理訓練，除每主日的訓練班外，尙應有假期訓練班。要理的訓練，宜採用新的教育方法。爲採用新的教育方法，一總鐸區的本堂應聯名舉辦。據神父們和修女們的經驗，兒童們喜歡讀要理，但要有好的教育方法。

本教區組織有青年會，鼓勵各本堂區的中學生結成這種組織。本教區的牧靈研習中心，舉辦中學生在本堂服務講習會，訓練中學生在本堂裡領導並參加各項活動。

大專同學會的輔導委員會，將加強大專同學的宗教生活，又將加強大專同學在本堂服務的訓練，這種訓練由牧靈研習中心負責舉行，使青年人在青年人中宣揚基督福音。

請求在學校教書的神父修女，特別注意牧靈和傳教工作。神父和修女在學校教書或是負責校務，都應有傳教的心火。首先以德表爲學生所敬重，在適當機會上對於學生的精神生活給予指示。若有願研究教義的學生，則給予講授。

天主教大學和中學，應給予學生研究宗教的機會，爲天主教學生設立教義研究班，爲教外有研究興趣的學生，成立宗教研究或精神生活研究會。

天主教的學生宿舍，宜有懂得青年心理之神父或修女負責管理，多與青年接觸，隨時予以指導，尤其宿舍內宜有優良的宗教氣氛。

各本堂神父宜注意公教青年職工的組織，有者予以加強，無者著手組織，來臺北各工廠和公私企業機構工作之青年，天天加多，我們對於青年職工和對於青年學生一樣，應特別加以照顧。

本總教區已設立了家庭輔導中心，爲協助本堂推行天主教家庭生活，組織青年婚姻講習班，輔導夫婦使用自然調節生育法，各位總鐸應就本總鐸區內的情況，聯合辦理，要請家庭輔導中心負責人員前往協助。

青年人在結婚以前，應至少四次接受婚姻聖事的講習，以明瞭婚姻聖事的意義。

家庭宗教生活爲青年教育的根基，本堂神父應十分注意，同時也應協助政府在教友家庭推行生活規範和禮儀須知。

本堂神父和修女，應熱心提倡聖召，特別要以自己的高尙生活，激勵青年男女，獻身天主。

上面所寫的，就是本年六月初臺北總教區牧靈工作檢討會的重要結論，我現在向大家公佈，懇切地請大家去實行。我在檢討會中曾經說過，現在不是我們可以消極或消沉的時候，中國將來一百年或兩百年的教會，都靠我們這一輩的人去建設。中國大陸的主教、神父、修女、教友，現在只能用眼淚用痛苦去祈禱，他們不能爲教會有所行動，我們在自由的國土上，我們便應該使用我們全心全力，替他們也替後代的人去工作。無論物質慾望所激起的阻力怎樣大，我們所依恃的天主聖神，則神力更大，足以勝過物慾的阻力，引導同胞歸向基督，我虔求基督以祂的聖寵神恩，豐賜各位，也求升天的聖母，以慈母之手，援助各位，謹祝

基督的平安

民國六十年八月十五日聖母升天節

危難時期的牧靈工作

諸位神父、修女及教友公鑒：

上週我和本教區神父舉行年避靜時，曾檢討當前的傳教時局，計劃一年內該有的工作。在避靜最後一天的彌撒中講道時，我向神父們說出了心中的憂慮，指出了危難時期中傳教工作的要點。現在我把這些要點向全教區加以說明。

一、加強國民責任心

當前的時局是一個嚴重的時局，大家當然要「處變不驚」，但是千萬不能以為平靜無事，只顧照日常生活。政府認清了時局，正在研究計劃應付時局的政策。政府政策在集中全民的力量，用新的精神和方式，來保全和發展復興民族基地，在國際上為爭取國家合法的地位。這種工作是在艱難中的奮鬥，需要全國人民的支持和合作。我們天主教信友，每人都要認清自己所負的國民責任，在這嚴重的時局中，忠誠地為國服務，發揚國民公德，排除自私之心，凡事以國家爲前提，國若不有，家將何爲。國家強才可以保身家。爲此，生活要務求節儉，保持克苦耐勞的習慣，實踐「國民生活須知」，培養民族美德，摒除享樂的慾念。

二、加強信德

在危險的變動中，我們能夠「處變不驚」，全靠我們的信德。我們深信天主是宇宙間一切變動的主宰，人事的動雖由人自由來負責，但也出不了天主的掌握。我們又信天主是我們的慈父，時時處處照顧我們，（瑪竇福音 第六章，路加福音 第十一章）因此我們要加強信心，堅信天主不會拋棄中華民族，必不忍中華人民都淪爲共黨的奴隸。我們抬頭遠看著民族的前途，近看我們來日，我們具有依恃天主的信心，我們的心可以安定，我們的希望必定穩固，我們工作的興趣便會濃厚。

另外是青年人，更要加強自己的信德。你們若是瞻望自己的前途，看見一片迷糊，你們的心，不是要滿懷悵惘，悲觀失望嗎?但你們若充實自己的信德，在信仰的光明下去看你們的將來，你們可以充滿信心，愉快地奔向前程。

諸位神父，因此便請加強牧靈工作，多向教友宣講福音大道，以充實他們的信仰，在談話中，在講道時，常以信德爲前提，指導教友用信仰光明的評判世事，勸導教友參與彌撒，多行告解，常領聖體，以增強信仰生活。

時局艱難時，常是信德復興機會。世事順利時，人人趨求享樂；世局危險了，人便會想到天主，聖保祿宗徒曾警戒教友們說：「現在我們該從睡夢中清醒的時候了，現在是救恩的機會」。（格林多第二書 第六章）諸位神父，請盡心善用這個機會罷！

而且有些教外的青年和成年人，也將在這艱難的時局中，尋找精神的支持，因聖神的默導，會來向神父們問道。我希望各位神父，特別是在學校負責教務或教書的神父，肯犧牲自己的時間和精力，歡迎來問道的同胞，向他們講解福音大道。

三、加強祈禱

在危難期中，我們雖加倍努力，常不能有所成就，我們需要多行祈禱。祈禱是我們對天主所有信心的表現，祈禱也是我們對工作成功的希望。我們當前正努力，求復興基地的保全和發展，我們便爲復興基地的保全和發展而祈禱。諸位神父修女，在每天的彌撒中，在每天的日課經裡，在每晚的默禱時，常要爲這椿國家大事祈求聖體中之耶穌聖心。耶穌曾經爲祖國之危難而垂淚，（路加福音 第十九章第四十一節）曾經公開地說：「我憐惜這批民眾」（瑪竇福音 第十五章第卅二節）因此我請各位本堂神父，在每月的第一星期五，舉行公開禮儀，敬禮耶穌聖心，爲國家祈禱；又請各修院修女，在每月的第一星期五，敬守聖時，祈求耶穌聖心，助佑中華。我也請各位教友，每晚在自己家裡，爲祖國祈禱。我們所求的恩佑，在於改革全國人心，使執政者以廉潔爲懷，採取賢明政策，使爲民者，急於國難，犧牲私意以從公。

在三年前，我們曾在臺北體育館迎接法蒂瑪聖母像，把臺北總教區奉獻與聖母，去年五月一號，主教團在臺北主教座堂紀念聖統制成立二十五週年，曾爲法蒂瑪聖母像加冕；去年十二月五號，主教團在臺北體育館慶祝建國六十週年，又將中國奉獻於聖母。這一些禮儀都指示爲應付中國當前的危難，我們要特別恭敬法蒂瑪聖母，因爲聖母在法蒂瑪顯聖，正是爲著人類將受共黨的禍害，勸導人類革新心靈，預防大難。我請各位本堂神父，在本年內，特別在五月和十月，組織朝聖隊，往朝法蒂瑪聖母。我們臺北總教區淡水法蒂瑪聖母堂，有鳥來在本年內將建的聖母朝聖地，又有總主教公署聖堂，供奉加冕的法蒂瑪聖母像。私人的祈禱固有效能，團體的朝聖更增祈禱的效益。我希望神父、修女和教友，結隊朝拜這三處的法蒂瑪聖母。

四、加強團結

團體朝聖時，大家結成一心，同聲讚揚天主，同口呼求聖母。現在是我們團結的時候，再不能有散沙的現象。主教和神父結成一體，主教將多抽出時間，訪問神父；神父和神父，將多會面聚談，增強手足情誼，修女和修女，將多聚會，共同研究，互相認識；教友將組織教區和堂區教友傳教促進會，協助神父，共同合作。

教會團體意識，應在每個人的心中，發揚光大。教會是基督的奧體，奧體只有一個，基督是頭，我們是肢體。在基督奧體的聖寵和愛德中，我們結成一個身體，休戚相關。（格林多第一書 第十二章）

共產主義所宣傳的思想，是恨，是鬥爭；基督所講的福音，是愛，是合作。抵抗共產主義的最有力的工具，便在於以愛去抵抗祂的恨，以合作抵抗祂的鬥爭。基督在最後晚餐留下遺囑，訓令信徒要彼此相愛，使別人認得祂的福音是天父的大道。（若望福音 第十三章第三五節）我們便要在這嚴重的時局中，用愛德爲基督作證。

相愛和團結的最好表現，乃是彌撒。殉道的聖依納爵主教曾說：在彌撒裡，教友和神父相結合，神父和主教相結合，圍著同一的祭壇，同心同聲，歌頌唯一的天主，參與唯一的祭祀，在耶穌的聖體內，彼此結成一體。

我希望這種團結的神聖事實，在我們的本堂裡常可實現。我也求在聖體內的救主基督降福各位。並預祝

春節快樂

民國六十一年一月十三日

祖國月牧函

諸位神父、諸位教友公鑒：

中國主教團在今年的年會上，接受了全國教友傳教促進會的建議，以十月為祖國月，在十月內特別為本國祈禱。

我因此聽取了教區諮議常委會和全體會議的意見，也聽取了全國教友傳教促進會理事會的建議，規定臺北總教區在本年十月內，舉行下列各項善舉，祈求天主降福中華：

在本總教區內之神父，或是教區神父或是修會神父，在十月內每人請為中國奉獻彌撒一臺，且在可能範圍內，按照總主教公署所排定的日期奉獻彌撒，使十月內每天有幾位神父為中國獻祭。

在十月內本總教區之教友，熱烈奉獻彌撒獻儀，請神父為祖國獻祭。

在十月內，每主日彌撒中講道時，神父應講教友愛國的義務。彌撒後，公誦奉獻中國於聖母誦。

在十月內，每處本堂，每晚或在聖堂或在教友家中集會，公誦玫瑰經，求聖母護佑中華。

在十月內的星期五，如無困難，請大家守小齋或大齋，以克苦求主福佑中華。當然守者有功，不守者，無罪。

在十月內，少往娛樂場所，少設筵宴，節省消費，充爲傳教節的捐款。再者，政府目前正提倡節約，今後各修會及本堂以不舉行盛大宴會爲宜，遇有慶節，可以茶會招待。

在十月內，各修女院宜有兩次或多次明供聖體，特別求耶穌聖心，護佑中華。

在十月內，請大家做些愛德工作，安慰貧苦的老人和孤兒，以及本堂區貧苦的家庭。

十月十日國慶日，以不便於教區舉行盛大祈禱大會，但各本堂在當天宜有爲祖國祈禱之彌撒，教友亦宜參與祈禱祭典。

各位神父、修女、教友，我們的國家和政府，並不是處在存亡的關頭，也不是臨在滅亡的邊緣，天主賞賜我們有社會安寧，有經濟發展。但是，國際親共的趨勢，使我們在外交上孤立，使我們在國際上受歧視，使一些膽怯的同胞動搖，使我們的傳教工作受阻礙。所以我們在十月祖國月，集合全國同道，一心一意，祈求上主，助祐我們安渡難關，穩固復興基地，建立復興基業，我們也求聖母將我們的祈禱，奉獻於上主，得蒙垂聽。

我請大家，共同努力，發揚愛國熱忱，提高宗教的負責精神。謹祝主祐！

台北總主教羅光　民國六十一年八月三十一日

國難當前莊敬自強昂首向前同舟共濟

諸位神父、諸位教友公鑒：

十月已經到了月末，大家在一個月裡，按照我的牧函的指示，一心一意，誠切爲祖國祈禱，我特別向大家表示感激，也表示欽佩。

自今年四月三十日，本總教區成立教友傳教促進會以來，到今天已經是六個月了。在開成立會的那一天，教區三位副主教，三十餘位本堂神父，十一位特約委員，十一位籌備委員，八十三位本堂代表，共聚一堂，我親自出席指導，結果通過了組織章程，選舉了負責人員。經過半年的時間，這個組織的基礎已形穩固，這個組織工作已漸展開。因此我認爲現在我應向全區說明這個組織的性質，使大家有一共同的觀念，避免多生枝節，也避免可有的誤會。

教友傳教促進會不是一種善會，乃是一種聯絡的組織。在教廷的文件裡，稱爲Consilium Laicorum即是教友委員會。這種組織的結構，第一，有全國教友傳教促進委員會，由全國各教區的教友代表及全國性各教友善會的代表，以及主教團所派代表組成，負責聯絡各教區的教友及全國性各教友善會，共同商討爲促進全國教友從事傳教工作的計劃，特是舉辦教友傳教講習會。第二，有教區教友傳教促進委員會，由各本堂的教友代表及教區各教友善會的代表以及主教所派的代表組成，負責聯絡各本堂教友和教區性的各種教友善會，商討促進教區教友從事傳教工作的計劃。第三，有本堂教友傳教促進會，由本堂的教友代表及本堂的各教友善會以及本堂神父所派代表組成，負責聯絡本堂教友和本堂各善會，共同商討促進本堂教友從事傳教工作的計劃，並實行教區教友傳教促進委員會所有的決議。

教友傳教促進會，在全國的委員會，屬於中國的主教團，由主教團的教友傳教委員會節制。在教區的委員會，屬於教區主教，在本堂的委員會屬於本堂神父。這種組織和別的善會不一樣，不是本身的上下委員會構成一個系統，互相從屬。例如：聖母軍，職工青年會，及是國際性的善會，它們有國際總會，國家分會，教區友會等，互相連繫。

教友傳教促進會的名詞，是中國主教團常務委員會所擬。主教團常務委員會在擬定這種名詞時，曾多加斟酌。本來可以簡稱爲教友委員會，但因這個名詞的意義太廣泛，委員會可以參加教會一切工作，甚至參加治理教區和本堂。因此主教團常委會沒有採用這個名稱。本來也可以稱爲教友代表會；但是這個名詞在社會上可以引起誤會，教友代表在社會上在政治上都可以說話或行動。主教團常委會擬用教友傳教促進會的名稱，既指明這種組織的宗旨，是宗教性的活動；又說明這種組織的宗旨，在於促進教友的傳教工作，而不是自己包攬一切傳教工作。

傳教工作爲救主基督聖父所得的使命，基督升天時將這使命留給了教會，由教會的聖統制負責執行。傳教工作在教會內是一種正式的工作，受聖統制的節制。教友正式參加教會的傳教工作，要有聖統制的認可。因此，教友傳教促進會爲教會的一種公開組織，組織章程、會長任命，以及工作計劃，要按照範圍，或由主教團或由教區主教或由本堂神父批准。

傳教工作爲宣傳基督的福音，福音的精神乃是愛。聖保祿宗徒說：「全部法律總括在這句話裡，愛你的近人如同你自己」（迦太基人書 第五章第十四節）教友傳教促進會的工作便是宣傳愛的工作；而且也是愛的實踐，因爲聯絡的工作，若沒有愛德、沒有忍耐，絕對不能成功。所以我在台北總教區教友傳教促進會成立大會致詞時，以愛德爲主題，鼓勵大家有基督之愛。基督之愛，「是含忍的，是慈祥的，愛不嫉妒，不誇張，不自大，不做無禮之事，不求己益，不動怒，不圖謀惡事，不以不義爲樂，卻與真理同樂；凡事包容，凡事相信，凡事盼望，凡事忍耐。」（格林多前書 第十三章第四節—第七節）

各位神父，我很誠切地請你們培植教友傳教促進會，指導會員的工作。教友傳教促進會決不是爲增加你們的麻煩，白費你們的心力。這個組織乃是爲聯絡本堂教友，協助本堂神父，絕對不能藉主教的名義挾制神父。雖然因著人性的軟弱，在人事方面免不了有些磨擦；

但在基督的愛德以內，這些困難都可以勝過去。在現在教會以及台灣的環境裡，聯絡教友一起來做傳教和牧靈工作，不僅是時代的信號，也是事實要求。熱心傳教的你們各位神父，我相信不會輕視或漠視這種組織。至於在各本堂怎樣去組織，則由各位神父按照本堂情形去進行，可由本堂已有的組織中選派數人，或由神父另派或加派幾人，和所派參加教區教友傳教促進委員會的代表，共同組織本堂教友傳教促進委員會，以事聯絡。

各位教友，我也很熱切地請你們大家支持教友傳教促進會，這種組織是為聯絡你們協助主教神父，也是為協助教區和本堂之各種教友善會的工作，教友傳教促進會不能包攬事業，不能植私營黨，更不能將自己增加勢力，在天主的事業裡，只有天主是主人，我們大家，連我身任教區主教的人都是基督的僕人。基督在福音上曾經說明了自己的僕人應當有資格：他們應當是謹慎小心的人，應當是忠於職務的人，應當發揮自己的才能，但不能虐待同事。我希望我們大家都成為這樣的人，忠實地為基督服務。

諸位神父，諸位教友，國難當前，人人有責，莊敬自強，互相團結。現在是大家齊心努力的時候，現在是大家互相攜手的時候。天主聖神在你們各位心中，燃起基督的愛火，擔起各人在教會在國家所有的職責，昂首向前，同舟共濟。祝望基督的恩寵與和平，常和你們同在！

台北總主教羅光　謹叩
民國六十一年十月卅日

台北總主教牧函

——論善度聖年

聖保祿宗徒曾勉勵格林多的教友：「我勸你們不要白白地空受天主的恩寵！因爲天主說：『在樂意的時候，我垂允你，在拯救的日子，我援助你。』現在這樂意的時候到了，這拯救的日子實現了。我們自己努力避免任何的惡表，使我們的傳教職務不致受人輕視。」（格後第一章至第四章）

聖年是天主賞賜我們的特恩，是天主樂意垂允我們祈禱的時候，是天主拯救我們出於罪惡的日子，我們絕對不可以白白地空受天主的恩寵，務必要努力革新我們的精神，使我們的生活真真有新的氣象。

近十年來，因著教務的停滯，因著教會內部思想的混亂和規律的鬆弛，又因著社會日趨物質化，我們的精神便表現疲倦，委靡不振的狀態。現在聖年來了，我們要乘機從這種狀態中振作起來，把著「君子自強不息」的志氣向前走。

因此，我和教區諮議會，牧靈委員會，修會會長和總鐸，幾次開會研究善度聖年的辦法，接受他們所有的建議，規定以下項目：

一、關於司鐸

1.非有特別事故不缺月避靜，教區神父和修會神父在一年內，兩次共同行月避靜。

2.聖年內的年避靜，一定要參加。教區將舉行年避靜兩次，以便教區神父和修會神父選擇一次。

3.在聖年內，教區舉行一次傳教牧靈研習會，全教區的神父應參加研習。

4.希望神父們加強對於聖體的敬愛，以彌撒聖祭作爲自己生活的中心。又常在聖體前檢討自己，以求精神的革新。

5.爲加強神父的聯繫，教區在聖年內舉行一次朝聖旅行邀請神父修女參加。

二、關於修女

1.關於修女們在聖年內的公開活動，由修女聯合會商議決定舉辦。
2.加強修女對於聖體的敬愛。在聖年內，每座修女院在一月內最少應有一次顯供聖體，做一小時的敬禮。
3.修女應參加家庭基督化運動，輔導教友家庭，推行家庭基督化的各項節目。

三、關於教友

1.在聖年內，教友宜參加避靜；避靜由本堂，或由教友傳教促進會舉辦。
2.家庭基督化運動，應積極推行，尤其對於以下幾點，務求實現，家中懸掛聖像，家中置有聖經，家庭祈禱，家中喜慶哀喪時全家參與所奉獻的彌撒。
3.勤讀聖經；每天按照教友傳教促進會所供給的資料，恭讀聖經。
4.參與本堂朝聖組織。在聖年內，每個本堂區宜組織朝聖團，或朝拜主教座堂，或朝拜烏來聖母朝聖地,或朝拜聖女德蘭朝聖地,朝聖者可得天主的特赦大恩。

5.本堂區教友,宜聯合捐款,救濟本區內的貧民,或捐助安老院和孤兒院。

四、教區的公開禮儀

1.從明年正月起,每月在一總鐸區舉行一次公開聖年禮儀,禮儀由總鐸區按照指定的祈禱意向聯會舉辦,儀式應隆重莊嚴。

2.明年四月底在台北將有全國的聖年大祈禱會,邀請亞洲主教團協會全體大會的主教們參加。台北總教區的神父、修女和教友應當踴躍參與這次祈禱大會。

明年十二月底,教區將舉行教區成立二十五週年紀念大典,屆時,請全教區的神父、修女、教友,熱烈參與大典。

以上的節目,在天主聖神的神光指導下,必能協助大家善度聖年,獲取豐富的效果。基督在最後晚餐,曾爲信徒祈禱說:

「父啊!願他們在我們內合而為一,就如祢在我內,我在祢內,為叫世界相信是祢派遣了我。我將祢賜給我的光榮賜給了他們，為叫他們合而為一，就如我們原為一體一樣。」（若望福音 第十一章第廿一節第廿二節）

善度聖年的效果，在於增長愛德，使我們大家在基督內相合爲一體，以加增天主的光榮。

諸位神父、修女、教友，請大家同我一齊，抱著極大的信心，實踐上面的節目，洗心革面，刷新精神。中國古語說：「人誰無過，過而能改，善莫大焉。」我身爲主教的人，是第一個應向天主，向你們大家，承認有過，立志遷改的人；你們各位神父和修女，也宜檢討，改過自新，務必聽從聖保祿宗徒的勸導：「我們自己努力避免任何惡表，使我們的傳教職務不致受人輕視。」

謹求聖母瑪利亞，以慈母的愛心，扶助我們善度聖年，全心與天主相合好，全心和旁人相合好。祝

基督的恩寵和平安，常與你們同在！

台北總主教羅光　謹叩

民國六十二年十月十一日

論本堂自養及成立教友傳教協進會

台北總教區全體神父、全體教友公鑒：

本月四日至六日，中國主教團舉行年會，討論自由中國的佈道問題，所得的結論中，有兩點對於我們的佈道工作，關係特別重大：即是擬定教會自養的方針，批准中國天主教教友傳教協進會章程。這兩點互相關係。

一、教會自養

教會自養，爲教會傳統的習慣，當救主耶穌佈道收徒時，衣食所需由信徒供給，瑪爾谷福音記載救主被釘在十字架上殉道，有婦女在遠處觀望「她們當耶穌穌在加里肋亞時，就跟隨了他，服侍他。」（瑪爾谷福音 第十五章第四十一節），聖神降臨後，教會開始成立，宗徒大事錄記載初生教會的情形說：「凡信了的人，常齊集一處，一切所有都歸公用。他們把產業財物變賣，按照每人的需要分配。每天都成群結隊地前往聖殿，也挨戶擘餅，懷著歡樂和誠實的人一起進食。他們常讚頌天主，也獲得了全民眾的愛載，上主天主使那些得救的人，加入會眾。」(宗徒大事錄 第二章第四四節—第四七節)

聖保祿宗徒訓告格林多教友，供給傳道人員一切所需。他說：「誰當兵而自備糧餉呢？誰種植葡萄園而不吃它的出產呢？或者，誰牧放羊群而不吃羊的奶呢？……若是我們給你們散播神聖的恩惠，而收割你們那屬物質的東西，還算什麼大事？如果別人在你們身上尚且分享權利，我們豈不更該嗎？」(前格林多書 第九章第七節—第十二節)

初期多難的教會，全靠教友的捐助，羅瑪皇公斯當定帝領洗進教以後，以廣大的土地，賜給各方的教區。神聖羅瑪帝國時期，教會的主教和帝國，多數都爲貴族，擁有封邑，教會遂成了富庶的教會，生活紀律鬆弛，乃招致君主干涉教會行政，教會內部分裂。脫利騰大公會議痛加改革，重訂紀律。法國大革命以後，歐洲各國政府先後沒收教會財產，各教區和本堂乃恢復教友捐獻制度。北美天主教會本無土地基金，一切費用都由教友支持，近百年來，亞洲、非洲的傳教事業，日益發揚，所需經費浩大，歐美教友乃慷慨解囊，大量津貼傳教經費。天主教會在中國的一切費用，都依賴這些捐助。庚子拳匪作亂，殘殺教會人士，八國聯軍所取賠償，都交給在中國的教會，創辦學校和醫院，共匪禍國，侵佔教會一切財產和事業。天主教在台灣重新努力，建立事業，教區、本堂、學校、醫院相繼成立。但我們教會在台澎和金馬，都爲新成立的教區，沒有基金，所需經費，全仗歐美教友的慷慨愛德。然而在台北總教區成立的廿五週年時，我們認爲教區應當步上自養的途徑，絕不應長久仗賴他人。

爲推進教區自養運動，我們訂定一個簡單的五年計劃，這個計劃分爲三點：第一，本堂區的用費，如本堂禮儀的費用，本堂房屋的保養，本堂房屋的擴建，傳道員薪金，由本堂區教友負責。第二，本堂神父的生活費用由教區負責。第三，本堂所辦的事業，以及教區所辦事業，如醫院、宿舍，和幼稚園等屬於教區，以所得的三分或四分之一，支持教區的經費。在這五年內，教區經濟委員會按照這個目標，逐步推行，逐年檢討得失，五年以後，根據所有經驗，以及社會環境，再作進一步的計劃。

二、教友傳教協進會

本堂費用，由教友負責，本堂區便要成立經濟小組，負責有關本堂經濟的各種事項。這種小組，應該爲本堂教友組織的一部份，本堂教友組織宜爲教友傳教協進會。

教友傳教促進會，在本總教區已試辦了兩年。民國六十一年十月卅日我曾發表牧函，解釋教友傳教促進會的意義，本月，中國主教團決定這種組織的名稱爲教友傳教協進會，批准了全國性的教友傳教協進會的章程。現在我用這封牧函正式規定，在台北總教區內的各本堂，按照當地的情形，籌備並成立本堂區教友傳教協進會，所有章程，應依照這次牧函所附的本堂區教友傳教協進會組織一綱，再根據堂區的實際狀況擬訂。本堂教友傳教協進會，不是一種善會，而是整個堂區的組織，以本堂主任司鐸爲負責人，包括堂區所有修會的代表及各種善會的代表，以及本堂區教友。這種組織的宗旨在於集合全堂區的人力財力，在本堂主任司鐸的指導下，共同謀求堂區教務的發展。

在一本堂內，若已有一種或多種教友組織，本堂主任司鐸請這些組織派代表，和堂區的其他願意加入的熱心教友，若沒有教友善會，則由本堂主任司鐸自行選擇熱心教友，組織堂區教友傳教協進會。

堂區傳教協進會的工作，要包括三大項目：第一，本堂區禮儀：負責主日彌撒的讀經，唱歌以及維持秩序，如有一善會，如基督活力運動，聖心同盟，教義進修會，基督生活團，便將這種責任，託給一種善會的代表，由他聯絡本善會會員去分配工作。第二，推行家庭基督化：拜訪教友家庭，推行家庭祈禱和讀經運動。如有聖母軍，家庭主婦會，祈禱宗會，可將這種工作託給一種善會的代表，由他和本會會員去分配工作。第三，經管本堂經濟：負責收納捐獻，保管獻金，審查費用。爲這些經濟事項，在堂區教友傳教協進會，宜設有經濟小組，由本堂主任司鐸就協進會會員中選擇數人組織之。

組織堂區教友傳教協進會，當然不是一件容易的事，有的堂區所有教友數目過於微少，有的堂區已經有一種或多種善會，有的神父不願意麻煩教友。但是堂區教友傳教協進會的組織，在今日的教會內，不僅是因爲第二屆梵蒂岡大公會議的規定，應該早日成立，而且也是目前時代的迫切需要。我們爲推動牧靈工作，爲加強宣道成效，爲促進教會自養，一定要組織堂區教友傳教協進會。爲幫助各位本堂主任司鐸籌備這種組織，教區教友傳教協進會將熱誠服務，各位本堂主任司鐸宜派定一位教友爲本堂代表，與教區教友傳教協進會常常取得聯絡。

各位神父，各位教友，時勢已經成熟了，神父和教友，彼此表示信任，表示敬愛，大家共同合作，共擔傳道牧靈的責任。救主基督爲我們所預備的恩惠，一定非常豐富，祂曾經許給門徒：「若是你們中兩個和三個在一起，我就在你們中間。」（瑪竇福音　第十八章第二十節）一個本堂區，神父、修女，教友大家同心合力，爲教會工作，主耶穌一定在你們中間，支持你們的辛苦，增加你們的效果。我誠切祈求聖母，做各位在工作時的後援，以慈母的心腸，照顧堂區教友傳教協進會，最後，謹以家長的心情祝

各位身體健康工作愉快！

台北總主教羅光 謹叩

民國六十三年六月二十一日耶穌聖心節

附件：

堂區教友傳教協進會組織大綱

一、名稱：某某堂區教友傳教協進會

二、宗旨：團結本堂區教友，在本堂主任司鐸指導之下，共同負責，推進堂區教務。

三、組織：

1.會員：堂區內修女會代表，堂區內各教友善會代表，堂區教友。

2.職員：本會設主席一人，由本堂主任司鐸兼任，副主席一人，幹事若干人，俱由大會選舉之，秘書一人，司庫一人，由主席聘任之。副主席和幹事，任期兩年，連選得連任一次。

3.小組：本會按工作需要，設置若干小組，但至少須有以下三組：禮儀組、牧靈組、經濟組，小組組長及組員，由主席聘任之，各組工作規則，由大會訂立之。

四、會議

1.全體大會：每年召集兩次，由主席召集並主持之，制定本會工作計劃，及各小組工作規則，批准經濟報告。

2.工作會報：每月或每兩月舉行一次，由主席副主席、幹事及各小組組長，組成之。檢討各組工作報告。

3.小組會議：各小組每週或每兩週舉行會議，檢討本組工作情形。

五、聯絡：本會副主席爲參加教區教友傳教協進會當然代表，以取得工作上的聯繫。

六、會費：會員每年交會費五十或一百元。

七、會址：設於本堂主任司鐸辦公處。

論訂閱教友生活週刊

台北總教區全體神父，修女，教友公鑒：

這次在日本東京，參加了東亞區天主教大眾傳播會議和亞洲天主教大眾傳播會議，我深深瞭解在當前社會裡傳佈福音，最有效的工具是新時代的大眾傳播工具；因爲報章雜誌，電台廣播，電視電影，每天和千千萬萬的人相接觸，對於他們的生活，影響非常重大，我們教會在中國，所有信友爲數很少，經濟力薄弱，不能從事大規模的大眾傳播事業。但是每年教會用爲傳教工作的金錢，數目也相當大；本年在台北舉行的亞洲主教團協會第一次會議，和這次在東京所舉行的亞洲天主教大眾傳播會議，都要求教會負責主持傳教工作的人，應把大眾傳播工作的經費，列爲每年全部傳教經費的重要項目，以便漸漸發展各國天主教的大眾傳播計劃。

在我們台北總教區所有的天主教大眾傳播事業，第一有耶穌會主辦的光啓社，製作廣播，電視，電影，幻燈片各項節目；第二有于斌樞機主辦的益世電台，收聽範圍限於基隆；第三有台北總教區主辦的教友生活週刊；第四有在台北出刊的多種教會雜誌和書籍。今後我們的目標，在於盡力支持這些事業，協助負責的人士，日求進步，擴大傳播福音的效力。

教友生活週刊，爲台北總教區所主辦，由我們大家一起負責；我因此特別向大家提示幾項具體辦法，以支持這種刊物，使它真正成爲我們每個人所喜愛的符合時代的週刊。我所提示的辦法如下：

1. 由全總教區神父、修女、教友的代表，組織教友生活週刊董事會，並延聘其他教區的人士爲名譽董事，共同策劃週刊事宜。
2. 總教區的每位本堂神父訂閱教友生活週刊若干份，供本堂閱讀室之用。
3. 總教區的每位本堂神父鼓勵堂區教友，訂閱教友生活週刊，並發動堂區教友組織，促進教友訂報運動，以期每家教友訂閱一份。
4. 總教區內每一座天主教學校，按所有班數每班訂一份。
5. 總教區之每修會之修院，應訂閱若干份，供神父或修女閱讀。
6. 總教區內每座天主教醫院，按所有病床數目，訂閱這種週刊。
7. 歡迎本總教區的教友善會，訂購教友生活週刊，贈送教外朋友。
8. 歡迎名譽訂戶，每年一千元台幣；特別訂戶，每年五百元。
9. 歡迎教會內各種組織，在教友生活週刊，開闢專欄，報告本組織的工作和主張。目前這種專欄已開闢八種。

諸位神父、修女、教友，支持教區的一項傳教事業，爲大家每個人的責任。教友生活週刊雖然不符合大家的理想，必須力求改進；但它能夠把整個教會，和中國教會及我們總教區的新聞帶給我們每個人，使我們體會到我們是教會的一份子。同時這種刊物也有許多關於教會思想的文章，以增進對於基督生活的認識。我們現在都嘆息許多教友和教會失去了關係，不來聖堂參與儀禮生活；我們也惋惜本堂神父探望教友時，所遇困難越來越多；那麼教友生活週刊便可以作爲聯絡的線索，它到了那一家，這一家和教會便有一線的聯繫。所以，我很鄭重地央請各位本堂神父特別注意這事，認爲自己牧靈職責的一項重要事項，決不宜輕易忽略。

當然，教友生活週刊的編輯和內容應該革新，應該充實，我請大家在方面也不吝貢獻意見。

時代變得非常快，傳教的工作爲適應時代的需要也非常艱難，我們以誠切的熱忱，順從聖神的指示，盡心力以赴。我懇求聖母，在我們慶祝她榮召升天節時，以慈母的心腸，助佑我們的傳教工作。

謹祝

基督的恩寵和平安，常和諸位同在。

台北總主教羅光 謹叩

民國六十三年八月十五日 聖母升天節

論教區——地方教會

台北總教區成立二十五週年

臺北總教區神父，修女，教友公鑒：

願主的恩寵及平安與各位同在！

本教區成立二十五週年，我們向天主獻上感恩的心情。在二十五年內，教區從一顆小芥子，蔚然成了一棵大樹。想念當年的主教，神父，篳路籃縷，開創了這個教區，又茹苦含辛，建設了各種事業。現在，我們在這座已經開發了的園地裡，繼續他們的工作，我們祇能使他們的事業發揚，不辜負他們的心血。因此趁著二十五週年紀念日，我們分析教區的現狀，研究工作途徑。

一、教區為地方教會

第二屆梵蒂岡大公會議，制定了論教會性質的憲章。在憲章的第一章說：

「惟一的中保耶穌基督在人間建立了祂的聖教會，並時刻不斷地予以支持，使成為一個信望愛三德的團體，並為現世一個有形可見的組織，向人們宣播眞理與聖寵。」（教會憲章 第八節）

一千九百年來，這個教會因著基督的助祐，藉著聖神的活力，由巴肋斯坦傳揚到世界各地，在艱難困苦中，天天成長。用著同一的洗禮，使各種民族重生於基督的生命。聖保祿宗徒說：「不論是猶太人，或是希臘人，或是爲奴的，或是自由的，都因一個聖神受了洗，成爲一個身體，又都受同一聖神的滋養。」（致格林多前書 第十二章第十三節）

但是這個同一的教會，傳播到各地，組成各地的團體。這些地方團體，在同一的信德，同一的統制，同一的聖神裡和繼承伯多祿的教宗，和繼承宗徒的各地主教，縱橫互相聯繫，不能分離，成爲地方教會。第二屆梵蒂岡大公會議的傳教法令說：

「幾時教友團體已經深入社會生活裡，和當地文化相當調協，並具有相當的穩固基礎，就可認為建樹教會的工作在那一個人群中達到了相當的目標；這個團體已經擁有一批本籍的司鐸，會士和教友，（雖然他們的數目尚不夠用）又具有必需的職務和機構，在自己的主教指導下，足以經營並發展天主子民的生活。」（傳教法令　第十九節）

這種新生的教會乃是地方教會。地方教會成立的要素：（一）數目相當多的本籍教友；（二）數目不太少的本籍神父和修女；（三）必需的職務和機構，即是教區需要的組織和經濟；（四）自己的主教；（五）協調地方文化。因此從古代教父時代，教會傳統常以教區爲地方教會，因爲教區具備以上所說的要素。但是在同一的禮儀，或同一的文化區，或同一的政治統制內，多數教區可以團結成一個廣義的地方教會。例如整個中國的天主教會，也稱爲中國的地方教會。

教區爲地方教會，可以營自立的生活，然而不是獨立的教會。大公會議的傳教法令說：

「新生教會要和整個教會保持密切的共融，把整個教會傳統的要素和自己

的文化聯結起來，藉著活力的交流，來增強基督妙體的生命。」（傳教法令 第十九節）

教區和整個教會在系統上緊相聯繫，如同耶穌所說一根葡萄枝，聯在葡萄樹幹上，樹枝和樹幹分離，樹枝就要乾枯。（若望福音 第十五章）

二、我們的責任

新生教會的成長，有如一棵新發芽的樹，從出生到成長要經過相當長的時期。臺北總教區的發生和成長，祇經過二十幾年，這是因爲境遇特別從大陸被中共逐出的神父修女，來到這裡，共同努力，乃有這樣的成績。教區已成立二十五年，算是到了成年時期，應當步上教會的通常境地，自足自立。

1. 加增天主子女

教會由天主子民所組成，新生的地方教會應繼續發育，加增新的天主子民，使已受洗禮的人信仰加強。第二屆梵蒂岡大公會議說：

「既然地方教會應該完善地反映著整個教會，則地方教會應深自瞭解自己是被派遣向住在同一地區而尚未信從基督的人，以每個信友及整個團體的生活去作證，成為向他們介紹基督的標記。」

「為使福音廣被眾生，特別需要執行宣道的職務。首先，主教應當是信仰的宣傳者，引領新的信徒皈依基督。……本籍司鐸要熱烈地承擔新生教會的傳教工作，和外籍傳教士通力合作，……修士修女和教友們，也要具著同樣的熱情，向自己的同胞，尤其對窮苦人宣傳福音。……」（傳教法令　第二十節）

「教友的首要任務是在家庭內，在自己的社會階層裡，在自己的職業範圍內，以言以行，為基督作證。……這項責任非常嚴重，因為很多人如果沒有接近教友，就無從聽到福音，認識基督。」（傳教法令 第二十一節）

亞洲爲青年的世界，自由中國的社會也充滿青年人的朝氣。臺北市縣工廠林立，十幾萬的年輕工人，由各縣市來到工廠工作。臺北市更有各等的高級學校，十餘萬學生在校攻讀，我們宣傳福音的對象，便應特別轉向這般青年。

工業社會的唯物氣氛，雖污染社會人士的心靈，但是基督的福音，正是清潔污染物的良導。

2. 培養聖召

教會的生活，在聖事生活裡圓滿地表現，聖事生活的實現須要有施行聖事的司鐸；司鐸在教會的生活裡，乃爲絕對不能缺少的要素。臺灣地區所有的司鐸，因著特殊的情形，數目算是很高。尤其在臺北總教區內，司鐸數目常在三百左右，不入修會而爲教區司鐸的人數，也近九十位。但是教區司鐸的年齡都在四十和六十歲間，六十歲以上的神父已有十多位，在我們的修院裡所有修生卻很少。今年我們可以有三位新受祝聖的神父，明年希望可以有一位。若是按著這種比例往下走，在二十年後，教區能夠服務的神父就得減少到驚人的地步。因此，我們在發掘聖召和培養聖召方面，要竭智盡力。何況我們在臺灣還要預備大陸教會的復興，假使我們臺灣的神父都不敷用，將來大陸重獲自由的那一天，我們怎麼樣去滿全這項重大責任？將來我們在歷史上怎樣交代呢？

所以，第一，我們聖職人員，要戰戰兢兢，以自己的生活，向青年作證司鐸品職的崇高意義，引發青年人獻身基督的勇氣。又要在青少年中，留心聖召的苗芽，予以培植。第二，作父母的教友，要明瞭兒子作司鐸乃是天主的特恩，爲家庭爲兒子本人都將蒙受天主所賞的心靈幸福，因此，鼓勵有志進修院的兒子，愉快地接受天主的召叫。

3. 經濟自足

在本年六月廿一日，我曾公佈牧函，論教區在經濟上自立自足之道，請教友們籌劃本堂經費。這幾個月來，有許多本堂教友的奉獻已經加多，有許多本堂的教友先後陸續組織教友傳教協進會，由教友籌劃經費的來源和用途。這一種表現，實在令我們看出教友的程度已經到了負責的成年。

我用聖保祿當時稱譽教友奉獻的話，感激你們：「天主豐厚地賜與你們各種恩惠，使你們在一切事務上十分充足，能多行善事。」（致格林多後書 第九章第八節）「我收到了你們所送來的芬芳馨香，天主所悅納中意的祭品，我已滿足了。我的天主必要以自己的財富，在基督內，豐富地滿足你們一切需要。願光榮歸於天主，我們的父，至於世世。阿門。」（致斐理伯書 第四章第十八節—第二十節）

4. 文化融合

大公會議很重視地方教會的文化工作；在中國享有五千年文化的民族中，這種工作更形重要，更形迫切；教會若是不能和本地的文化相融合，不在本地文化中紮根，教會在這一個地區便不能堅固地建立起來。

這種文化工作，應當由本籍聖職人員，修女和教友去做。大公會議說：

「為實現這個計劃，必須在每一個所謂大的社會文化區內，發起神學的檢討，把天主所啓示而記載於聖經內的史蹟和聖言，又經教父及教會訓導權威所闡述者，重新加以研究。使能明顯地看出來，我們的信仰用什麼途徑，經過民族的哲學和智慧，使人的理智相信服從，又由什麼途徑，各民族的習慣，生活意識，和社會制度，可以和天主的啓示相調協。」

（傳教法令　第二十二節）

這一項工作，雖不是臺北總教區獨自負責或單獨可以完成的任務，但是臺北總教區因所處的社會環境應當負起大部份的責任。因此我們對於文化傳教工作，要更積極地努力。大家對於教區的刊物，在精神上和物質上予以支持。對於廣播和電視節目，盡力使能繼續實現。對於教會學術著作，多加有效的鼓勵。尤其設法培植青年神父，修女和教友，從事教會神學和中國哲學的研究。使基督的倫理思想，結合中華傳統的倫常之道，在社會上廣事流傳，以振作人心，建立中華民族的倫理生活。

諸位神父，修女，教友，當教區成立已二十五年，進入成年的時期我們反省各自的責任，奮志努力，使教區自立自足，欣欣向榮，一切工作，日新又日新。今年聖德蘭節我向朝聖地教友講道，曾說明今年在教區銀慶時反省自己的責任，這些責任，由愛天主之心發出，因愛天主之心去完成。爲完成這些責任，我們應當加強祈禱，爲教區的發展祈求上主的助佑，用犧牲去擔任我們的任務。（見教友生活　民國六十三年十月十日號）誠心依賴基督的諾言，相信常有祂的聖神，和我們一同工作。又誠心仰賴聖母的助佑，以增加克服困難的信心。在結束這封牧函時謹預祝

聖誕快樂，心靈上享受一片祥和。

臺北總主教羅光　謹叩

民國六十三年十一月廿一日　聖母獻堂節

本年牧靈工作計劃——爲青少年牧靈年

可敬司鐸、可敬修女、可愛教友公鑒：

在春節新年的節禧裡，大家都洋溢著喜樂，渡過一年一度的佳節，而在各人的心目中，也都計劃著一年的工作。我們教區的神父，共同集合在聖多瑪斯修院，舉行年退省，檢討過去一年生活的得失，釐訂今年生活的步驟，大家在天主聖神的指引下，振作了自己的精神，自強不息，作證爲忠於基督而努力傳道的司鐸。

我衷心感謝天父，能夠體驗到神父們的這種向上的熱忱；我自己也定志追隨基督大司牧，以基督善牧的心情愛護教區，積極推動牧靈和傳道的工作。

去年在奉節後，我曾公告了一年的牧靈計劃，今年檢討這個計劃的成果，很很快樂地感謝天主，得見計劃並未落空。今天我就向大家公告今年的牧靈和傳道工作計劃，請大家同心合力，爲愛天父而向前邁進。今年工作的計劃爲一青少年牧靈年。

在去年十一月所舉辦的教區司鐸進修晚會中，談到牧靈工作的重點，有許多神父指出以往受洗的教友缺乏教義的訓練，都不明白基督信仰的意義，因著生活的奔波，不來參加主日彌撒，和教會脫離了聯繫。目前所急需注意的牧靈工作，應爲培育新一輩青少年，使他們有深厚的宗教教育。然因學校考試嚴重，青少年沒有時間顧到學習教義，我們若不設去補救，則後一代的教友也將失落，問題則愈趨嚴重。而且司鐸聖召非常缺乏，十年以後，聖職人員的行列，將細微薄弱，無法應付牧靈的急需。因此，我接受司鐸們的意見，決定今年的牧靈工作，要特別注重我們教區的青少年。

一、通力合作

爲能實現青少年牧靈年的計劃，需要全教區的人士通力合作。去年的牧靈計劃就是團結合作，一年來已經見有成效，今年便要繼續前進，以求貫徹。

1. 司鐸的團結

(甲)教區神父以教區爲家，在基督內和主教結成一體，一心一德，宣揚福音，教區神父有義務參加月退省，總鐸區集會和教區司鐸講習會。在這三方面，去年已經有很好的成效，今年請神父們繼續努力自強，參加這些集會，以刷新自己的精神，堅定彼此的友愛。

（乙）凡遇教區舉辦的司鐸郊遊或紀念彌撒或典禮，各位神父俱前來參加，藉以增進自己愛德和教友的熱心。

（丙）發行油印的台北司鐸通訊，傳達關於神父及神父工作的消息。

（丁）主教往本堂行彌撒，訪問本堂神父。

2. 修女的團結

（甲）臺北教區修女聯誼會，去年曾有幾次的共同活動，今年宜擬定計劃，以增進修女間彼此的認識與合作。

（乙）臺北教區的修女，去年有人參加了教區新的工作，今年希望能有更多的修女，參加青少年的牧靈的工作，如教要理，如輔導青年會會員或大專同學會會員或職工青年會會員，如輔導女生或職工宿舍的青年。

3. 教友的團結

我很喜歡教友傳教協進會在去年的工作成績，使這種組織在臺北總教區的一半本堂裡繼續成立。今年的工作計劃則在各本堂成立教友傳教協進會。教友傳教協進會不是善會，而是教友的代表會，沒有會員，祇有教友的代表，如同教區諮議會，即是教區神父的代表會，協助主教推動教務。全國教友傳教協進會是主教團所承認的全國教友代表會，由多教區的教友代表和全國性教友善會代表組織而成，教區使教協進會是教區主教所承認的教區教友代表會，由各本堂區教友代表和教區性教友善會代表組織而成。本堂區教友傳教協進會是本堂主任司鐸所承認的堂區教友代表會，由本堂主任司鐸按照章程組織之。目前爲宣揚福音，應發動教友的力量；而且爲建設本地教會，必定要訓練教友對教會工作負一份的責任。因此，在本年內各本堂主任司鐸依照堂區情形，成立堂區教友傳教協進會，即使僅有三位教友代表，也可以組成堂區教友傳教協進會。教區傳教協進會則將舉辦教友傳教協會人員進修班，以訓練教友從事協助傳教工作。

二、青少年的牧靈工作

基督在福音上對於青少年表示特別的愛護，曾嚴詞警戒勿引導青少年墮落，也許下給青少年服務，必得到祂的酬報，即使給他們一杯清水，也有清水的報答。我們遵從基督的教訓，今年要在青少年的牧靈方面，特加努力：

1. 對於本堂區青少年

（甲）兒童要理聯合班：近幾年來有些總鐸的本堂聯合辦理兒童要理班，成績很好，因爲可以集中多的兒童，多的教師，分班教授。今年在教區的各總鐸區，都按照本地情形，二三或更多本堂，聯合辦理要理班。牧靈中心將在中央大樓舉辦要理教師實習班，以預備適宜的教師。

（乙）要理競賽：教區將舉行堂區與學校的要理競賽，優秀者能得獎。

（丙）組織堂區青年會：教區已組織青年會，爲高中初中學生的組織。在教區的三十本堂區中也有這種組織。今年請各本堂主任司鐸，按照本地情形，成立本堂青年會。

（丁）利用萬里達義康樂中心：教區在萬里設立的達義康樂中心，供中等國校學生之用。近年來在暑假中各天主教中學校曾組織學生夏令營，但各本堂區學生的夏令營則爲數不多，今年希望各本堂區青少年，能多利用萬里的中心，組織一個或多個本堂區學生夏令營。

2. 對於天主教中學校

（甲）在臺北總教區的各天主教中等學校；對於天主教學生的宗教教育已很努力；但希望繼續前進，使在校的天主教學生能分級接受要理訓練，在一星期內能有一次參與彌撒。也希望各天主教中等學校對於在校的天主教教師，予以適當的機會，能加強個人的宗教生活。

（乙）各天主教中等學校儘量和在校學生的本堂主任司鐸取得聯繫，對於領聖洗領堅振，俱應通知本堂主任司鐸。

3. 對於青少年組織

（甲）職工青年會：到臺北市縣各工廠工作的男女青年，有增無減。職工青年會負責和這輩天主教青年工人取得聯絡，以協助他們的宗教生活。各本堂主任司鐸宜看重這種組織，予以協助。這種職工青年會不能按照堂區組織，應按較廣之區域組織成支會。然各支會內的本堂主任司鐸須要從旁贊助，另外在增強教義知識上，負起責任。

（乙）大專同學會：臺北市的天主教大專學生，常在三千人左右，各按就讀的學校，組織同學會，互相聯絡。今年大專同學會的工作目標，在增強教義知識。我希望神父和修女們，對於這項工作，能協助同學會的輔導員以求有成。

（丙）本堂區大學生：年來常有本堂主任司鐸抱怨堂區的大專青年，離開堂區，到同學會聚會。今後本堂主任司鐸宜聯繫堂區的大專青年，共同研究聖經，並予以在堂區服務的機會。大專同學會輔導員也宜常督促臺北各堂區大專學生以在本堂區服務爲榮。

4. 教區對於青少年

（甲）將舉辦青少年輔導研究會，邀集本教區神父修女參加，以增加對於青年輔導的學識。

（乙）舉辦一次大規模的青少年宗教典禮。本年爲中國第一任國籍主教受祝聖的五十週年，也爲中國聖統制成立的三十週年，在這種慶祝的意義下，舉辦青少年宗教典禮。

（丙）盡力推行聖召運動：教區聖召小組和聖召聯誼會將研究具體方式，向全教區各本堂，推行聖召運動。

（丁）家庭道德講習會：將由家庭服務中心，女青年會和同工小組，聯合舉辦，邀請教友參加。

以上我很簡單地說明今年牧靈工作的大綱，這項大綱已經經過教區牧靈委員會加以研究。今後，教區牧靈委員會和教區總鐸及有關各方將研究詳細節目，教區諮議會也將就詳細節目，予以研討。而工作的成效，則靠全教區的神父，修女，教友，共同合作，一面誠懇常向天父呼求助佑一面各盡心力，分擔責任。國家的各項建設，都按照計劃前進，社會逐漸繁榮。然而人心道德，則多爲物慾所驅，青少年更多墮於罪惡。我們今年訂定青少年牧靈工作年，不僅是爲教會前途計，也是爲國家前途計，在這具有歷史性的時期，我們滿全歷史給予我們的責任。祈望仁慈聖母，支持我們的工作，賜予豐滿的成效。

專此，謹祝

基督的寵佑與愉快，充滿各位的心靈

臺北總主教羅光

民國六十五年二月一日　聖母顯現露德節

台北總教區牧函

為紀念六位首批國籍主教祝聖五十週年
中國教會聖統制建立三十週年舉行聖體大會

諸位神父、修女、諸位教友公鑒：

今年適逢中國首批國籍主教祝聖五十週年，又值中國教會聖統制建立三十週年，我們為紀念這雙重大事，舉行聖體大會，為在困苦艱難中的全中國教會，虔祈上主，豐賜聖神的恩惠，使在信仰不自由的大陸，信德能夠保全，使在自由宣傳福音的臺灣省，福音能夠廣揚，又使在大陸奮鬥中的聖職人員和教友，精神堅強，不屈不撓，使在臺灣省的教會成員，都能體驗自己的責任，竭盡心力以光榮天主。

今年中國主教團所訂定的工作大綱，為建立地方教會，而今年我們所慶祝的雙重紀念，正是中國地方教會建立的開元，我們便乘著這個很好的機會，對於教會的意義，深刻地加一番反省。同時我們也領會彌撒聖祭的精神，看到聖體大會即是地方教會的精神象徵，我們便可以更明瞭各人在教會內所分享的神恩和責任，更愉快地擔任自己的使命。

一、天主的子民

天主聖父以無限的慈愛，造生了人，並賦予以自己的肖像，使整個人類成爲祂的子女，分享祂的幸福。不幸，天主所造的人竟因罪惡而離棄了天父，整個人類成了天主忤逆不孝的仇人。然而天主聖父仍以無限的慈愛挽救人類的危局，遣派聖子，降生成人，捨生以贖人罪，引導人類歸向天父，重新成爲天父的子女。

整個一部舊約聖經，即爲預留並籌備聖子的降生。舊約記述天主選擇了亞巴郎，作爲聖子降生成人的祖先，訂立盟約。亞巴郎的子孫繁殖成爲以色列民族，這個民族因著天主和亞巴郎和達味所訂盟約，遂被天主選爲自己的子民，天主親自照管統治。以色列人卻歷代背棄天主，毀棄約章，最後在聖子降生成人時，不信祂爲天主所遣的救主，竟處以釘死十字架的苦刑。天主乃拋棄了以色列民族，另立一新的天主子民。

新的天主子民，由信仰聖子耶穌基督而受洗禮的人所組成。若望福音第一章就說，天主聖言，降來人世，凡信從祂的人，祂給予他們一種權力，使成爲聖父的子女。聖保祿宗徒在致羅瑪人書第八章裡說：天父遣發聖神，在我的心中，使我們向天父高呼：「阿爸，父呀！」聖神親自爲我們作證，我們是天主的子女。

我們由於聖洗聖事，因而取得天主子女的身份。聖保祿宗徒在致羅瑪人書第六章解釋聖洗的意義，以聖洗在受洗者的心靈上，實現耶穌死而復活的奧蹟，受洗的人和基督一同死於罪惡的生命，又一同復活於神性的新生命。罪惡的生命是傾於世福的生命，神性的新生命爲傾心永生永福的生命。永生永福在於所享天主的美善，爲天主的生命；受洗而復活於神性的新生命，便是分享天主的生命。這種生命在聖洗聖事中，由耶穌基督因著聖神，而分給受洗的人；受洗的人便由基督而取得天主性的生命，和基督在生命上相連，同時取得寵佑，天賦的信望愛三德和聖神光明。這種生命，按照若望福音所說，不是由於血肉，而是由於聖神。基督爲天父的聖子，受洗而由基督相連的人，便成爲天父的義子。義子和基督相連，結成天父的新子民，稱爲天主的子民。

二、基督的妙體

我們中國的孝道，常以子女爲父母的遺體，子女看著自己的生命和父母的生命不能分離。聖保祿宗徒也以受洗而由基督取得天主性生命的人，和基督結成一體。這種身體不是血肉的身體，乃是精神的一體，稱爲基督妙體。

每一個受洗的信友，在天主性的生命上和基督相連，像是一個妙體上的肢體，基督則是妙體的頭。基督自己也曾說過祂像是一根葡萄樹幹，信徒都是同一樹幹的枝葉。樹幹和枝葉活著同一的生命，枝葉要由樹幹吸取生命和養料。枝葉離樹幹，就會枯乾。

基督妙體生命，灌注於妙體的肢體內。這種生命的中心乃聖神，普通我們身體生命的中心，乃是心臟，心臟使血脈流通，心臟使人有情感。但是我們整個人的生命中心，則是靈魂，靈魂爲我們自身的主宰。基督妙體的生命，以聖神爲中心，聖神使這信友和基督在生命上相連，聖神使信友有基督的愛，又使信友在各自位置上分享基督的神能和工作。

三、教會

人在天主的眼中，不是單獨的一個一個的人，而是合成一個人類。原始受造的人離棄了天主，不是他單獨的離棄了天主，而是由他而生的人類都離棄了天主。天父爲救人，也不是救一個一個的單獨人，而是救一個人類。(參看第二屆梵蒂岡大公會議論傳教事業法令第一章）離棄了天主的人類，是在血統上和犯罪的原祖相連；得救的人類，則是在由聖洗而得的神性生命上和救主基督相連。和基督相連的受洗信友，結成基督的妙體，結成受基督救贖的子民，也就結成基督的教會。

天主的子民，或基督妙體的肢體，還是現世的活人。現世的活人是有靈魂有肉體的完整人，而不是僅有靈魂的天使或僅有肉體的死屍。完整人的生命是整體的生命，靈魂和肉體共同營養的生命，這種生命的表現由靈魂和肉體共同負責；因此天主子民不能僅是一種精神上不可見的團體，基督的妙體也不僅是一種神妙不可思量的精神，而也要是一種人所結合的可見的人間團體，天主子民或基督妙體的可見團體便是教會。

但是教會既是人間可見的團體，卻又是以天主性生命而和基督相結合的妙體；既有外面形式的組織，卻又是以聖神爲活動中心的神秘集團。（參看第二屆梵蒂岡大公會議論教會憲章第一章）

教會一方面是基督救恩的效果，一方面又是基督救恩的施與者。結成教會的天主子女，乃是信從基督而受了洗禮的獲有救恩的人；救恩在人世間的信友心靈上，須繼續完成，爲完成信友的救恩，教會要施行基督所設的聖事。同時天主子女的範圍，須繼續擴大，沒有信從基督的人須信從基督；教會便應繼續基督的宣道工作，向全球人宣傳福音。教會因此稱爲「救恩的聖事。」

整個的教會既是基督的妙體，整個的教會有實現「救恩聖事」的權力和義務；凡是信從基督而受洗禮的信友，都分有這種權力和義務，應去成己成人。然而一個有形的人世間的團體，不能不有一種組織；一種人世間的組織不能不有一種適當的次序。因此基督在世時，從信從祂的門徒中選擇了十二宗徒，給與他們宣道和施行聖事之權；又從十二宗徒中選擇了伯多祿，命令他牧養他的羊群（教會）。宗徒們後來招選了協助工作的人，又設立了他們的繼承人。繼承聖伯多祿職位者稱爲教宗，繼承宗徒們職務的人稱爲主教，繼承協助宗徒的人則有司鐸和執事。教宗，主教，司鐸，執事，構成教會的聖統制，稱爲教會的聖職人員。

聖職人員的職務，上自教宗和主教，下至司鐸和執事，乃是爲繼續基督施行救恩的工作：宣講福音，施行聖事，同時也有責任爲保全基督所留傳的聖道，純正不錯。

然而聖統制爲施行救恩，不是使用作爲首領者的權力，而是使用聖神的神力；因爲救恩乃是參預天主性的生命，天主性生命的中心乃是聖神，聖神所以稱爲教會的靈魂，或心臟。聖神的神力由聖事由宣道，祈禱而施予人，教會聖職人員爲施行救恩，便常要施行聖事，宣講聖道，舉行祈禱。聖神的神力，產生天主性的生命，繼續發育，使在同一天主性生命中的人，和基督相結合，和聖父相結合！又彼此相結合，實現基督的愛，使教會成爲愛的團體。

然而整個教會的天主子民，即是教友，因爲是基督妙體的肢體，也就分有基督施行救恩的普通職責和工作，雖不像聖職人員領有聖職的神品，但也分享基督永久司鐸的品位，在各自的生活崗位上，負擔宣傳福音，祈禱獻祭，關心教會工作的責任。在愛的團體裡互相協助。

四、彌撒聖祭

教會爲一個愛的團體，教主基督爲愛聖父爲愛人類而生而死，死後仍留下愛的祭祀，即是彌撒聖祭。在彌撒聖祭中，基督爲司祭又爲犧牲，基督以自己妙體之頭的身份代表整個妙體，將自己的體和血，祭祀聖父，參與彌撒聖祭的信友，在精神上和基督司祭相結合，一同舉行祭祀，向聖父表示孝心。基督在祭祀聖父以後，再將自己的體血賜與信友，實際和領聖體的信友在生命上結成一體，同時領聖體的信友因與基督合成一體，彼此在基督內互相結合，實現天主和人的結合，基督和人的結合，人又和人的結合。在彌撒聖祭裡，又實現教會的團體意義，基督的妙體，真正成爲一個身體，有同一的生命，真正彼此相愛。

彌撒聖祭因此在教會內自開始就被認爲教會生活的中心，一切的聖事都和彌撒聖祭相聯繫，教會聖統制也是爲彌撒聖祭而服務。在羅瑪教會初期，主教主祭舉行彌撒，司鐸爲襄祭，執事爲助祭，其他所有輔祭人員和讀經者，都是爲襄助主教舉行彌撒典禮。後來一個地區的教友增多，主教乃派司鐸到自己所不能去的地方行祭，司鐸在行祭時，將從主教彌撒中所祝聖的聖體分來一分，滲入自己在彌撒中所祝聖的聖血裡，表示自己的彌撒和主教的彌撒相結合。這個禮節在現在的彌撒中還留有遺跡，即是在領聖體以前，司鐸將所祝聖的聖體，分一小塊，參入聖血。

彌撒聖祭因著聖體聖事，實現了救恩的效果，又象徵將來在救主第二次降臨時救恩的完成。

「救恩聖事」的實現，在教會內有兩層意義：第一是救恩已經實現，受洗的人已經脫離罪過，成爲天主的子女。第二則是救恩尙等待完成，在基督第二次降臨時，結束人類的歷史，將信從祂的義人和惡人分開，結成一個沒有罪惡的人類，完全實現救恩的效力。

在彌撒聖祭裡，我們歌頌救恩因著基督的死亡和復活而實現，卻又高呼期待基督再度的來臨，使救恩得有完成；表現教會的生命，由現生而傾向永生；又表現教會工作，使人同基督結成妙體後，期待基督自身的來臨。

信友領了聖洗，重生於天主性的生命。這種天主性的生命在現生開始，在來生完成。聖體聖事便養育這種由聖洗而獲得的天主性生命，使能完成於來生。

舉行彌撒聖祭的聖職人員，因著聖神的神力，接受天主的聖召，願意在現生就完成來生的一部份生活，誓許守貞不婚。修會的修士修女，雖不能舉行彌撒聖祭，然也爲更完滿實現彌撒聖祭的愛，他們也因著聖神而接受聖召，以三願的許諾，實現來生在天堂的貞潔神貧和服從。聖職人員和修會修女，都是以誓願的生活，見證救恩完成後將有來生的特性。來生的特性，爲全心光榮聖父和誠心愛人。這種特性，在彌撒聖祭中，充分實現。

五、地方教會

教會的團體意義，在彌撒聖祭中表現得非常圓滿；因此在教會初期，凡能集合而舉行彌撒的團體，就稱爲教會。在舉行彌撒時，有主祭的主教，有襄祭的司鐸，有助祭的執事，有參禮的教友，大家集合在愛的聖事裡，共同從基督的體血中吸取天主性生命。這種團體實現救恩的效果，表現教會的生命，又有教會的組織，因此，便能稱爲地方教會。

教會初期，這些地方教會由宗徒們所創立，由宗徒們或宗徒們所派的繼承人負責，便互相結成較大的團體，在小亞細亞出現天主教的教會，在歐洲漸漸形成一些民族的教會，這些較大的教會也稱爲地方教會。

然而大小的地方教會雖遍佈各地，這些地方教會則都自認是屬於同一的教會，信仰唯一，洗禮唯一，聖祭唯一，首領唯一，在宗徒們創立教會時，常由當地的教會中選任負責的聖職人員，也囑咐當地的信友共同負責，使教會的工作能夠順利進行。每處地方教會供給宗徒們和聖職人員的生活費用，並且還捐助救濟猶太地區的貧窮信友。聖保祿宗徒從小亞細亞到希臘到羅瑪宣道，他拒絕以猶太舊教的禮規加之於一切信友，主張教會不分猶太人希臘人或羅瑪人，一切信友在天主前都平等，每個民族都保守自己的優良傳統。在唯一的共同教會內，乃有許多各顯特點的地方教會。基督的教會遂成爲歐美每個民族的本地教會，而不是常被看來是一種由猶太傳來的組織。

第十六世紀以後，開拓殖民地的風氣盛行歐洲教會，軍人商人成隊往亞洲非洲，歐洲的神父懷著宣傳基督的熱忱，開創亞洲非洲的傳教事業，在素不信基督的國家裡，建立教會。當時亞非少有本地的國籍聖職人員，亞非新建的教會便由歐洲的傳教士負責，以教宗代牧的名義擔任傳教事務。到了第二十世紀，亞非的本地聖職人員增多，各種民族相繼獨立，教宗乃將亞非的教會陸續交付本地聖職人員負責，祝聖國籍主教。中國的第一批六位國籍主教在民國十五年十月廿八日，在羅瑪由教宗庇護十一世親自祝聖，開本籍主教負責教區的先河。民國三十五年，教宗庇護十二世，取消在中國教會的代牧制，正式建立中國教會聖統制，奠定中國地方教會的基石。五十年來，因國家多難，地方教會的建立，不能繼續發展。近年政府遷來臺灣，雖在抗共復國的時期，臺灣基地平安穩定，社會繁榮，教會迅速發展。爲建設地方教會，共同努力。自由中國的地方教會，應當適合中國的民情，吸取中華民族傳統的文化遺產，在共同唯一的公教會內，放出中華地方教會的色彩。這就是我們紀念第一批國籍主教祝聖五十週年和中國聖統制建立三十週年時所應負起的責任，而我們建立地方教會的精神，在彌撒祭祝聖事內，非常圓滿地表現出來。中國地方教會乃是一個愛的教會，因著和基督的結合；他的信友和聖統相結合，以成爲一個愛的團體，他又和全球各地方的教會相結合，以成爲唯一的公教會。

爲舉行聖體大會，茲規定下列各款：

1. 聖體大會的日期已由主教團規定在十月十七日下午，地點在輔仁大學校園。

2. 臺北總教區所有本堂在十月十七日以前之九日，舉行九日敬禮。分別集合本堂男女成年教友，男女青年和兒童，舉行彌撒，或明供聖體，並講解這封牧函的意義。

3. 臺北總教區各修女院，在十月十七日以前之九日，舉行九日敬禮，每日明供聖體。

4. 聖體聖大會儀節，將由籌備委員會按時公佈。希望本教區所有本堂教友組織，及教會學校都踴躍參加。

敬祈在天中國之后，助佑這次聖體大會成功以增加我們愛敬耶穌聖體的熱忱，以加強我

們地方教會的團結，以復興我們大陸的教會。謹祝

基督的寵佑與平安，常在各位的中心！

臺北總主教羅光　謹啓

民國六十五年八月十五日　聖母升天節

致神父們牧函——培育修生

臺北總教區諸位神父公鑒：

「基督的愛心催逼著我們」，我所以要求諸位神父同心合作來培育修生。

我們不幸生逢亂世，親見中國教會遭受摧殘，但我們又幸而生在建設中國教會的時期，負責建設自由中國的教會，更負責籌備復興中國大陸的教會。爲能滿全我們的這兩個重大的責任，必定要培養修生，使將來有繼承我們工作之人。

基督愛自己所創立的教會，許下常在教會以內；因此司鐸的聖召決不會缺欠。但是聖召的芽苗，需要有人去發掘，需要有人去培植。臺北總教區有自己的修院，爲培育聖召的地方；但是近年修生越來越少，在院受教育的修生很多都是半途退出，到現在還沒有修生升司鐸。這其中原因雖多，然最重要原因是修生和家庭不明瞭聖召的意義和價值。爲能破除這種障礙，不能祇靠修院的院長，必須有諸位神父的合作。

諸位神父，我誠懇地請求你們每一位抱著志向要培育一位修生。每位本堂神父先在本堂裡的青少年裡觀察誰有適合做司鐸的基本條件，找到了一個或兩三個這樣的青少年就特別注意照顧他們，彷彿父親照顧兒子一樣，關心他們的教育和宗教生活，提醒他們可以做修生。漸漸又和他們的父母接觸，勸他們奉獻兒子爲天主服務等。這青少年在初中畢業以後，送他們進修院。你們保送他們進了修院，請常常往修院看他們，了解他們的困難，鼓勵他們。青年修生很需要這樣的了解和鼓勵，爲能繼續培養聖召，你們又和他們的父母常有連繫，勸導他們鼓勵兒子繼續聖召的道路。你們這番苦心，必定要得到天主的降福，能夠培育青年晉陞司鐸。

諸位神父，培育司鐸聖召，爲我們牧靈職責中最重要的一項，而且在當前中國教會的情況下，乃是刻不容緩的大事。面對大陸的教會，我們怎樣可以坐視不救？怎樣可以使大陸同道白白傾流自己的赤血？我們要建立自由中國的教會，使自由中國的教會將來可以負擔復興大陸教會的責任。我們纔可以有面目對「江東父母」。我因此誠懇地請求諸位神父，每人抱定志向要培育一位修生。大家把這個志向獻於聖母，求她大力鼎助，我堅信必能有成。

謹 祝

基督的聖寵與和平與大家同在

羅光 謹叩

民國六十六年八月卅一日

臺北總教區牧函——培植司鐸聖召

諸位神父、修女、修士、全體教友公鑒：

一、聖召缺乏

在近兩年內，我們的教區有好幾位充滿工作活力的神父因病去世，而新領鐸品的神父則祇有兩位。現在從事牧靈工作的神父雖尚不少，平均年歲則已在五十以上，修院的大小修士，則又不滿二十人，因此，我對於教區司鐸的後繼人，非常憂急，對於司鐸聖召的培植，視爲主教的最大責任。因爲司鐸聖召是教會的命脈，是教區繼續存在的要素，是各種教會事業的活力。

在臺灣司鐸聖召的缺乏，係一種普遍的現象；尤其在大城市的臺北市，司鐸聖召更形稀少。然而我們不能因爲這種現象爲一種普遍的通常現象，便漠不關心，坐視不救，但我們應該感謝天主的，則是修女聖召已逐漸加多。

現在的青年，富於理想，敢於犧牲。他們奮志努力爭著進大學，他們煎熬辛苦考入軍校，都表示他們追求理想的將來，不怕吃苦，這種有理想而又肯犧牲的青年，很適宜接受司鐸的聖召。

二、聖召為崇高的理想

司鐸的聖召給與青年的一種崇高的理想。

基督在最後晚餐以司祭的身份建立了聖體聖事，舉行了彌撒聖祭，然後吩咐宗徒們說：「你們應當紀念我，舉行聖事。」祂把舉行聖祭和聖事的神權交給了宗徒，命令他們實行。在復活的當天晚晌，祂顯現給宗徒們，使他們領受聖神，接受赦罪的神權。在升天的當天，祂又吩咐宗徒們給各民族宣講福音，使人得救。宗徒們從基督接受了這些神權，分擔了基督的司祭職務。他們自認是宣傳天主國的使者，是人類救贖工程的負責人，是救主基督的代表。聖伯多祿宗徒曾隆重地聲明說：金銀權位，我們都沒有，所有的祇有耶穌的聖名，因這個聖名，你們可以得救；因爲除了耶穌的聖名以外，沒有另一個名字可以使人得救。

宗徒們把自己所得自基督的神權和職務，授給了他們的繼承人；宗徒們的繼承人便是主教。同時宗徒們和第一世紀的主教，選擇了自己的助手，分擔自己的神權和職務，這班助手就是神父。主教們因著宗徒們而分擔基督的司鐸職位，神父們因著主教也分擔基督的司鐸職位。

司鐸的職位，爲分擔基督的救贖工作的職務。司鐸因著自己的職位宣講基督的福音，開啓信德的門戶，使人進入基督的信仰，因而領受洗禮，獲得罪赦，加入基督的妙體，以取得基督的天主性生命。司鐸因著自己的職務，立在天主和人的中間，以基督的身份，以人類的名義，向天主聖父奉獻贖罪之祭，將奉獻的耶穌聖體聖血，分給參禮信友。司鐸因著自己的職務，以基督的神權向來告罪的人予以赦免。司鐸因著自己的職務，祝福信友的婚姻，安慰病人的痛苦。司鐸因著自己的職務輔導信友的精神生活，解答他們的問題，減輕他們的精神的負擔，指示他們生活的意義。

現在學校和社會，開始創導師和心理輔導的職務，大家開始認識並看重心理輔導的重要和高尙。司鐸的職務，就是精神生活的輔導職務，越在物質生活提高，工商業發達的社會裡，精神生活的輔導更形重要。在這方面，我們的神父都有自己親身的經驗。神父不因這種職務自居在人以上，而自視爲人服務，不是一般信友和修女所可以替代的。因爲司鐸的職務不僅是爲行聖事，而且也是信仰生活的導師。

司鐸職務不能帶來金錢和名位，這是宗徒們所聲明的；然而司鐸職務所帶來的是和基督信友的密切結合，因而自己被提舉在世俗的金錢名位以上，被人尊重爲高出社會俗務的人，受人尊敬，受人佩服。

因著和基督又和信友的密切結合，司鐸係守獨身生活，使愛情專一於基督，使精神集中於服務。獨身的生活爲一種崇高的生活，和基督的生活相同，和天使的生活相同，預示天堂的永生。

這種分擔基督救贖工作，獻身爲精神導師的職務，乃是一種很高尚的理想，乃是以自己的生活使人類的生活更完滿，以自己精神生命延續人類的精神生命。

我們身爲司鐸的人，務必要體認自己的生活理想，力求實現，不爲社會流行的生活方式所迷惑。使青年們從我們的生活裡，體認出司鐸職務的理想。我們要看重自己職務，要愛惜自己的聖召，常以司鐸聖召爲天主所賜給我們的大恩，每天感謝，每天努力不懈，成爲基督的化身。

信友們也該尊重司鐸的職務，佩服司鐸的生活的理想。不要因爲見到有少數不合理想的司鐸，而忘記大多數埋頭奔赴自己理想的神父，隨時隨地要支持神父的工作，分擔神父的憂苦和喜樂。

三、推行聖召

懷著愛慕和敬重司鐸理想的誠心，我們大家齊心合力來推動聖召。每位神父在主日和節日，第二次行彌撒時，彌撒的意向是爲求聖召。每月第一主日的日課經，請以求聖召的意向而唸誦。每座本堂和每座修女院在主日彌撒的信友禱詞裡，盡其可能常加上爲聖召的祈禱。

除祈禱以外，我們還要採取行動。我萬分誠懇地請求神父們，每人尋找一個可以獻身爲晉鐸品的青年，把他看成自己的親人。在他讀初中的期間，常常加以照顧，隨時指導他的精神生活。到他讀高中時，送他進修院。或者在讀初中時，就送他入修院。或者在讀初中高中時，不送他入修院，而祇隨時留心照顧。送他進修院以後，時常關心他的學業，鼓勵他的精神。特別和他的父母保持聯繫，支持他們獻子的好心。一位神父能夠培植一位司鐸，他在天主和教會跟前，做了一樁最美好的事，給教會一個繼續工作的活力。

我也很誠心請求聖召委員會的委員，也能有人像神父們一樣，認一個修生作自己的親人，常予以照顧，關心，和鼓勵，同他的父母建立友情，以支持他們的精神。

修院的院長決不會因有多人關心修生，因有多人討論修生的教育而起厭煩，必定敞開心懷，喜歡大家一同來擔負培植修生的重擔。

當然，在培植聖召的歷程中，失敗的事很多，使人灰心的事也不少。但是我們爲天主作一椿重大的事，我們絕不能氣餒，也不能喪志。祇有再接再厲，死而後已。

各位神父，各位修女修士，全體教友，我把心裡的第一件最關心的事向大家說了，你們大家必定和我有同樣焦急的心情，也必定願意爲培植聖召而工作。我們便因著基督的名大家一同起來推行聖召。若是在我有生之年能夠看到臺北教區有七十二個修生（基督門徒的數字）我便會感謝天主大恩，如同聖西默盎一樣，求天主讓祂的僕人平安去世了。我們這種心願托給仁慈聖母，求她以慈母的愛心和天主聖母的大能，予以玉成。

謹祝

基督的寵佑和平安，充滿各位的心靈。

羅光　謹叩

民國六十七年四月聖召節

思想

儒家思想在基督思想中的地位

宋院長、各位牧師、各位同學：

在今年三月初，我就接到宋院長牧師的信，約到臺南來，向你們講儒家哲學在基督思想中的地位，我當時答覆說在三月和四月我都不能有時間，只有在五月的二十日和二十一日我有別的事情要到臺南來，我可以來同大家談話。

宋院長給了我這個題目，是要我講一講基督的信仰和孔、孟哲學的關係。

前不久在一個宴會中，我曾聽見張岳軍秘書長說，他今年正月在美國聖若望大學領取名譽博士，在授贈博士位的典禮中，聖若望大學的校長在致詞時說：天主教會在正月初慶祝主顯節，紀念三位賢士朝拜聖嬰耶穌，獻贈黃金、乳香香料。在今天看來，黃金可以代表儒家的實踐思想，乳香可以代表道家的精神生活，香料可以代表佛教的戒律苦修。

我覺得這個譬喻說得很好，這個譬喻不單單說明了儒釋道的特點，而且也說明了儒釋道在基督信仰裡所能有的地位，儒家是在實際生活方面，道家是在精神生活方面，佛教是在克己苦身方面，能夠和基督信仰相接合。

一、儒家的倫理可以表現基督福音的倫理道德

儒家的思想，注重實際的生活。四書五經都是在實際生活上，說明人生的大道。《易經》一本書裡，雖有形上學的思想；可是儒家講形上學乃是為倫理學定下一個根基，後來宋明的理學家也是從《易經》的形上思想來發揮倫理思想，朱子用理氣二元論，為解釋人性的善惡，又用為解釋仁義禮智信的善德。

儒家的倫理思想以天道為基礎，由天道的好生之德，由宇宙的四時運行，達到人的生活大道，以中庸為本，以禮為規則，以仁為中心。仁民而愛物，推己以及人，孝道為百善之先。

這種倫理大道，由堯、舜到孔子，由孔子到今天，中華民族常是遵守。這種倫理變成了中華民族的遺傳，已經混合在中國人的血液中。雖然在五四運動以後，中國有許多年輕人，主張廢除儒家的倫理；雖然在社會制度上，自民國成立以來，儒家的遺傳有許多風俗習慣和社會制度都被改革了；但是在中國人的心理上，儒家的倫理仍舊保有很大的力量，因此我們常說，這種儒家心理，就是大陸上抵抗共黨主義的強大力量，同時我們也說這種儒家心理是在臺灣復興中華文化的基礎。

基督的信仰，是一種宗教信仰。這種宗教信仰，指示人生的目的，指示達到目的的途徑。信仰所指示的，是至高的原則，是抽象的理論。雖然在宗教禮儀方面，教會有詳細的條文；然而這些具體條文，乃是規定宗教禮儀的儀式。至於人生的具體生活方式，基督的信仰並沒有規定。現在所有的基督教會的風俗習慣，只是歐美各國的風俗習慣，不能看爲基督信仰所應該有的風俗習慣。基督信仰指示人生的原則，原則的實行，則按各國的文化而定。因此在中國的基督教會，所有的生活方式，應該是中國文化所形成的生活方式，也就是儒家遺傳所造成的生活方式。中國的基督教會，不能夠是義大利的教會，不能夠是法國或西班牙的教會，也不能夠是美國和英國的教會。

從歷史方面去看一個民族的生命，常是在民族文化的遺傳裡前進。民族的遺傳，可以常常吸收外來的文化資料，但是也常保存遺傳的中心部份。一種外來的文化，若要在這種民族裡存在，必要插入這個民族的文化以內，否則必會被這個民族文化所排擠。基督的信仰，不是一種文化，而是文化的原理。基督信仰傳到一個民族裡，成爲這個民族的宗教，必定要進入這個民族的文化以內，否則，基督教會不能在這個民族以內長久存在。中國信基督的教會，便應該是中國的基督教會，教會的人士是中國人，教會的實際生活方式也該是中國式。中國式的生活方式，乃儒家的生活方式；因此中國基督教會的生活方式，便應該是儒家的生活方式。

儒家的生活方式，由儒家的倫理而造成。儒家的倫理是否合於基督的信仰？從教義方面去看，儒家的倫理思想，較比任何民族的倫理思想，更合於基督的福音。今天我不能向大家解釋儒家倫理中那些思想合於基督的信仰，因爲問題太廣，時間不夠。我只能說儒家思想的大綱，和基督福音的相同點，使大家有一個好的印象。

儒家敬天，天是上天或上帝。上天或上帝和基督信仰中的造物主上帝或天主相同。

儒家以人生大道該以天道爲依歸，所以儒家主張法天。基督的福音，以上帝或天主爲人之大父，人該仿效在天大父。

儒家以道在於好生，在於中庸，人道也就在於仁，在於禮，在於中庸。基督的教義，也教訓人以愛爲一切善德的中心，以善德在於中庸。

儒家以五倫爲社會關係的綱要，五倫道德爲社會生活的規律。基督所講的十誡，也就是五倫關係的規律。

聖保祿宗徒在書信中所講的倫理關係，爲當時希臘文化和羅瑪文化中的倫理關係。聖保祿以這種倫理來表現基督福音的倫理關係。我們在中國宣傳基督的福音，便應該用儒家的倫理來表現福音中的倫理關係。

二、基督的福音可以協助復興中華文化

儒家的倫理合於基督的教義，並不是說兩者完全相同，更不能說儒家倫理和基督教義一樣不能改變。

第一、基督教義是天主的啓示，是超乎人性的，儒家思想是基於人的本性，兩者的出發點和終點不相同。

第二、基督教義中的倫理關係，都是以基督爲中心，由基督上到天主或上帝，下到世人。儒家的倫理，雖是以天道爲起點，以天人合一爲終點，所有倫理關係，則是直接人對人的關係。

第三、基督教義中的倫理精神，在提高每個人的整個精神生活，使人以精神為重，以物為輕。儒家的倫理精神貫注在現世生活，容易使人拘在物質以內，忘記了精神的無限境界。中國古人所以常以道家的思想以培植自己的精神。

第四、基督教義中倫理原則，為抽象的原則，可以常久不變。儒家的倫理關係，大部份是具體的生活規矩。具體的生活規矩，隨著社會環境而變，因此，目前，我們實行復興中華文化，把古來的倫理思想，加上新的方式，以便適合時代。

在復興中華文化，改革傳統的生活方式時，我們信仰基督的人，應該將基督福音中的倫理思想，和倫理精神灌輸到中華新文化以內。中華的新文化，是儒家的文化，但是在儒家的思想中，加入了新的思想。

當儒家思想在宋朝復興成為理學時，中間加入了佛教的思想。同時佛教的思想滲入中國文化中，佛教在中國紮了很深的根，深固不能拔。

儒家倫理思想，基之於敬天法天；然而敬天和法天的思想不很明顯，且不發生實際作用，在這一方面，基督的信仰可以補儒家的不足。

儒家的倫理主張博愛，仁民而愛物。但是儒家的博愛近於消極，近於退縮。基督博愛救世的絕對積極精神，可以充實儒家倫理的博愛精神。

儒家的倫理，以至誠通天爲至善，以天人合一爲至高目標。然而儒家的天人合一之道，過於浮泛，過於現世化。基督教義的天人合一，天主以自己的神性生活，賜給人，使人參與神性生活。這一點可以提高儒家全部倫理。

儒家的全部思想，注意在現世，以中庸爲道路，以求大家相安，因而造成「各人自掃門前雪，莫管他人屋上霜」的保守習氣。基督教義以萬物爲天主賜給人，供人使用。人可以而且應該儘量使用自然界物質。因此歐美的科學發達。在中華的新文化中，應該加入基督教義促人向上的積極進取精神。

這以上所說，不過是幾點綱要，你們各位可以向深處研究，自己加以發揮。

最主要的一點，是在於認清這一點：即是中國信仰基督的教會，必定應該是中國的教會，以往無論基督教，無論天主教，都犯了一個很大的錯誤，就是把歐美的基督教會習慣和文化，生硬地移植到中國來，使教會在中國人心目中，視爲洋教。近來，天主教努力在改進這種錯誤，可是在建設中國基督文化方面，所做的事還很少，成績也很薄。

今後希望基督教同道，和天主教同道大家聯合起來，在建設中國基督文化上，共同努力。中國基督文化，必定是中國基督儒家的文化。

民國五十七年五月廿一日

儒學與中國天主教

天主教傳入中國的歷史，可以上溯到唐朝的景教和元朝的也里可溫；但是正式的歷史，則起自明末。明萬曆年間利瑪竇入北京，開始傳授基督的福音，一直到現在，傳教的工作沒有中斷。雖然大陸在共匪統治下，教會備受迫害，然而天主教在大陸並沒有絕跡，在台澎金馬等地則傳教工作很興盛。我們現在研究儒學與中國天主教，就從利瑪竇開始。

儒學和中國天主教的關係，可以分成三大時期來講：第一時期爲耶穌會士時期，中國天主教贊成儒學，一方面研究，一方面向歐洲介紹。第二時期爲教難時期，中國天主教教士反對儒學。第三時期爲民國時期，中國天主教尋求本地化的途徑，欲與儒學相融會。

一、第一時期，中國天主教贊成儒學

1. 研究儒家四書五經

中國天主教的開教偉人爲利瑪竇（Matteo Ricu ）。他是義大利人，耶穌會士，生於一五五二年十月六日，於一五八三年抵廣東肇慶（今廣東高要縣）於一六〇一年正月二十四日抵北京，時爲萬曆二十九年十二月二十一日在北京住了十年，在中國一共住了廿七年，他也是在中國傳授西洋科學的第一人。

當利瑪竇到了肇慶時，自稱西僧，因中國從漢末到唐代常有西域僧人來華佈教，他仿效番僧的故事，自稱西僧。後來到了韶州，認識了儒家學者瞿太素。瞿太素勸利子放棄西僧的稱呼，自稱儒家弟子，穿著儒家文人的服裝，利子便研究儒家的四書和五經。到了京師，他和徐光啓、李之藻、馮應京等許多文士爲友，一方面他給徐、李兩位講授西洋科學，翻譯書籍；一方面他用儒家的思想，講解天主教的教義，在利瑪竇看來儒家的思想和天主教的教義很相符合。利子著《天主實義》一書，屢次以儒家經書解釋教義，方豪教授說：「隨手抄來，都成妙諦，利氏胸中，蓋於經籍爛熟，故能左右逢源，俯拾即是。」利氏以「堯舜周孔，皆以修身事上帝爲教，則是之；佛氏抗誣上帝，而欲加諸其上，則非之。」，利氏爲傳教尚著有一書名《畸人十篇》，書中引儒家經典，和天主教經典作比較研究。

利瑪竇以後，耶穌會士陸續來中國，有幾位在清初朝廷供職，或爲天主曆算，或爲繪畫建築、或爲繪製輿圖。他們都繼承利氏的遺志，研究儒學，藉重四書五經以講論天主教教義。

艾儒略神父（Giulio Aleni）耶穌會士，生於一五八二年，一六一三年來華傳教於江浙和福建，一六四九年去世。平生研究四書五經，著書共三十餘種。艾氏著作中有《三山論學記》，爲艾氏和相國葉向高論道的記述。書中講論太極、無極、氣等思想，艾氏予以辯駁，但對於經書的上帝信仰，則以爲和天主教信仰相符合。「相國曰：太極也者，其乃天地之主也，儒略說：太極之說，總不外理氣二字，未嘗言其爲有靈明知覺也。既無靈明知覺，則何以主宰萬化？……儒者亦云，物物各具一太極。則太極豈非物之元質，與物同體者乎！既與物同體，則囿於物，而不得爲天地主矣。所以貴邦言翼翼昭事，亦未嘗言事太極也。」

明清耶穌會士研究儒學者，還有其他許多人；在下一節講經典的翻譯時，將列舉幾位著名學者的名字。

明末清初的天主教學人，爲中國儒家的學者，他們對於儒學的態度，是積極地使天主教適應儒家的思想。

徐光啓，上海人，曾官拜文淵閣大學士，爲利瑪竇的好友，誠心信仰天主教。他有一篇〈辯學章疏〉，疏中說：「諸陪臣所傳事天之學，真可以補益王化，左右儒術，救正佛法也者。」

李之藻爲利瑪竇的另一位好友，浙江仁和人，官至工部都水司郎中，曾編《天文初函》。他在重刻利瑪竇的《天主實義》的序文說：「利先生學術，一本事天。……彼其梯航深贄，自古不與中國相通，初不聞有所謂羲，文、周、孔之教。故其說，亦初不襲吾濂、洛、關、閩之解，而特於小心昭事大旨，乃與經傳所記，如券斯合。……」

楊廷筠，仁和人，明萬曆年間進士。曾爲耶穌會士龐迪我的《七克》一書作序，序說：「其爲學，不襲舊說，間用華言譯其書教，皆先聖微旨也。……其言語文字，更僕未易辭，而大指不越兩端：曰：欽崇一天主萬物之主，曰：愛人如己。夫欽崇天主，即吾儒昭事上帝也；愛人如己，即吾儒民我同胞也。」

明末清初天主教中有一位西班牙藉方濟會士利安當（Antonio a Santa Mari- a Caballer），於一六三三年（崇禎六年）來華傳教，清康熙年間。天主教有禮儀之爭，道明會士反對耶穌會士適應儒家傳統的主張，方濟會士和道明會士互通聲氣。利安當爲反對敬孔敬祖的主要人之一，但他卻主張儒學和天主教教義不相衝突。他著有《天儒印》一書，書中以儒家四書的思想和天主教教義比較研究。原書有魏學渠的序，序中說：「一日，利師出所解四子書一帙，且詔之曰：遠人不解儒，略摘其合于天學者而臆解之如此，然與？否與？不肖讀竟，蹶然興曰：吾儕類言天儒一理，若師所言，理庸不一，倘溺于章句，而不深究其指之南，而以爲之北，奚一焉？今而後謂四子之書，即原印之印蹟可也。于是名其帙曰天儒印。」。

全書引四書的話，以天主教教理去解釋，兩者竟互相吻合。我們現用心去閱讀，可以看到許多點不免有牽強的地方，但是在大體上則是正確的。

清初，一位法國教士馬若瑟（J. H. M. de Premare）於康熙三十七年（一六九八）來華，深通中國典籍，著述亦多，著作中有《儒家實義》一書。書中對於天、上帝、祭天、祭祖、孝道、《詩經》、《易經》，都有解釋，然不是以天主教理論作解，而是以儒家思想去說明。可見馬若瑟神父對於儒學深有研究。

這種贊成儒學的態度，可以代表第一期中國天主教學者的主張。

2. 向歐洲介紹儒學

中國第一期的耶穌會士，用心研究四書五經，以儒家思想解釋天主教教義，同時，他們也盡力以西文翻譯儒家經典，向歐洲學術界介紹儒學。

利瑪竇爲中國翻譯西洋科學書的第一位學者，他也是以西文翻譯儒家經典之第一人。利氏曾以拉丁文翻譯四書，寄往羅瑪。這種譯文手抄本現在已經失傳。第一本中國經籍的外文譯本爲金尼閣神父的五經拉丁文譯本。

金尼閣（Nicolas Trigault）爲比利時人，生於一五七七年，一六一〇年來華，精通拉丁文和漢文，他曾將天主教拉丁文經典譯爲中文，又將儒家五經譯爲拉丁文，於天啓六年（一六二六）在杭州刊印。

殷鐸譯（Intorcetta）爲義大利人，和郭納爵（Jgnatius da Cozta ）兩人以拉丁文合譯《大學》，書名《中國之智慧》，（Sapientia Sinica）於康熙元年（一六六二年）刻於南昌。又以拉丁文合譯《論語》，殷氏又獨自以拉丁文翻譯《中庸》，書名《中國之政治道德》（Sinarum scientia Politico-Moralis），在廣州出刊。

比利時教士柏應理（Couplet ），在康熙年間，在華傳教，研究儒學，以拉丁文譯《論語》、《大學》、《中庸》，再加孔子傳和導言，於康熙二十六年（一六八七年）在巴黎出版，以呈獻法國國王路易十四世。

一七一一年（康熙五十年）比利時教士衛方濟（Noel）以拉丁文翻譯的四書和《孝經》，及《幼學瓊林》，由布拉克（Prague）大學出版。

白普（Joachin Bouvet）爲法國傳教士，精於數學及天文輿地，於一六八八年抵北京，他專心研究《易經》，以拉丁文著有《易經大意》（Jdea generalis Doctrinaelibri Iking），未曾出版，手抄本現存巴黎圖書館。

馬若瑟（J. H. M. de Pr'emare）爲法國人，曾節譯《書經》《詩經》，載於《中國通志》第二冊，雷孝思（Regis ）以拉丁文譯《易經》，譯文第一冊於道光十四年（一八三四）始在德國Stuttgard 付印，後五年，第二冊也付印。

乾隆四年，法國傳教士宋君榮（Antonius Gaubil ）以所作《書經》拉丁文譯稿寄往歐洲，過了三十一年，才在巴黎出版。劉應（Claudus de Visdelou）也曾以拉丁文翻譯《書經》，沒有出版，原稿藏於梵蒂岡圖書館。蔣友仁（Michael Benoist）於乾隆時也曾作《書經》拉丁文譯。

《詩經》則有孫璋（A. de la Charme ）的拉丁文譯本，沒有付印。

乾隆年間尙有一位教士錢德明（Amiot ）以法文作《孔子傳》（Vie de K'ong-tse）於乾隆四十九年（一七八四）在北平付印，同年，也刊印《孔門弟子傳》（Abr'eg'e de ls Vie des Prin cipant disciples de K'ong tse）

生物學家乾國英（Martialus Cibot ）著《記中國人之孝道》（Memoire su r lapi'et'e filiale des chinois ）彙集中國經書和風俗習慣關於孝道的資料，作爲一編。

以上根據方豪教授的《東西交通史》和《六十自定稿》列舉明末清初的中國天主教教士，對於翻譯儒家經典的工作，他們是第一批向歐洲介紹中國思想的人。他們的翻譯引起歐洲當時學者的注意，哲學家如笛卡兒、斯賓諾沙、萊布尼茲、康德，都讀過他們的翻譯，也多少受些影響。

二、第二期反對儒學

初期的耶穌會士，在兩百年間都遵行利瑪竇的傳教方策，贊成儒家的思想，用四書五經解釋教義，採用古書的名詞，稱呼上帝為天主教所敬的至高神明，又准許信教的人祭祖祭孔，但是利瑪竇的第一位繼任人，龍華民神父已開始反對用天和上帝的稱呼，大多數在華的耶穌會士則贊成利氏的主張。

一六三二年道明會士來中國，道明會士為西班牙人。次年西班牙藉的方濟會士利安當神父也到福州。道明會士中有黎玉範神父（Juan Battista Morales），在福州傳教。他們兩人都以為中國的「祭」禮為宗教儀式，祭祖祭孔當視為宗教迷信，乃禁止信教者舉行，並不許參加；耶穌會士則保持利氏的傳統，於是中國天主教會就產生了禮儀之爭。

這種問題在中國不能解決，教士們便紛紛上書羅瑪教宗，又派人到羅瑪解說，請求指示。黎玉範於一六四三年抵羅瑪；向教廷管理傳教事務的傳信部提出反對的報告和意見。一六四五年傳信部禁止敬孔敬祖，更不許祭祀城隍，但是禁止令上加有「除非教廷將來另有規定。」表示案件並未完全確定。

耶穌會士乃派衛匡國神父（Martino Murtini）往羅瑪解釋，中國敬孔敬祖不是宗教迷信，而是社會儀典。一六五六年教廷教義部聲明如事實是和衛神父所報告的一樣，則准許舉行。

道明會士群起反對，並向教義部詢問教廷兩道互衝突的命令，何者有效，是否後者取消前者。教義部答覆兩封部令都有效，各按實際情形而行。事情便因此更複雜更亂了。

法國籍的顏璫主教，在福建嚴格禁止敬孔敬祖，又派人到羅瑪關說。教廷的教義部組織小組委員會，於一六九七年開始研究中國禮儀問題，一七〇二年三月三十日在教宗格肋孟十一世親自主持的會議中，議決對這個問題的答案。但是答案沒有公佈，教宗命耶穌會士派代表再表示意見，一七〇四年九月和十月間，教宗曾多次親自主持會。十一月二十日，教義部舉行最後一次會議，作成決議案，由教宗在當天批准，議案交由特使多羅宗主教到中國執行議案。議案否決了耶穌會的主張，不許祭孔祭祖，不許立牌位，不許用天和上帝的名稱。

教宗早在一七〇一年就決定派特使來華，特使多羅宗主教於一七〇二年七月五日由羅瑪附近港口起程。於一七〇五年四月五日抵廣州，十二月四日抵京城。多羅曾兩次覲見康熙皇帝，沒有明言禁止敬孔敬祖事，因為他還沒有接到羅瑪教義部的決議。一七〇七年正月二十五日，多羅特使在南京宣佈教廷的禁令。康熙皇帝下令驅逐教士，押解多羅特使赴澳門。澳門的葡萄牙官吏奉葡王命令，不許多羅自由行動，予以軟禁，因他出使侵犯葡萄牙王的保教權。多羅在澳門臥病不起，教宗乃向葡王抗議，並於一七〇七年八月策封多羅爲樞機，多羅樞機於一七一〇年六月八日，在澳門去世。一七一五年三月十九日，教宗格肋孟十一世公佈諭令，正式禁止敬孔敬祖。禁令於次年八月送到廣州，康熙皇帝得訊大怒。教宗頒布禁止，爲杜絕中國教會的兩種危險：第一、祭孔祭祖的禮儀，既被一些傳教士視爲宗教儀禮，寧可禁止，以表慎重。第二、在華傳教士爭論不休，引起內鬨，理宜禁絕。但是問題並沒有因此平靜下來，因爲信教的人不願遵守，甘願離開教會，康熙皇帝又下令禁止傳教。教宗格肋孟十一世於一七一九年九月十八日任命嘉樂（Carlo Mezzabarba）宗主教爲出使中國特使。次年三月，由里斯本動身，十月抵廣州，十二月進入北京，康熙皇帝接見嘉樂宗主教前後共十三次，當面都不談中國禮儀問題。次年三月，嘉樂特使回澳門，從此以後，中國天主教傳教士再沒有專心研究經籍的人，信教的人中因不能祭孔，便不能參加考試，也就少有讀書人。明末清初傳教的盛況，一落千丈。

三、第三時期融會儒學

清朝皇帝自乾隆以後，閉關自守，不和歐洲各國通消息。然而歐洲列強貪圖經商謀利，用武力爭取五口通商。清朝末年國家幾乎遭到列強瓜分，民間有識之士，都提倡研究西洋學術。中國天主教會在清末和民國初年有三位有膽有識的人，英斂之、馬相伯、雷鳴遠，共同呼號，催促教會創立輔仁大學發行益世日報，教宗庇護十一世於民國十一年（一九二二年）遣派剛恆毅總主教（Celso Costantini）爲駐華代表，剛總主教爲一學者，抵任後，研究中國儒家思想和中國藝術，遂極力提倡天主教中國本地化，遣派青年中國教士往羅瑪傳信大學就讀，選任中國教士任主教。教宗庇護十二世於一九三九年十二月八日由傳信部頒發部令，准許信教人士敬孔敬祖。於是中國天主教會乃有一種新趨勢，使教會的神學哲學和儒家的思想，互相融會。

民國第一位外交總長陸徵祥，信奉天主教，自稱爲徐光啓的後學，爲馬相伯的私淑弟子。他在自己的回憶錄：說明自己信奉基督福音，乃是由儒家向前走，而不是回頭。中國駐教廷第二任大使吳經熊教授，承先總統　蔣公的付託，以文言翻譯聖詠和新約福音，在日常生活的和學術講演裡，則常引用儒家傳統來融會天主教的精神修養。在美宣傳儒家文化的薛光前教授，著書述說自己由孔子到基督的經過！故宮博物院蔣復璁院長也述說自己信教的感想！又不斷爲文說明儒學和福音的相通。于斌樞機近年提倡祭祖，又開始提倡祭天。我自己本人研究中國哲學！尋求融會儒學和天主教神學哲學的途徑。

儒家和天主教神哲學的融會點，不僅在於倫理思想方面，孔、孟所講的善德仁義禮智和孝道，和天主教的倫理思想，可以互相融會。也不僅是在信仰上天方面，《詩經》《書經》所信的皇天上帝，就是天主教所信的天主。而是在《易經》的形上思想方面，也可以和天主教的哲學相融會貫通。就是在這種融會貫通上，我們看到將來中國哲學的新發展。

中國天主教歷代分區沿革史

前　言

為紀念中國天主教聖統制建立的第十週年，我本請了傳信部圖書館館長和傳信部中國司司長，各作文一篇，敘述中國天主教會歷代分區的沿革。無奈圖書館館長正在編中國天主教圖書目錄，沒有時間可以作文章，中國司司長答應寫，但是不能及時寫完。於是我只好請施森道神父，翻譯明神父關於中國天主教會十七世紀和十八世紀初年分區沿革的一篇文章，至於在十七世紀以前和十八世紀以後，中國天主教會的分區情形，便由我自己來簡單說一說。我不專於歷史，而且沒有時間去翻傳信部的檔案，因此所說的都很簡略。就是為寫這篇簡略的沿革史，還有趙慶元神父的博士論文所收集的一些史料，又虧傳信圖書館長給我一些文據；再加我藏的幾冊中國天主教歷史史料書，纔能倉促寫成。若中國天主教建立聖統制的詳歷史，則又待諸專門攻歷史的人，他日再寫。

一、中國天主教第一次聖統制

若望孟高味諾在一二九四年奉抵北京上都，覲見元世祖。元朝可汗都曾縱橫歐亞；在朝廷上供職的，也有小亞細亞人。因此元朝皇對於宗教，頗任人民自由。孟高味諾在一三〇五年和一三〇六年，所寫的兩信裡，述說自己修建聖堂一座，受洗約六千人，且在皇宮附近，造一修院，經韻聲音，聞於皇廷。他在上都十二年的工作，成績很可觀了。因著他這兩封信所報告的好消息，羅瑪教宗和樞機們，認爲時機不可失，應該正式規劃在中國的傳教事業，教宗格肋孟第五世乃訓令方齊會總會長公匝禾（Gonzalvo），選擇本會學兼優修士數人，陞爲主教，派往中國，襄助孟高味諾傳教。同於一三〇七年陞孟高味諾爲總主教，領東方宗主教銜（Patriarcha totius Orientis）總理遠東教務。

方濟會總長選了修士七人：安德烈（Andresa de Perusia）、日辣爾多（Gerardus Albuini）、尼各老（Nicolaus de Banzia）、烏里古（Ulricus de Seyfridsdorf）、伯肋格林（Peregrinus de Castelo ）、威廉莫（Guillelmus d e Villanova ）、安德烈烏啓（Andreucci de Assisio）。這七位被選的修士，在羅瑪由三位樞機祝聖爲主教。

七位主教率領修士多人，由海道往中國，抵印度，三位主教因病去世，去世者爲尼各老、烏里古、安德烈烏啓三主教，同伴修士也死亡多人。餘者繼續旅程，安抵上都。抵上都的時候，大約在一三〇九年和一三一三年之間。抵上都後，即祝聖孟高味諾爲主教。這是有史以來，中國第一次成立了天主教聖統制。羅瑪教宗因聞三位主教，死在半途，於一三一一年又任命主教三位：伯多祿（Petrus de Florentia）、熱洛尼莫（Hieronymus de Catalaunia）、多默（Thomas籍貫不詳），充孟高味諾的屬區主教，然僅伯多祿主教來上都，熱洛尼莫則改任加法城主教（Kaffa），著名史冊。

孟高味諾領「東方宗主教」銜，權力普及遠東。當時整個天主教會在亞洲之宗主教，僅有耶路撒冷宗主教，公斯當定堡宗主教，安第約基宗主教。這三宗教主教所轄以外的東方各國教，都隸屬孟高味諾宗主教，但在一三一八年，教宗若望第二十二世劃分孟宗主教轄域的一部份，歸道明會修士管理，建立蘇答尼總主教區（Sultanieh）。孟宗主教之轄域，包括有中國和中央小亞細亞的大半，轄域中的主教區，有泉州，亞馬克（Almaligh），加法（Kaffa），撒拉益（Sarai），大納（Tara），古木克（Kumuk）。

孟高味諾於一三二八年去世，享壽八十一歲，教宗若望第二十二世聞耗，任命尼各老爲繼任宗主教，但尼各老宗主教總沒有往中國接任。一三六九年，教宗吳爾巴諾五世任命撒拉益教區主教葛斯默（Cosmsa）爲上都總主教，但於一三七〇年三月一日，收回成命。數日後，復任命威廉莫（Guillelmus de Prato ）爲上都總主教，遣派他同六十名修士往中國，歷史上沒有記載他究竟動了身否。即使動了身，也一定沒有到中國。這是最後一次，教宗派人往上都任總主教職，以後再沒有派人了。

泉州教區成立於一三一三年，泉州在元朝時，爲東南繁盛的海埠，一位亞美尼亞的太太，信奉天主教，捐資泉州建造聖堂。孟高味諾乃遣日歌爾多主教任泉州第一任主教。日主教於一三一八年去世，孟高味諾遣安德烈主教繼任，安主教堅辭，遂遣伯肋格林主教充泉州第二任主教。其時杭州、揚州兩處也展開傳教工作；然這兩處，大約直屬孟高味諾總主教管理，不屬泉州教區。伯肋格林任泉州主教數年後去世，遺缺這次由安德烈主教補充，安德烈主教去世後，繼任主教有說爲雅齊伯弗樂楞斯，於一三六二年在泉州死於亂兵之手裡。然方濟會史，則載於一三六二年，有名雅齊伯者（籍貫不詳），爲泉州主教，往中國赴任時，在中央小亞細亞，被回教徒所殺害。

因此，在一三六〇年左右，中國的上都總主教，都已名存而實亡。一三六八年八月，徐達兵入北京，明朝代元朝而有天下，中國天主教因明朝海禁很嚴，遂致中斷。

二、葡萄牙保教權時代

元朝方濟會士在中國傳教事中斷了以後，中國的教務等利瑪竇再進中國時，纔重新開始。利瑪竇爲耶穌會士，義大利人。但是他從羅瑪動身往中國時，先赴葡萄牙里斯本京城，請得葡萄牙皇帝的同意，然後纔安然起程往遠東。遠東大宗徒聖方濟各沙勿略赴遠東開教時，也是由里斯本起程，聖人於一五四二年抵印度，在他抵印度以前，遠東教務由方濟會管理，以後遠東教務都歸葡萄牙監制了。明朝時，歐洲和遠東的海上交通，操在葡萄牙人的手裡。葡萄牙把遠東的古國，也想看成和南美的土著部落一樣。凡是葡萄牙初到的地方，就認塊地方爲葡萄牙所發現土地，屬於葡萄牙王。這地方的傳教事宜，葡萄牙王也認爲自己分內事，要求羅瑪教宗與以全權。

一五三四年葡屬印度臥亞城設立宗主教區，總轄遠東傳教事務。當時中國沒有傳教士，臥亞主教所轄區域，實際上只限於聖沙勿略所開教的地方。一五五三年葡萄牙租澳門，於是日本和中國的傳教工作，乃以澳門爲中心。一五七六年正月二十三日，教宗額我略第十三世立澳門爲教區，領轄日本、中國、安南等處教務。澳門教區本身則爲臥亞宗主教區之屬域。利瑪竇在一六〇一年進了北京，中國的傳教事業，漸漸奠下根基，以後傳教的神父，再不絕跡於中國了。但是五十年中，全中國都沒有主教，澳門的第一位主教賈南羅（Mel. Corneiro S.J.）在一五六八年纔到任。

一六二二年，教廷創設了傳信部，專理全球傳教事宜。但是當時的傳教事務，幾乎都操在葡萄牙人手裡，傳教區主教的任命和傳教士的派遣，都要經過里斯本的同意；於是傳信部乃於一六五九年，另設宗座代牧制，委派直屬聖部的主教，以教宗代權名義，治理傳教區。初次任命的宗座代牧，有巴錄主教（Francois Pal-lu），爲安南東京宗座代牧、兼理中國滇、黔、湖、桂、川五省教務；有德拉莫（Lambert de la Motte）主教，爲交趾宗座代牧，兼爲中國南京宗座代牧，管轄蘇、豫、晉、魯、陝各省和高麗教務。這是中國天主教會第二次分區而治之始。

在一六五九年以前，傳信部曾於一六三四年，委任一位方濟會士安多尼神父（Amtonius de Sancta Maria），和一位明會士若翰神父（J. B. Morales）爲中國宗座監牧。又在一六三七年委一位方濟公院會士墨爾銜總主教，（Francisu cus- Antonius Frascella）兼管中國教務；但是那兩次的委任，都沒有劃分區域，僅只是一種臨時代管的性質。

一六八〇年，傳信部再下部令，把中國的教務和安南分離，交趾宗座代牧不兼管中國教務，安南東京宗座代牧巴錄主教則改駐福建宗座代牧，管理浙、贛、粵、桂、湖、川、滇、黔八省。

巴錄主教既得任命，即圖謀進中國，那時由安南從陸路進廣西，邊界盤查很嚴；由海道從澳門進廣東，葡萄牙人又加留難；巴錄主教乃轉由菲律賓搭船往福建，菲律賓為西班牙屬域。西班牙那時正和葡萄牙爭霸權，凡反對葡人的事，必樂為之。

時南京代牧東來赴任時，死於半途。教廷乃於一六七四年簡任羅文藻神父為主教，充南京宗座代牧。羅公赴菲律賓為行祝聖禮，不幸被阻且被留於馬尼拉。

巴錄主教偕助理主教德拉介薩（Della Chiesa）於一六八四年進入中國，巴錄主教駐福建，德助教主駐廣州。羅文藻主教由馬尼拉得機逸逃，於一六八四年抵福建，欲請巴錄主教受祝聖，然巴錄主教已於當年十月去世。羅主教轉赴廣州，於一六八五年四月八日，由德主教手，領受祝聖主教典禮。

這時在中國的代牧，僅有羅主教和德主教兩人。然巴錄主教於去世前，以粵、桂、川、滇、黔五省由德主教署理。以浙、贛、閩、湖四省由梅格洛副主教（Char-les Maigrot）署理。巴錄主教去世後，梅格洛遂實行管理四省教務。

一六八七年，傳信部頒佈部令，任梅格洛為福建代牧，管理福建。以平若望（Jean Pin, M.E.P.）為江西代牧，管理浙、贛，以華洛（Franciscus Varo O. P.）為廣東代牧，管理粵、桂、滇。然華洛沒有受祝聖即去世。

三、北京南京兩教區

傳信部派宗座代牧，分治中國教會；葡萄牙王廷不悅，以爲有損該國保教權，且中國教會本屬於澳門和臥亞兩主教，中國如分區而設主教，仍該奉臥亞主教爲宗主教。葡王彼得二世於一六八九年十一月二十六日，修書遣使往謁教宗亞立山第八世，請求在中國設立北京、南京兩教區。傳信部力爭不可，然教宗爲顧全歐洲安全，姑允葡王所謂，於一六九〇年四月十日，下令設立南京、北京兩正式主教，又以兩廣和附近島嶼劃歸澳門教區，三教區都尊臥亞宗主教爲首長。又任葡籍加匝（Joao de Cazal）神父爲澳門主教，改任羅文藻主教爲南京主教，德拉介薩主教爲北京主教。葡萄牙王的用意，把中國那時所有的宗座代牧的主要人，陞爲正式教區主教，從此就可把宗座代牧制取消，而以澳門、南京、北京三主教，分治中國教會。

然三主教中，僅有澳門的主教正式上任視事；羅文藻主教於一六九一年去世，沒有正式接任南京主教職，德主教則在九年以後，才正式就任爲北京主教，且仍不能駐在北京，只能在臨清城縣寄住。

但從此以後，中國天主教會的行政，混亂不清。上面明神父的文章裡，已經說得很清楚。澳門主挾臥亞總主教之委任代理權，在中國全國擅派人員，中國之各代牧群起反對。傳信部乃於一六九五年下令，劃明三教區的轄域：北京教區轄管直魯二省及遼東，南京教區轄管蘇豫兩省，澳門教區轄域如前。除三教區所轄所之六省外，其餘各省分隸九宗座代牧。一六九六年八月九日，傳信部正式設立中國九代牧區：福建、江西、浙江、湖廣、四川、貴州、雲南、陝西、山西。

葡萄牙王很不滿意傳信部的措施，乃於一七一一年，向教廷建議，在中國添設三教區；即福建教區、武昌教區、西安教區，分治九宗座代牧區的領域，且呈遞三位新教區主教人名單。傳信部正怨葡人擾亂中國教會的行政，而葡王也不履行關於南京、北京兩教區的條約，不修蓋堂宇，又補助經費，故對於葡國政府的建議，拒絕不納，教宗格肋第十一世採納傳信部的意見，婉卻葡王的請求。

以後中國的教務行政，就這樣繼續到一八五六年，一方面因爲清朝雍正、道光，對天主教打擊很烈，中國教務不能發展；一方面葡萄牙的海上霸權，逐漸爲英法所奪，葡萄牙國內又常多政變，不暇外顧了。一八三四年五月三十日葡國政府沒收全國教會財產，教宗庇護第九世於一八五六年五月三十日公佈諭令，把北京區劃分爲三宗座代牧區：即北京直隸、東直隸、西直隸。北京教區遂以作廢。次年二月二十一日，教廷和葡國政府締結政教公約。公約第四條規定廣西省不再屬於澳門教區，第五條規定香港也不再歸澳門主教管理。第六條更規定「澳門主教的治教權和葡國在中國的保教權從今以後，只包括下項數區：澳門、廣東和附近島嶼，廣東和香港除外」。公約的第一號附加聲明，對公約第六條附加聲明，謂澳門主教對廣東和海南島等待一年後實行統治。而且，實行統治權時，葡國加派相當數目之傳教士。這次公約，葡萄牙在中國原有的保教權，縮到廣東和海南島，其餘所謂南京、北京兩教區，都不包括在內。而實際上就連廣東、海南在這次條約後，仍舊屬於以前兩廣監牧區，並沒有再歸屬澳門教區，因葡萄牙不能遣派急需的傳教士。因此葡萄牙在中國的保教權，在訂約的這一年，就歸於廢除了。

四、宗座代牧制

從一六九六年到一八五六年，中國天主教會兼有聖統制和代牧制，既有澳門、南京、北京三教區，又有代牧區。葡萄牙保教權取消了以後，澳門教區的領域不包括中國大陸的任何縣份，南京、北京兩教區亦分區而作廢，中國天主教會便只有代牧制了。

一六九六年之所立的九代牧區，時併時分，在一八五六年，北京南京教區未廢除時，全國有遼東、蒙古、山東、山西、陝西、河南、福建、浙江、江西、湖廣、四川、貴州、雲南，再加有拉薩自治區。以後漸分漸多，在一九四六年建立教省時，中國天主教會除澳門教區外，有代牧區九十九區，監牧區三十七區，自治區，共一百三十八區。

五、歷代建立中國聖統制的建議

一六五一年，在中國沒有設立牧區之前，傳信部呈請教宗因諾增爵第十一世，在中國委派兩位總主教，十二位主教，成立中國正式教區。但這種建議，當時不能實行。後八年，傳信部乃創立代牧制。

代牧制既成爲傳教的通常制度，在一傳教區教務沒有發展，教會的根基不甚穩固以前，教廷不會把代牧區改爲正式教區，不會設立正式聖統。

一八四〇年滿州宗座代牧Emanuel Verrolles向傳信部建議：設立中國聖統制，分全國爲北京、四川、安南東京三總主教區。傳信部對這種建議，曾予以研究。

一八四七年，日本宗座代牧兼香港監牧Augustinus Forcade擬在港舉行中國主教會議，傳信部於一八四八年六月二十日訓令駐華辦事處專員Antonius Felic iani O.F.M.令即將要在中國舉行的中國主教會議中，提請各主教研究在中國建立聖統制議案。但因各方的困難，主教會議沒有舉行。

一八五一年十一月七日至十二月三日，上海舉行主教會議；傳信部訓令會議研究三十四項問題，其中有一項問題，即關在中國建立聖統制，是否合宜，會議研究的結論，認爲合宜，以中國行省制爲中國教省制。

一八六〇年湖北宗座代牧C. Spelta主教陞爲中國教務巡閱史。他立刻以一問題意見書分送各區負責人，請求答覆，所詢的問題中，也有建立聖統制，是否已到時機。

梵蒂岡大公會議開幕時，傳信部於一八六九年十二月二十四日，通令中國各區主教，對建立聖統制案發表意見，傳信部部長又屢次召集在羅瑪參加大公會議的中國代表等，舉行討論會，討論建立中國聖統制問題，贊成反對參半。一八七〇年七月十四日，舉行末次討論會，結論爲立中國聖統制，時機尙未成熟。

一八七四年傳信樞機委員會，九月二十四日，開會討論：分中國全國代牧區爲數大區，預備日後設立教省。討論後議定，由傳信部長詢問當時在羅瑪的香港代牧，意見如何。一八七九年六月二十五日，傳信部頒發部令，分中國爲五大區。

第一區—直隸、滿洲、蒙古。

第二區—山東、山西、河南、陝西、甘肅。

第三區—湖南、湖北、浙江、江西、江南。

第四區—四川、雲南、貴州、西藏。

第五區—廣東、廣西、福建、香港。

傳信部並訓令各區主教於部令頒佈一年內，舉行區會議。一八八〇年，五區主教分別舉行會議。

一九二四年五月十四日至六月十二日，中國天主教會在上海舉行全國第一次公議會，由教宗代表剛恆毅總主教主席。公議會向教宗第二請求案，爲中國大區重新劃分案，要求廢以往的五大區制，改劃中國教會十七大區，以就會實需要，也爲預備日後建立聖統。十七大區，爲蒙古、東北、直隸、山東、山西、陝西、甘肅、江蘇（安徽）、河南、四川、湖北、湖南、江西、浙江、福建、廣東、廣西（貴州、雲南）。

上項請求案，蒙教宗庇護第十一世於同年八月七日批准，於同年十二月三日頒佈施行。同日傳信部所頒的部令，也批准上海公議會的第三請求案，以各分區首長所在地之城名，名各分區，廢除原先以省之東西南北稱呼各分區的制度。

一九四六年二月十八日，田耕莘主教晉陞東亞第一任樞機。三月十四日上書教宗，請求建立中國聖統制。教宗庇護第十二世於四月十一日頒發「我們每天」制諭，正式建立聖統制，分中國爲二十教省，提升各區宗座代牧教區主教。中國天主教會面目一新，朝氣勃勃，預備向前邁進。不意三年後，共黨竊國，中國天主教會之組織，幾乎整個被共匪摧殘。然而樹木之長成，專賴灌溉，中國聖統制，栽植在中國以後，現在中國主教神父信友等，正在用他們的義血，灌溉這株大樹，灌溉越多，樹根越深，將來的發展也更將茂盛。

一九四八年五月十三日浙江麗水監牧區升爲正式教區。同年十二月九日，雲南大理監牧區升爲正式教區。一九四九年三月三日，浙江省自寧波教區分出永嘉教區。四月二十一日，赤峰監牧區升爲正式教區。六月九日，由上海教區分出蘇州教區，海州監牧區和揚州監牧區。七月十四日，由瀋陽分出營口教區。

臺灣全省在日據時代，祇有一監牧區，成立於一九一三年。在一九四九年十月三十日，臺灣劃分爲臺北和高雄兩牧區，一九五〇年八月十日臺中成立監牧區。一九五二年，八月七日，臺北監牧區升爲總教區，嘉義成立監牧區，花蓮成立監牧區。一九六一年，三月二十一日，由臺北分出新竹教區，高雄監牧區升爲正式教區，且分出臺南教區。一九六二年四月十六日，嘉義和臺中兩牧區升爲正式教區。一九六三年三月一日，花蓮監牧區升爲正式教區。臺灣教省乃有一總教區及六教區。

基督的鐸品

一、基督的問題

德國當代著名神學家「拉內神父」（Karl rahner ）寫了一本書，名爲《今天是否還可以有基督信仰》。法國當代著名宗教作家「貴東」（Jean Guitton）寫了一本書，名爲《耶穌》。兩本書都先將基督作爲信仰的問題。

我們想研究司鐸的鐸品，先就要研究基督的鐸品。研究基督的鐸品，先要研究對基督的信仰。

我們信基督是救世主，我們信基督的信仰可以改善世界；但是這種信仰，在今天思想潮流趨向無神論的世界裡，是不是可能？歐美的人民，都信仰基督；可是歐美的人民的道德，並不比亞非不信仰基督的人民的道德更高尙。

歐美的人民，素來信仰基督，然而今天的歐美人，很多已經表示對於這種信仰，漠不關心。而且今天的科學，日新月異，根本上和宗教不發生關係。

我們為什麼要信基督？信仰基督對於我們的生活，對於我們的文明，有什麼益處呢？

當代社會的思想是人文主義，以人作為宇宙的中心，以人作宇宙的主人。科學的進步，擴張了人的能力，使生產力加高，享受物品增多，控制自然的的能力日益加強。當代的人想不到宗教對於他們還有什麼關係，他們覺得有神或沒有神，對於他們的知識，對於他們的科學，對於他們的生活，沒有影響；並且覺得以往宗教的信仰，帶著傳統的思想和倫理習慣，足以妨礙他們的進步。

因此我們若向中國同胞宣傳基督福音，他們必定要問為什麼要信基督？

當代人的心中，對於宗教信仰，是不是還留有位置呢？

王陽明曾經說：「良知在人，隨你如何，不能泯滅，雖盜賊亦自知不當盜。喚他做賊，他還忸怩。」（王陽明全書卷三）

今天做賊的人，也仍舊有不當做賊的良知。今天負責教育青年的人，仍舊努力培植青年人的這種良知。

科學現在是進步到不可思量的地步了。人的工作效力也擴張到非常高的程度。然而現在人心裡的空虛，人心裡的痛苦，也較比古代的人更重。因為人的力量增大，人的慾望也隨著增大。人心的慾望是無限的，物質則是有限的；物質的享受無論怎樣高，總是在有限的範圍以內。以有限的物質，去滿足無限的心，人心常感到空虛不足。

歐美的文明，是歐美人的光榮。他們以文明人的精神，願意幫助亞非不文明的人進入文明。文明人的衣食住行，使亞洲人的社會有了很快的進步。可是亞非的社會是不是因此更安寧，更快樂，更有道德？一般人的感想，是文明造成了更多的罪惡。

當代醫學的進步，使嬰孩的死亡率減低，使人的壽命增長。現代的醫生已經開始換心換內臟，開始發明療治毒瘤的藥劑，將來可以到沒有病不能治療的境界。但是人會不會便因此長生不死呢？沒有一種哲學，沒有一種科學，主張人可以永久活在世上。道教雖然信人可以成仙，佛教雖也信人可以成佛，仙佛的境界，並不是人世的境界。凡是人，必有死。

生死的問題，罪惡的問題，痛苦的問題，幸福的問題，良知的問題，從人類開始存在，一直到現在，也一直到人類的末日，常是人心的大問題，科學的文明不能取消這些問題的存在，不能答覆這些問題的疑問，也不能減少這些問題的重要。人類從開始存在時就對這些問題予以答覆，即是各民族的宗教信仰。

宗教信仰乃是人心的要求。

民族學家、社會學家以及現代的歷史哲學家，都把人類的進化，分成若干階段，在每個階段裡，有適合民族文化的宗教信仰，從迷信神話，物體崇拜，進步到宗教的理性化。在今天凡事都要說出理由的時代，宗教信仰也應該說出信仰的理由。神話經不起考古學的檢討，迷信經不起科學的分析，偶像經不起哲學的推敲，今天的宗教信仰，是在光天化日下，大家可以看得出信仰理由，總可以存在。

宇宙萬物，若是不能自有，需有一位創造之神；創造之神，按理說應該是一位超乎宇宙之神。若是人類每個人的心中，都有幸福的要求，按理說人類該當得到這種幸福的滿足。若是每個人都有善惡良知，每個人又都以作惡爲可恥，按理說人就該當常做善事而不做惡事。若是每個人都怕死，都想長生長活，按理說人便該不死。基督的福音，信仰什麼呢？

信仰有一位創造宇宙的尊神，信仰人生的目的在追求無限的幸福，信仰人類的痛苦是由罪惡所造成，信仰罪惡是因人濫用自己的自由，信仰人濫用自由是因人類原祖自由違背造物主的命令而留下的餘毒，信仰罪惡使人反叛造物主而失去人的幸福，因而有死有失望，使人生失去了目的。

基督是誰呢？是造物主遣派來世的聖子，用自己的痛苦，補償人類的罪，引人歸向天主，成爲造物主的義子，渡高尚的精神生活，按照良知行善，而得永生的幸福。

基督的行傳，不是神話，可以經過考古學的檢討。基督的信仰，不是迷信，而是可以合於人的理性；基督的福音，不反對科學，而能將科學所不能答覆的人生問題，予以答覆；又能把機械所不能給予人的行善避惡的工具，賜給人們。

我們信仰基督，是使我們的生活趨向該去的目的，是使我們的生活因著目的而更完善而更幸福，是使國家社會享有平安，獲得進步。

基督的信仰，是今天追求真理喜愛科學的人的宗教信仰，是在理性的光明下可以答覆人生問題的宗教。

二、基督是聖父的使者

每個民族的宗教信仰和神話傳說，都相信人應獻祭贖罪，又相信應有神所遣派的使者救人出於罪惡。中國的孔子、孟子，尚且自信負有上天賦予教人的責任。這種普遍的信仰，代表一樁史事所造成的需要。人類的原罪是一樁歷史性的事實，原罪需一位高於人類的贖罪者，使人重與造物主歸於和好。因此舊約聖經和新約聖經互相連貫，共同述說人類得救的歷史。

在原罪既已成了事實以後，上主對引誘犯罪的魔鬼說：「我要將仇恨置於你和女人之間，你的敗類和女人的後裔常爲仇敵，女人的一個後裔要踏碎你的頭顱。」（創世紀　第三章第十五節）

人類的歷史向前進行，救贖的歷史也逐漸顯明，上主救人的計劃按步實現。

降生前兩千年，上主向以色列民族的始祖亞巴朗說：「我和你立個盟約，你將成為萬民之父。」（創世紀 第七章第十四節）「靠著你的一位後裔，天下萬民將得祝福」（創世紀第二十六章第十七節）

上主選擇了亞巴郎的後裔，作為自己的子民。從亞巴郎的後裔裡，將出生使萬民得到祝福的救主。再過了一千年上主又和猶太王大衛訂立盟約：「我與僕大衛，曾訂一盟誓：保定爾宗室，皇輿永不替。……後嗣必常興，宗室如大明，明鏡懸中天，有如月之恆」（聖詠第八十九首）。聖詠所說的大衛王後裔，經學家都認為指的是上主所許的救主。

大衛死後兩百年，以色列一位先知依撒意亞寫了一本預言詩，預言了救世主的遭遇，並且指出救主將由一位童貞女懷孕而生：「淑哉貞女，懷孕生子，人將呼之，愛瑪努爾。」（第七章第十四節）。和依撒依亞同時的另一位先知米該亞，又預言了救主將誕生於白冷郡：「厄弗拉，白冷郡，猶太諸邑中，爾非最可輕；當大王者自爾出，彼將牧我義塞民。」（第五章第一節）

美國著名演說家沈福棟主教（Fulton Sheen）在所著的基督傳第一章，標明基督為唯一的一位，在誕生以前，已經預先被說明了。

基督被遣來世的時間到了，上主的天使代表上主向童貞女瑪利亞詢問同意：「你將懷孕，產生一子，給他取名叫耶穌。他乃是宇宙間最大的，將稱爲最尊者的兒子，天主要把大衛的王位賜給他，他在雅各伯的後裔裡，永享王位，國祚無疆。」（路加　第一章第三十節至三十三節）

基督在白冷郡誕生了，天使向牧童們報告喜訊：「我來給你們報告喜訊，救主基督，剛纔誕生在大衛故鄉。」（路加　第二章第十節）

基督誕生四十天，按照梅瑟的禮規，被獻於耶路撒冷的聖殿。聖殿裡一位老者西默翁，將嬰孩耶穌接到手中，向天主說：「主啊！現在可以照你的話，讓你的僕人安然去世了；因爲我已經親眼見到你所許的救主，即你在萬民前所預備之救主。他是爲啓示異郡的光明，是你百姓以色列的光榮。」（路加　第二章第二十九節）

耶穌開始傳道，由若翰受洗。若翰爲他作證：「看啊！天主的羔羊，除免世罪者。」（若望　第一章第二九節）

耶穌講道，常說自己是被聖父派來的。他說：「我有比若翰更大的證據，父託付給我要我完的工程，就是我所行的這些事爲我作證：作證是父派遣了我。派遣我來的父，他親自爲我作證。」（若望　第五章第三十六節）

「我的食物就是奉行派遣我者的旨意，完成他的工程。」（若望 第四章第三十四節）「父原來不審判任何人，但他把審判的權交給了子，為叫眾人尊敬子如同尊敬父：不尊敬子的，就是不尊敬派遣祂來的父。我實在告訴你們，聽我的話，相信派遣我者，便有永生，且不受審判，而已出死入生。」（若望 第五章第二十二節第二十四節）

「你們也認識我，也知道我是那裡來的；我來了不是由我自己來的，而是那位眞實者派遣我來。」（若望 第七章第二十八節）

「我的言論不是我的，而是派遣我來者的。」（若望 第七章第十五節）

「信我的，不是信我，而是信派遣我來的；看見我的，也就是看見派遣我來的。……我沒有憑我自己說話，而是派遣我來的父，他給我出了命，叫我該說什麼，該講什麼。我知道他的命就是永生；所以我所講論的，全是依照父所給我說的而講論。」（若望 第十二章第四十四節至第五十節）

「我實實在在告訴你們：子不能由自己作什麼，除非他看見父作什麼；因為凡父所作的，子也照樣做。」（若望 第五章第十九節）

基督的言行，完全以聖父的使者自居。好比一個政府的使者，爲國家的事，都要請示於政府；基督在生，一言一行，都是請命於聖父。

聖保祿宗徒說明基督的身份，說的很明白：「時期一到，天主就派遣了自己的兒子來，生於女人，屬於法律權下，好贖出在法律權下的人，使我們獲得義子的地位。」（迦拉達書第四章第四節第五節）

基督的身份，是聖父的使者之身份。聖父爲援救負有罪債的人類，派遣聖子降生人世。聖子降生，乃是奉聖父之命而來。基督很重視自己的這種身份，在最後晚餐裡他聲明信仰他的人，就是要相信他的這種身份。基督向聖父說：「現在他們知道了凡祢賜給我的，都是由祢來的；因爲祢所授給我的話，我都已經傳給了他們，他們也接受了，也確實知道我是出於祢，並且相信是祢遣派了我。」（若望 第十七章第七節第八節）使他們也在我們內合而爲一，爲叫世界相信是祢派遣了我。」（同上，第二十一節）門徒們要爲耶穌作證，作證他是聖父所派遣的使者。

三、基督是人的中保

聖子被遣來世，爲救贖負了罪債的人類。罪過是什麼？罪惡是使人違逆天主的惡事，是使人背反生活目標的壞行。聖子被遣來世，是爲做人類的救主。

爲救人類，須補贖人所犯的罪。基督遂奉獻自己的生命，作爲贖之祭，在十字架上，完成了贖罪的祭祀。把人類和天主間的敵意消除，使人重歸於天主，成爲天主的義子。聖若翰曾作證說：「請看！天主的羔羊，祂贖免了世界的罪。」（若望 第一章第二十九節）聖保祿宗徒說：「基督愛了我們，且把自己交出，替我們獻於天主作爲馨香的供物和祭品。」（厄弗所書 第五章第二節）「基督按照我們父的旨意，爲我們的罪惡，犧牲了自己好救我們脫離邪惡的現世。」（迦拉達書 第一章第四節）

聖伯多祿宗徒說：「你們應該知道，你們不是用能朽壞的金銀財物……而是用無玷無瑕的羔羊基督的寶血，被贖出來。」（伯多祿前書 第一章第十九節）

我們被贖出來，由基督把我們交與聖父，聖父不念前惡，認我們爲義子，人類便和天主和好了。「因爲基督是我們的和平，他使雙方合而爲一，他以自己的肉軀，拆毀了中間分隔的牆壁，廢除了雙方的仇恨……並以十字架誅滅了仇恨，也以十字架使雙方合成一體，與

天主和好。」（厄弗所書 第二章第十四節第十六節）

基督祭獻自己血肉的祭祀，只舉行了一次。他的一次犧牲，已經可以全數除免世人的罪。但是人爲能領到救贖，要和基督相結合，因著基督而合於天主聖父。我們因此領受洗禮，在洗禮以內，我們洗除了罪惡。聖保祿說我們在聖洗中，同耶穌一起死，再同耶穌一起復活。「我們是藉著洗禮與祂（基督）同葬了，而歸於死，爲的是基督既藉父的光榮從死中復活了，同樣我們也能在新的生命中活動。」（羅瑪人書 第六章第四節）

但是我們懷有自由之權，在領了洗以後，我們仍舊可以回到罪惡裡；因此，爲使我們常常可以歸於天主，需要基督教主常常把我們領向聖父；因此，「他常常活著，常常爲我們作保。」

基督救主的工程，乃成爲中保的工程。聖保祿宗徒乃說：「天主是唯一的，在天主和人之間的中保也是唯一的，就是基督耶穌那位人。他曾奉獻自己，爲眾做救贖價。」（弟莫德前書 第二章第五節）

中保是站在兩者之間，和兩方都有聯繫，然後使不同或是相獻的兩方，能發友好的關係。基督係天主聖子，降生成人，他既是天主又是人，乃是站在天主和人的中間，爲人作中保。

聖奧斯定說：「基督是天主和人的中保：因爲他同聖父是天主，同人們是人。中保不能是人，而沒有天主性；也不能是天主而沒有人性。沒有人性的天主，不是中保；沒有天主性的人也不是中保。只有在唯一的天主性和唯一的人性當中，是天主又是人的基督才是中保。」（講道集 第二十篇第二十一節）

中保是一座橋樑，貫通兩岸。中保又是一位轉達者，將人的祈禱，獻於天主，把天主的恩惠，賜於人們。中保又是人的代禱者，替人祈求聖父赦罪，代人獻贖罪之祭。這種中保的身份，乃造成司鐸的身份，而成爲鐸品的本質。聖保祿宗徒說：「他雖是天主子，卻由所受的苦實習了服從，且在完成了祭祀以後，爲一切服從他的人成就永遠救恩的根本，被天主宣稱爲按照默基瑟德品位的大司祭。」（希伯來人書 第五章第八至第十節）

中保是救贖工程的延長，基督做我們人的中保，即是繼續做我們的救主。他復活了以後，他的整個人性——靈性和肉身，永遠和天主性相結合。他在天堂上，常是天主又常是人。凡是受了洗禮的人，因著聖寵和基督結合成一妙體，再因著基督而與天主相結合。基督是人到天主的橋樑，又是結合人和天主的鎖鏈。這就是基督的鐸品，他的鐸品永久長存。聖保祿說：「祂因爲永遠常存，乃具有不可消逝的司祭品位。因此，凡經祂接近天主的人，祂全可以拯救他們；因爲祂常活著，常爲他們轉求。」（希伯來人書 第七章第二十四至二十五節）

四、基督司祭

基督被聖父遣派來世，職位是永久大司祭。大司祭職位所該作的職務，在於祭獻贖罪的犧牲，在於爲人代轉。贖罪和代禱，乃是替人在天主前作中保。

聖保祿宗徒說：「凡是大司祭都是爲奉獻供物和犧牲而立定的，因此這一位也必須有所奉獻的。」（希伯來人書　第八章第三節）「基督一來到，就作了未來宏恩的大司祭，他經過那更大更齊全，不是人手所造，不屬於受造物的帳幕，也不是帶著公羊和牛犢的血，而是帶著自己的血，一次而爲永遠進入了天上的聖殿，獲得了永遠的救贖……爲此他作了新約的中保……今後出現在天主前爲我們轉求。」（希伯來人書　第九章第十一至十二節第十五節第二十四節）

司祭奉行天主所賦的使命爲天主所派遣；司祭便由天主所選召。基督身爲司祭，也是天主聖父所定，聖保祿說明這端大道：「事實上，每位大司祭是由人中所選拔，奉派爲人行關於天主的事，好奉獻供物和犧牲，以贖罪惡。」（希伯來書　第五章第一節）「誰也不能擅取司祭的尊位，而應募天主召選，有如亞巴郎一樣。同樣，連基督也不是自己擅取任大司祭的光榮，而是那位向祂說過：「『你是我的兒子，今日生了你』的聖父，光榮了祂。」（同

書第五章第四節）

基督任大司祭的品位，並不像普通封官拜爵，爵位只是外在名義和職位。大司祭的品位，乃是基之於基督的本體，司鐸是人在天主前的中保，應有人的特性和天主的特性；天主聖子降生爲人，取了人性，乃成爲天主而人的救主。在基督以內，人性和天主性的結合，是本體的結合，基督在本體上既是天主又是人。基督的鐸品就是建築在這種本體的結合上；祂也因著這種結合，而成爲人的中保。

我們幸而有了這等尊貴而崇高的司祭，我們的罪惡既能蒙天主的寬恕，我們的祈求也能蒙天主的垂允，同時我們獻於天主的祭祀和讚頌，能爲天主所聽納。聖保祿宗徒說：「本來這等的大司祭對我們很相宜。他是聖善的、無辜的、無玷的、不染於罪的、高過諸天的。他無須像普通的大司祭，每日要先爲自己的罪，後爲人們的罪祭獻犧牲；因爲他祭獻了自己，只一次而爲永遠將這事完成了。梅瑟法律所立爲大司祭的人，都有弱點；在梅瑟法律以後，天主恩許所立的聖子，卻是成全的，永遠存在。」（希伯來人書 第七章第二十六第二十八節）

司鐸的鐸品

一、鐸品意義的演進

上主，你在無始之始，以無限的慈愛愛了我們；召喚我們作祂的司鐸，分享聖子耶穌的鐸品。祂把我們立在祂和世人之間，使世人因著我們和祂相聯繫而成一體。人世的稱頌和祭祀，由我們的手上達於祂。祂的聖寵恩惠，由我們的手而下到人寰。上主，祂的無限慈愛賞賜我們這樣尊高的身份，我們將歌頌祂於無窮之世。

1. 爭　論

但是，目前有人對司鐸品位（Sacerdotium）的意義，有些懷疑了，而且在教會內引起了爭論。

爭論的焦點，即是在於司鐸是否是司祭（即是說Praesdgter可不可以不是Sacerdos）。爭論的起點，導源於誓反教人對於彌撒聖祭和聖體聖事的思想；因爲若不相信基督在聖體聖事內，彌撒便祇是一種紀念耶穌死亡的儀式，或者祇是紀念耶穌的最後晚餐，而不是祭祀，因此便用不著司祭。所有的聖職員，祇是宣講福音的先知。

天主教的神學家爲攻擊這一派的學說，乃特別強調彌撒的祭祀性，脫利騰大公會議也特加聲明。天主教的神修學講論司鐸的神修生活時，也以彌撒聖祭爲中心，強調犧牲的重要性。

但是第二屆梵蒂岡大公會議制定禮儀憲章時，卻很重視聖餐的觀念。當然，也不輕忽彌撒聖祭的意義，推崇它是教會生活的中心。

有些神學家由新約研究司鐸鐸品的意義，他們發現在宗徒大事錄和書信裡，從來不稱司鐸是司祭，而祇稱爲天主的職員（Minister Dei vel Christi）。同時，他們因爲大公會議稱司鐸的鐸品爲「公務鐸品」（或職員鐸品）（Sacerdotiumministeriale），以別於教友們的「通常鐸品」（Sacerdotium commune），於是便主張司鐸鐸品的意義，在於爲人類服務，而不在於奉獻聖祭；或者主張奉獻聖祭不是司鐸的第一任務，司鐸的第一任務在於宣講福音，即是爲聖言服務（Ministerium Verbi）。

個問題。我現就我所有的淺薄神學知識和所有的少數參考書，很簡單地，但也很系統地來討論這

2. 基督的鐸品

基督在生時對自己的稱呼，記在福音上的有兩個：「人子」、「聖父所遣派者」。在舊約裡，用爲稱呼救主的名號，則是意撒依亞先知所用的「上主的僕人」。這三個名詞的意義互相聯繫，互相完成。

人類因著原罪脫離了天主，天主爲重訂人類得救的計劃，遣派聖子降生。聖子降生爲人，重新引導人類歸皈天主。立在人和天主中間的障礙物，乃是罪惡；罪惡是人所犯的罪，要由人去消除。但是人沒有消除罪惡的能力，天主聖子降生成人，以在祂自己人性內的天主性之能力，消除人的罪惡，人才能完全承受天主之愛，成爲天主的子女。基督因此自稱爲「人子」，代表整個負罪的人類，同時又代表和天主同歸和好的人類，作爲天主的僕人。而這一切的任務，都是天主聖父委託給祂的，所以祂是「聖父所遣派者」。

基督怎樣完成了聖父所委託給祂的任務？第一，祂宣講了天國的眞理，把聖父給祂的話

告訴了弟子們。「父所給予之訓，悉已授諸若輩。若輩亦已領受，且體認予之出於吾父、而恪信父之實曾遣予矣。」（若望福音 第十七章第八節）。第二，完結舊約所有的啓示。基督曾經好幾次聲明：先知對祂所有的預言，都要實現。祂復活以後，顯現給「厄瑪烏」村的兩個門徒時，「自摩西以至歷代先知，凡經中之有關於己者，悉爲詳釋。」（路加福音 第二十四章第二十七節）。但是舊約關於基督的啓示，不僅是關於救主本人所有的預言；整個舊約全書都是關於基督的啓示，因爲以色列民族的被選，乃是爲預備基督的誕生，舊約是新約的象徵，象徵在新約中得以完成。舊約象徵人類的救恩，以色列民族象徵基督所立的天主子民，以色列獻給天主的祭祀象徵基督的十字架聖祭。

聖保祿宗徒在致希伯來人書上明白地啓示，舊約的祭祀祇是新約祭祀的象徵，因著新約的祭祀而得完成。新約祭祀乃是基督在十字架上所行的奉獻，在十字架上基督奉獻了自己的體血。這項祭祀的價值，遠遠超過舊約的一切祭祀，祇舉行一次就完成了祭祀的意義。基督奉獻祭祀，乃是聖父所選任的司祭，在祂的司祭鐸品中，也總結了舊約司祭的意義。新約的祭祀祇有一個，新約的司祭也祇有一位；新約祭祀的價值永遠長存，新約的司祭也永久長在。

「一般司祭，雖朝朝束身奉事，而供獻千篇一律之祭祀，終不能脫吾人於罪累也。惟基督之獻身贖罪，則一勞永逸，而坐於天主之右，以俟諸敵之屈伏。蓋一經基督之自獻，而受聖者咸得成全於千古矣」（希伯來人書第十章第十一節——第十四節）。「昔日之為司祭者，不一而定；蓋以有死之身任之，其不能久固矣。耶穌則永生而無死，所以其司祭職位，亦永世而弗替。……　一般大司祭必須逐日為己為人，獻贖罪之祭；至耶穌則已既無罪可贖，即眾人之罪，彼亦已獻身以為之贖，一勞而永逸矣。蓋律法所立之大司祭，皆屬荏弱之人；而後來誓約所立者，則為永生至善之聖子也。」（希伯來人書　第七章第二十三節——第二十七節）

從這一點去看，也就可以懂得福音和宗徒書信中對耶穌受難的重視。耶穌在生曾經多次預言自己將受難，而且說明是祂自己甘心情願。聖若望宗徒在書信裡強調天主的愛，而天主的愛在遣派聖子捨身贖罪上彰明昭著。聖保祿宗徒在書信裡常常提到基督。提到基督時，常常提到基督捨身贖我們的罪。並且在致羅瑪人書裡把基督和亞當並列，罪惡因亞當一人而流傳後代，救恩也因基督一人而施予眾人。

「總之，眾人皆因一人之罪而處死，亦因一人之正義得免罪責而獲生命。蓋因一人的悖逆而眾皆獲罪；亦因一人之順、而眾皆成義也。」（羅瑪人書　第五章第十八節—第十九節）

天主聖父遣派聖子、降生成人，不僅是爲宣講天國之道，而是爲引人歸皈天主。爲引人歸皈天主，先應贖補人的罪惡。因此「贖罪」就成了聖子被遣派來世的目的。贖罪是司祭的任務，雖說他們所獻的祭祀，不能贖補罪惡，但是象徵著一項真正可以贖補罪惡的祭祀，就是十字架的奉獻。基督所以真正是司祭，而只是唯一的真正司祭；祂所行的奉獻，乃是真正的祭祀。基督的司祭品位不是舊約的司祭品位；舊約的司祭品位祇是基督的司祭品位的象徵。

3. 宗徒時代

「天上地下一切諸權，已賦於我。爾其往誨萬民，服膺聖教，因父及子及聖神之名，為之行洗。凡予所論於爾者，爾亦當教之其守。予日與爾俱，迄於世末。」（瑪竇福音 第二十八章第十八節—第二十節）

基督爲聖父所遣派者，宗徒們又是基督的遣派者。基督遣派他們的職務：宣講福音，使人相信；給人授洗，使成天主子民；教人遵守誡命，爲聖道作證。

在這些任務中，並沒有司祭的任務。但是福音記載耶穌最後晚餐，祝福聖體血以後，耶穌明明白白地命令祂的宗徒們：「爾當行此典，以誌永懷。」（路加福音 第二十二章第十九節）

還有一種赦罪的任務，也沒有包括在瑪竇福音裡；但是若望福音則記載耶穌復活後，顯現給宗徒們，向他們噓氣說：「領受聖神！爾赦人罪，其罪見赦；爾所不赦，其罪留存」（若望福音 第二十三章第二十三節）

宗徒們曾舉行彌撒（或稱主的晚餐），是不容懷疑的事。聖保祿宗徒致格林多人第一書

第十一章，明明說到舉行聖餐事。聖保祿愷切聲明：

「夫吾所授於爾者，乃吾所受於主也。主耶穌於被逮之夕，取餅祝而分之曰：此乃吾體，為爾等所捨者；爾等當行此典，以誌永懷。食後取爵亦然，曰：此爵乃吾血所立之新約，爾等每飲，當行此禮，以誌永懷。是故爾每食此餅，每飲此爵，即係紀念主之彌留，以待其重臨。」（格林多書 第十一章第二十三節—第二十六節）

宗徒們當時舉行聖餐，他們的助手也舉行聖餐。所行的聖餐，就是今日的彌撒。宗徒們自認有司祭的職務，也把這種職務分給自己的助手。

宗徒們的助手，在宗徒大事錄和書信裡，有先知、有長老、有司鐸、有執事（六品）。宗徒們自己的職務是：「我們專事祈禱、傳道」（宗徒大事錄 第六章第四節）。聖保祿宗徒說「蓋予所受於基督之使命，非爲付洗，乃爲傳道。」（格林多第一書 第一章第十七節）

宗徒們爲各地教會的創立人，他們是使者、是先知。當時各處的人都沒有聽到基督的福音，若沒有人向他們宣講，怎麼能夠使人相信。宗徒們乃以宣講福音爲自己的重要職務。同樣，在第二屆梵蒂岡大公會議的論傳教工作法令裡，講論地方教會時，也特別強調本地聖職人員的宣講福音職務，以至於有人懷疑大公會議的文獻互有矛盾：因爲在論教會憲章和論禮儀憲章裡都以彌撒聖祭（即聖體聖事）爲地方教會的中心，論傳教工作法令卻以宣講福音爲地方教會的重點，殊不知，兩者的出發點不同，宣講福音爲建立地方教會的出發點，彌撒聖祭乃是地方教會生活的中心。

因此，宗徒們每到一地，便宣講福音，每到一地也舉行主的聖餐，兩種職務互相聯繫，互相完成。

爲什麼宗徒們從來不稱自己是司祭呢？又爲什麼在宗徒們的助手裡也沒有司祭的名稱或職務呢？這個問題，祇是一個名稱的問題，而不是實質的問題。在上面我們說了宗徒們和助手們行使司祭的職務，但不用司祭的名稱。原因在於不願意和舊約的猶太教混在一起。當時猶太人的司祭就是舊約的司祭，猶太人的祭祀就是舊約的祭祀，宗徒們不願意人家把他們和猶太的司祭混爲一談，便極力避免這種稱呼。他們也從來不稱呼「主的聖餐」爲祭祀，也是爲避免和猶太人的祭祀相混。再者，猶太的司祭職司獻祭，沒有別的職務，宣講教規教義，另外有經師和法律博士等。宗徒們和他們的助手，沒有一個是專門祇司祭祀的人，他們除獻祭以外，還有宣講福音、聖化信友的職務，所以他們不稱自己是司祭。而且，新約的司祭祇有一位，就是基督；所以他們不敢稱呼自己是司祭，而稱自己是「基督的使者」、「主的職員」、「基督的僕人」。

4. 初期教會

福音傳到希臘羅瑪以後，希臘和羅瑪的風俗和宗教與猶太人不同，希臘羅瑪的宗教都有祭祀，都有司祭，而且以祭祀爲宗教生活的中心。福音傳入羅瑪城，羅瑪皇帝就開始迫害教會，殺害了聖伯多祿宗徒，以及繼承聖伯多祿位的歷任教宗和成千成萬的信友。羅瑪城內當然沒有宣講福音的自由，教友祇能在郊荒地下的墟墓裡集會，舉行彌撒聖祭。羅瑪城現存的地下墟墓，有如地下街巷，深可三層，墟墓裡有大小聖堂，牆壁飾有壁畫。在這些墟墓的聖堂裡，造成了拉丁系的彌撒禮儀。宗徒們曾保留了一些猶太教祈禱儀式，習慣歌誦聖詠詩篇，誦讀聖經。羅瑪教宗當教會被迫害的時期，和教友們在墟墓中集會，常在深夜，整夜祈禱，黎明行祭。這種儀式就是後代所有復活節前夕的守夜儀式。這時，教會的生活以彌撒聖祭爲中心。正當殉道者義血橫流之時，遺體安葬墟墓之內，教宗和教友們在墟墓內行祭。在殉道者的墓石上，奉獻耶穌的體血，犧牲的意義和精神非常沈重；同時，教友們在患難中，深感「患難之友」的友情，耶穌的聖體聖血成爲友情融洽的洪濾；因此，在羅瑪不習慣稱彌撒爲聖餐，而用希臘語稱呼爲Eucharis tia 感恩禮。「感恩」一語，出自福音對於最後晚餐的記述，福音記述基督在祝聖聖體聖血以前，感謝了聖父。「彌撒」一語，則爲拉丁文。在做完彌撒前半段「聖言禮儀」後，遣散望教者，請他們退出，然後舉行聖祭禮儀，這項禮節稱爲彌撒，意即遣散。後來乃用「彌撒」一語，代表整個聖祭典禮。這種演變表示福音傳入羅瑪以後，宗教生活漸以彌撒爲主，彌撒的意義也漸以祭祀爲重，教士的職務也漸以司祭爲要。

羅瑪當時的彌撒聖祭，常由教宗一人主祭，其他職員都爲輔祭。但是羅瑪郊外的信友不能到城內集會，教宗乃派一位神父到郊外行祭，行祭以前，從教宗在彌撒中所祝聖的聖體中，分帶一小塊，以摻入神父所祝聖的聖血中，象徵神父的彌撒和教宗的彌撒互相結合爲一。公斯當定皇奉教以後，教會享有自由，羅瑪城中才分堂區，分由神父負責。其他各處初期的教會，當時都和在羅瑪京城的教會情況相彷彿。

因此，當教會在第四世紀獲有自由時，教會的制度已經形成了定形；教宗、主教、司鐸的三級制；三級的人士都有司祭的鐸品。

鐸品的形成，已經有規定的祝聖典禮。在新約聖經裡我們有幾項祝聖典禮：「聖馬提雅」的遞補爲宗徒，（宗徒大事錄 第一章第二十四節），聖保祿和聖巴爾納伯的接受傳道使命（宗徒大事錄 第十三章第二節），聖斯德望等執事的當選（宗徒大事錄 第二章第五節),在這幾次最初的祝聖典禮中,祇有祝聖典禮的本質而無文飾—就是按手禮和求聖神予以職務的恩寵。但是現在所有的第三世紀初期祝聖主教典禮的祝聖詞中,則有一點新觀念,即在舊約和新約的鐸品中,建立一個相同的觀念,天主曾給梅瑟制定了司祭和長老,同樣也給基督的教會制定了主教和司鐸的鐸品,在天主的意念中,兩者互相聯繫。

這種祝聖的經文,在最近教廷改訂的祝聖主教典禮中又被採用。同時,現在所用的祝聖司鐸和執事的祝聖詞中,也有把新約鐸品和舊約的鐸品相比配的觀念。

由此可見,教會從初期,最少從第三世紀到如今,常以鐸品的職務和司祭的職務互相關聯,沒有司祭的職務就沒有鐸品;但鐸品除司祭的職務以外,尚有其他的職務。

5. 教父時期

初期的教父,沒有專門討論鐸品的問題,祇在討論別的問題時,附帶提到。

聖額我略·納齊盎(S. Gregorius Nazianzenus)曾在演講集內間接提到一位司鐸應該有神修生活,他對司鐸的職務說到三點:牧靈(Animarum cura),統治(Imperium),天人中介(Mediator inter Deum et homines)。又在另一處提到司鐸職務:牧靈,執行神聖的事務。

聖熱羅尼莫稱一般領有聖品的人爲聖職員，（Clericus）嚴詞訓誡他們應甘貧樂道，少與女人來往，研究學問，準備講道。

聖金口若望（S. Joannes Chrysostomus）曾著《論鐸品》一書（De sacerdotio），又在其他著作中，講論鐸品，可算是教父中講論鐸品最詳細的一位聖師。我們擇要引用他的文字：

「那裡有信德，便有教會；那裡有教會，便有司鐸（Sacerdos）；那裡有司鐸，便有聖洗；那裡有聖洗，便有基督信友。若是那裡沒有信德，便沒有教會；那裡沒有教會，便沒有司鐸；那裡沒有司鐸，便沒有聖洗，也就沒有信友。」

「教友，你看見司鐸奉獻聖祭，不要想是司鐸在獻祭，乃是基督無形的手伸在那裡。同樣，你領受聖洗時，不是他給你授洗，乃是基督無形的大能抱住你的頭，使天使或總領天使或任何人都不敢動你的頭，你新生於天主，乃是唯一天主的大恩。」

「那位眞正的中保，祂既然取了僕役的身體，成為天主而人的基督，也成了天主和人的中保。祂既是天主和聖父同為一天主，但不願意在天主的神性上向天父獻祭，而願意在人性上獻祭，使人知道不是任何人都可獻祭。基督所以是司祭，祂自己是奉獻者，也是自己奉獻的祭品。這項奧妙成了教會每天的祭祀，因為基督既然是首領，教會既然是肢體，教會便由基督，又從基督學習奉獻。以往的許多聖賢所行的祭祀，都是這個唯一祭祀的象徵，就如許多不同的言語，指著同一的事實。這樣，眞正的祭祀一出現，一切假的祭祀便都消失。」

在同一書內的第十七卷中，聖奧斯定詳細講論舊約「亞倫」的鐸品已經改變爲新約的鐸品。聖良第一世教宗，羅瑪人氏，拉丁文通順明達，他屢次在講道中提到彌撒聖祭和鐸品：

「現在，一切肉體的各項祭祀都停止了，所有祭祀的各種意義由唯一的祭祀予以完成，這唯一祭祀乃是主，祂的聖體聖血之祭祀，因此，祂是純淨的羔羊，肩負了人類的罪惡。這樣，為一切犧牲祇有一個祭祀，為一切的民族有一個神國。

然後，因為這種神聖鐸品（基督的鐸品）也有人間的任務，這種鐸品不由生育而流傳，不因血肉的關係而受選，廢除了先祖的特權，放棄了家族的繼承，教會接受聖神所預選的主管，使主管人在享有通常鐸品和牧權的天主子民中，不因人間的特權而受祝聖，乃因天主的特恩而成神長。」

可惜，我家中所藏的教父全集有限，我的時間也少，不能詳細從教父的著作裡，研究鐸品的的意義。但我們大家都知道，在教父時代，彌撒早已成爲教會的唯一祭祀，教會的教士爲聖職員，聖職員領受聖品，聖品授給聖職員行聖祭、行聖事、和宣講福音的神權。

二、鐸品的意義

1. 教會的鐸品

基督奉聖父的命，降生成人，爲給人類救恩。相信祂的人，因著聖洗而成爲天主的子女，合成天主的子民，也結成基督的妙體：基督是頭，信友是肢體。基督的妙體，就是基督的教會，也就是天主的子民。但是天主的子民，雖因聖洗和基督相結合，但尚在人世，並不享再不犯罪的特恩，仍舊保持人的本來面目，具有自由；因此，仍舊隨時可以離開天主而犯罪。這種天主子民，稱爲戰鬥的教會，稱爲旅途的教會。要等到基督第二次降臨時，結束了人類的歷史，審斷了人類，分別了善惡；善人合成天主子民，稱爲勝利的教會，千古永久服膺天主。

旅途中的教會需要基督時常施以救恩：需要基督使不信從祂的人信從祂，以增加天主子民的數目；需要基督寬赦他們的罪惡，使能回來服膺天主；需要基督在各種機會上予以神力，使能克服罪惡的誘惑；需要基督時刻訓誨啓迪，以免陷入迷途；更需要基督爲他們代禱，稱頌感謝天主，舉行祭祀。

旅途的教會需要救恩，同時也是人類需要救恩，而救恩的來，要來自教會；因爲救恩來自基督，基督升天以後，祂仍舊留在地上，活在自己的妙體內，基督用自己的妙體施行救恩。

因此，教會是救恩的標誌；從天主的子民來說，教會是救恩的實效，是救恩的見證；從基督爲教會的頭去說，教會爲救恩的施予者，爲救恩的源泉。

教會怎樣完成這種施行救恩的職務呢？即是說，基督怎樣使教會去施行救恩呢？基督自己規定了施行救恩的方式，也制定了施行救恩的人，也立定了教會的祭祀；救恩的方式爲七件聖事，施行救恩的人爲司鐸，教會的祭祀爲彌撒聖祭（聖餐）。這些職務爲救恩的職務，是聖子奉聖父派遣來世的使命，概括來說，就是基督的鐸品。基督的鐸品在教會內實行，經過教會，也用教會去實行；因此我們說教會享有基督的鐸品。基督在教會以內，尚不是第二次來臨時的勝利者和法官，而是繼續爲人類服務的基督；基督奉聖父的命而成爲司鐸，基督的鐸品乃是服務的鐸品。教會的鐸品也是服務的鐸品。

2. 普通的鐸品和公務的鐸品

在第二屆梵蒂岡大公會議的文件裡，講論兩種鐸品：普通的鐸品和公務的鐸品。普通的鐸品爲教友的鐸品，公務的鐸品爲司鐸的鐸品，兩者也都是教會的鐸品。

這兩個名詞乃是這次大公會議正式提出來的，在以往，有教父們用第一級鐸品和第二級鐸品的名詞：第一級鐸品爲主教鐸品，第二級鐸品爲神父鐸品。這次大公會議雖正式聲明，主教鐸品爲一獨立的聖品，和司鐸的聖品相分離，但並沒有運用教父們所用的第一級和第二級鐸品的名稱。大公會議卻特別隆重的提出了普通的鐸品和公務的鐸品的名詞，而且鄭重地聲明這兩種鐸品，不僅是名稱不同，本質也有分別。但是大公會議卻沒有解釋本質的區別究竟何在。

我們若從教會的鐸品去看，就可以看到這兩種鐸品在本質上的區別。

普通的鐸品，乃是天主子民的鐸品，是救恩的實效，是救恩的見證。這種鐸品在人世上開始，在天堂上完成，是旅途的教會和勝利的教會共有的鐸品，當然也是基督妙體的鐸品。公務的鐸品，乃是基督救主、教會的頭，所有的鐸品，是救恩的施予，是救恩的服務，祇在旅途的教會內實行，在勝利的教會內便停止。公務的鐸品由基督授予祂所召選的人，施予的形式爲聖品聖事或聖秩聖事。

普通鐸品的根基在於聖洗，公務的鐸品在於聖品；普通鐸品的理由，是爲稱謝天主的救恩，目標是向天主；公務鐸品的理由，是使人可得救恩，目標是向人。

爲講論普通鐸品，教會常以聖伯多祿前書第二章第九節爲根據：「你們乃是蒙選的種族、王室的司祭、聖潔的國民、歸順的民眾。」教友因著聖洗加入基督的妙體，成爲天主的義子，合成天主的子民，所以是蒙選的種族，是聖潔的國民，是歸順天主的民眾。這樣，教友對於天主該做什麼呢？該成爲天主的司祭。天主的司祭該做什麼？該稱頌、感謝、讚揚，這是天主子民的團體行動，是基督妙體的行爲，即是教會的行爲，也是基督的行爲。因爲救恩的實效，在於萬物歸於人，人歸於基督，基督歸聖父。使萬物和人歸於基督，即是基督的使命，是基督的鐸品，然而基督的這種鐸品乃是和受有救恩的人共有的鐸品，也和他們共同實行。因此教會應該有稱頌、感謝、讚揚天主的團體行動，而制定儀禮儀節，教友便是這些禮儀禮節的主動者。但是這些禮儀禮節，有一部份被基督用爲施予救恩的方式，應由基督所選爲施予救恩的聖職員去執行，教友則成爲參與的人，而不主動，然而又因爲旅途的教會乃在人世，不僅有感謝、稱揚天主的職務，也有繼續施予救恩的職務。施予救恩，本是爲光榮天主，爲主國降臨，爲顯揚主名，因此，教友的普通鐸品也有了施予救恩的事。但不是因爲有施行救恩的鐸品，而是因普通鐸品在人世應有的範圍。

公務鐸品是基督本人所有爲施予救恩的鐸品，一切都屬於基督本人。祂沒有把這種鐸品授予全體天主子民，然後由天主子民授予所選的人，有如治國的主權，由天主授予全體國民，由國民授予所選的政府。公務鐸品直接來自基督，由基督授予自己所選的人；公務鐸品所行職務，不僅用基督的名字，也用基督的神力—即是聖神。當然基督爲召選聖職員，爲授予鐸品，既用聖神也要用教會的人；但所用的人是祂所規定的人，即是教宗和主教，而不是全體天主子民。

公務鐸品爲施予救恩，爲基督的雇員，有兩層的服務關係：爲自己的主人—基督做主人所命的事，有忠信的關係；爲人服務使能得到救恩，有愛惜的關係。

3. 司鐸的鐸品

司鐸的鐸品爲公務鐸品。一位司鐸是基督選雇爲施予救恩的職員。司鐸的鐸品，是基督救主的鐸品之延續，是使人得救的職務，是基督所授的使命，也就是基督所受於聖父的使命之延續。基督曾向宗徒們說：如同父怎樣派遣了我，我也同樣派遣你們。（若望福音 第二十二章第二十一節）

鐸品也稱爲聖品，是天主授予的聖職，因著聖品，領品的人有權利和義務去執行爲救恩所做的事，在教會開始的時候，天主聖神激發一些人的心爲救恩服務，也分給他們職務，賜給他們神恩。聖保祿宗徒說：「或感受聖神而受妙諦，或感受同一聖神而受智辯，或受篤信，或受療疾之能，或行靈蹟，或作預言，或識別神之真僞，或操方言，或譯方言；凡此皆同一聖神之妙工，隨意所悅，以施於人。」（格林多前書 第十二章第八節——第十一節）「天主在教會內所建立者，一爲宗徒，二爲先知，三爲教師，次則聖蹟、異能、醫道、賑濟、管理及各種方言。」（同書第二十八節）。聖神所激發而服務的人，都是天主所立的人，但也經過宗徒或爲宗徒助手的人所承認。

司鐸聖品雖是基督的鐸品，由基督授予，然基督在教會內的工作，都由聖神工作。聖品的授予以及聖品的職務都出自聖神。

司鐸聖品為救恩服務，救恩的開始在宣講福音而使人相信，救恩的成長在為相信的人施行各項聖事，救恩的完成在將天主的子女連同基督的祭祀奉獻於聖父。這三項大事乃是救恩的三種服務，也就是鐸品的三項職務：聖言的職務（先知職務）（Ministerium Verbi）、聖化的職務（Ministerium sanctificationis）及牧靈的職務（Ministerium pastorale）。

舊約的鐸品，祇有奉獻祭祀的職務，鐸品和祭祀相連，司鐸就是司祭。新約的鐸品，乃是基督所受於聖父的使命，為給人救恩。基督的鐸品和救恩相連，所以基督是救主。救恩的鐸品，具有多項的職務，為施給人救恩，宣講福音、施行聖事、舉行聖祭、牧管教友。舊約和新約所有的鐸品，性質不同；新約的鐸品高於舊約的鐸品，新約鐸品職務的範圍也廣於舊約鐸品的範圍。

公務鐸品是天主的僕人、基督的職員、救恩的使者，由聖神召選，由聖神完成。

三、司鐸鐸品的職務

司鐸鐸品爲救恩而服務，救恩服務的職務分爲三大項：聖言的職務、聖化的職務、牧靈的職務。這三項職務包括聖保祿宗徒在致格林多人第一書所述說，在初期教會內聖神所分派的職務：「宗徒、先知、教師、聖蹟、異能、醫道、賑濟、管理、及各種方言。」宗徒的職務現在由主教繼承，但是宗徒們所有的特權，則爲宗徒們本人所有，並不流傳後代。先知和教師的職務，即是聖言的職務；聖蹟、異能、醫道，包括在聖化的職務內。管理則爲牧靈職務；至於說方言和解釋方言，可以歸併在聖言的職務裡。因此，講論司鐸鐸品或公務鐸品的學者，都分鐸品的職務爲上面所說的三項職務。

1. 聖言的職務

甲、聖經的文籍

聖言的職務，來自基督。基督自己常常體驗所受於聖父的使命，有聖言的職務。基督在納匝肋會堂第一次公開講道，聲明自己是先知「依撒意亞」所預言的「被派遣者」，「天主遣我，所爲何因？窮苦無靠，得聆福音」，「基督被遣來世，教告福音」（路加福音 第四章第十八節）。基督在升天以前，訓令宗徒們說：「爾其往訓萬民，服膺聖教」（瑪竇福音第二十八章第十八節）聖保祿宗徒常常強調自己的使命，在於宣講福音。「保祿，耶穌基督之僕，蒙召爲宗徒，而負有宣傳天主福音之使命。」（羅瑪人書 第一章第一節）「蓋余所受於基督之使命，非爲付洗，乃爲傳道。」（格林多人前書 第一章第十七節）在致「弟茂德」的書信裡要囑咐說：「凡善理教務之長老，理當受人尊敬，尤其爲聖言及訓導而受迫害者，更受尊敬。」（弟茂德第一書 第五章第十七節）在致格林多人前書第十二章裡，聖保祿列舉聖神在教會所分派的職務，有宗徒、有先知、有教師。宗徒當然奉有宣傳福音的使命，先知和教師也負有宣講福音的使命，因此，宣講福音的職務，爲司鐸的最重要的職務。聖保祿說：「禍哉！若我不宣講福音！我不能以宣傳福音而自豪，因宣傳福音乃我刻不容辭之事。」（格林多人前書 第九章第十二節）第二屆梵蒂岡大公會議講論主教的職務時，以宣傳福音爲第一。（論教會憲章 第二十五段）

乙、宣講福音

基督常向猶太人說，祂所講的道，不是祂自己的道，而是聖父所願意祂講的道：「凡余所傳於世者，莫非所聞於聖父者。」（若望福音 第八章第二十六節）「父所授予之訓，悉已授諸若輩。」（若望福音 第十七章第八節）

新約稱呼初期教會中的宣講者爲先知。先知爲舊約習用的名稱，舊約先知專爲宣講天主的啓示，以訓誨猶太人。新約中的先知，不在於預言未來的事，而在於宣講啓示，新約時代的啓示，就是基督的福音。

因此，司鐸所該宣講的道，乃是天主的聖言，天主的聖言，存留於聖經中，。司鐸所該宣講的道，即是福音。聖保祿勉勵「弟茂德」說：「余在眾證人前所傳授爾之道，爾亦當傳授於忠實之信徒。……務將余所傳之福音，存之於心！一言以蔽之，即大維之裔，耶穌基督，確自死者中復活是也。余之所以身被桎梏，一若匪徒者，惟爲斯福音而已。」（弟茂德書 第二章第二節──八節）。「余在爾中，未宣講別事，惟宣講基督，即被釘於十字架之基督。」（格林多人前書 第二章第二節）

丙、宣講的方式

天主的聖言，存留在福音經書裡；聖言的宣傳，則有時間和空間的外形。每一地域和每一時代，各有宣傳福音的方式。聖保祿宗徒說：「故於猶太人，吾亦以猶太人自居，所以感化猶太人也。於法內之人，吾亦儼然以法內之人自居，所以感化法內之人也；實則法律於我無關。於法外之人，吾亦儼然以法外之人自居，所以感化法外之人也。實則就天主與基督之妙法言之，吾亦法內之人也。而於弱者，吾亦以弱者自居，所以感化弱者也。蓋我甘為一切人之切，所以拯救一切人也。」（格林多人前書　第九章第二十節—第二十三節）

近幾世紀來，司鐸們疏忽了這項原則。世界各地的社會生活有了重大的變化；但是宣講聖言的人，或者忽略了宣講福音的職業，或者忽略了宣講的方式。以中古時代的語言，來向現代人講論福音，現代的人既不懂又不樂意聽，以致於教會和社會脫節，歐洲的社會完全世俗化。

第二梵蒂岡大公會議以後，乃有提倡教會世俗化的風氣。世俗化（Seculari zatio）一詞，若譯為「社會化」，主張教會應和時代的社會相接近，這種風氣是對的；若譯為世俗化，主張教會，迎合世俗喜好，廢棄一切神聖的意義，而僅有人文的意義，則有違正道。宣講福音應該社會化用今日社會的言語，向今日的人宣講福音。

第二屆梵蒂岡大公會議，另外又提倡一個新名詞，即是「作證」教友應為聖言作證。因此，宣講福音的人，應為福音作證。作證的名詞，源出新約。聖伯多祿特別囑咐教友：「爾等與異邦人雜處，尤宜慎自檢點，勉立善表，務使謗爾者見爾善行，而頌揚天主於眷顧之日。」（伯多祿第一書　第二章第十二節）。中國古代也常談身教，孔子極力勉勵在上的人要身正。為基督作證，乃為光榮基督和天主，為天主子民普通鐸品的職務；司鐸因要宣講福音，從公務鐸品和普通鐸品中領有雙重的「作證職務」宣講福音，自身不按福音而行，則是自欺欺人。在今日作證的職務裡，最重要一點，在於以福音精神從事社會工作。

2. 聖事的職務

甲、培養生命

基督曾說：「我來，爲使他們得有生命，且爲得有豐富的生命。」（若望福音 第十章 第十節）

基督賜給人一種天主性的生命，使人和祂結成一體。這種天主性的生命，由聖洗聖事而產生，由其他聖事去培養。司鐸的鐸品乃有施行聖事的職務。

基督認識人的弱點，人享有自由而能妄用自由，與天主結合以後能夠脫離天主；基督乃制定聖事爲施給人們聖寵神力。聖事的重要，有如生命的食糧和方法。司鐸爲培養信友的天主性生活，常有施行聖事的義務。

乙、聖事的義理

聖事基督制定施與聖寵的方式，凡按照方式而行的聖事，直接由聖神施予聖寵。但爲增加聖事的實效，信友應明瞭聖事的意義。嬰孩可以受洗，不必先受聖事的教育，但是父母和代父母負有將來給予受洗嬰孩應有的聖事教育。其他一切聖事，領受者先該預備心身。

司鐸便有教育信友領聖事的職務，絕不能以聖事自身授與聖寵，司鐸便祇施行聖事而不給予信友以聖事的教育。

丙、聖事的實效

聖事的實效，在於聖化，聖化使人的生活和天主的生活，結合爲一，人則一心順從天主的聖意。

司鐸施行聖事的目的，求使人成聖。孔子曾說：「己立立人，己達達人。」司鐸既有使人成聖的職務，首先便有使自己成聖的義務。

成聖的實現在於和天主結合爲一。彌撒聖祭乃成爲聖事實效的象徵，也成爲教會生活的中心。教會爲天主的子民，子民和救主相合爲一體，奉獻於天主聖父。基督爲教會的頭，於彌撒中親自降臨，和領聖體的信友合而爲一。彌撒實現了救恩的意義。因此，彌撒聖祭被認爲鐸品的目標，司祭（Sacerdos）的名稱，成爲司鐸的名稱。

3. 牧靈的職務

甲、牧職的意義

基督集合信祂的人創立了教會，又制定了教會的聖統制，賦給聖職員以牧理教友的職務。凡是一個團體，必定要有次序，又要有維持次序的人。基督的教會為天主的子民；天主的子民是尙在人世活著的子民，既在人世裡生活，便要有適應人世的制度，基督乃制定聖統制，以治理教會。

教會的建立，雖由天主子民而結成，以彰顯救恩的實效；但同時也是為給人施予救恩。教會的聖統制也是以施予救恩為目的；因此治理教會的職務稱為牧靈職務。基督曾自稱為牧人，而且自稱為善牧，為羊群供應豐富的水草，為保護羊群，甘願犧牲性命（若望福音第十章）。牧靈的職務，所以是愛的職務，而不是權力的表現。

牧靈的職務當然也有統治權，這種統治權出自基督，由聖神在聖品中授予。但是牧靈權的性質，和政府的權力不同，是為愛人，使人得救，不是為握有權力者有所享受。牧靈職務偏重在義務而不偏重在權力。牧人祇知對於羊群負責，而不知道對自己的羊顯露權力。

乙、牧靈職務的執行

公務鐸品是基督的鐸品，基督以救主的身份而有這鐸品，基督用這鐸品爲救人。司鐸即是基督所選的人，爲執行祂的鐸品的職務；司鐸執行鐸品便是爲人的得救。因此牧靈職務的執行，應有服務的精神。

基督雖爲天主聖子，但爲救人，他甘願取了奴僕的形態，犧牲性命，成爲人類的救主。救主不是在世爲主，救主不願自居尊榮。作基督救恩職員的人，便分有基督奴隸的形態，和基督一同居在人下，而不是發號施令，乃是動輒求人的福利。

丙、牧靈職務的雙層義務

牧靈職務使負有牧靈職責的神長，負有雙層義務：第一，對於基督；第二，對於受牧的人。

牧靈職務爲基督所賦，基督是主人，牧靈者是基督的雇員，雇員當對於主人盡忠，牧靈者對於基督該有忠信。羊群是基督的羊，牧人對於基督負責，不能有所疏忽。聖伯多祿囑咐說：「望爾等勉爲天主羊群之良牧，勿用霸道，當用仁道。毋唯利是圖，當以善爲樂。忽用高壓手段，凌逼所管教友。當愛之勞之，以身作則，循循善誘，則於基督元牧顯現之日，爾等必獲永久不敝之榮冕矣」（伯多祿前書 第五章第二節——第四節）。孟子曾問梁惠王說：若一個人外出遠行，把妻兒子女託付一個朋友照顧，朋友卻使他的妻兒子女受凍受餓，這個人回來後，對他的朋友怎樣？梁惠王說：斷絕交情，那個朋友太不夠做朋友。（孟子 梁惠王上）。這樣我們也可以想像基督對於疏忽懶惰的牧人，將有什麼態度。

牧靈的職務使牧人對於受牧的人，負有生死的責任。基督在最後晚餐向聖父說：凡父所賜給祂的人，祂都守護了他們，不使喪亡；祇有一個喪亡之子，自取喪亡（若望福音 第十七章第十二節）。牧人對於受牧的人，負有培養的責任，猶如父母培養子女。保祿宗徒在書信中，當流露這種精神：「苟能有補於爾等之信德，即傾流吾血，以作獻祭之酒，亦所甘心；且以爾等之樂而樂焉。所望爾等亦能怡怡欣欣，而樂予以樂也。」（斐里伯書 第二章第十七節至第十八節）

結語

司鐸鐸品，為基督救主所受於聖父的使命，因聖神的交流而賜給所選的人，因鐸品而負有施予救恩的職務，宣講福音，啓人信仰，以聖洗給人生命，使和基督結成一體，再以其他聖事，使信友所取得的基督生命，滋養發育，以達到永遠的生境。然而在現世，我們已經表現永遠生境的先兆，舉行彌撒聖祭，我們司鐸處於基督的地位，以基督的聖言，奉獻基督的體血，同時使整個教會的天主子民團結一體，連同基督的體血，一併奉獻，我們牧靈的職務乃具有高超的意義，在愛的結合中，底於完成。

民國六十一年六月三日　耕莘醫院

教會與人類的救恩

一九七二年正月二日在基督生活團冬令營講

日本佛學家專家鈴木大佐在所著《禪與生活》一書裡，曾經說：「如果我們以為任何現存宗教體系都是它的教祖完全成熟的心靈產物而傳給後代的，因而後繼者對其教祖及其教訓應做的事，只是授受教祖及其而視之為神聖不可侵犯的遺產——不可為信徒個人的精神體驗之內容所侵犯的一種寶藏，那麼，這就是一個大大的錯誤，因為這種看法沒有考慮我們自己的精神生活是什麼，並且把宗教徹底僵化了。」（禪與生活　劉大悲譯　志文出版社印行　民六十年　頁四七）

又說：「因此，基督教不但是由基督本人教訓構成的，也是由耶穌死後關於耶穌的人格及其教義所累積的一切教條的或思辨的解釋構成。換句話說，基督並沒有創立所謂基督教，只是祂的追隨者把祂看成基督教創始者。……但是從現代基督徒的觀點來看，他們非常確切地使我們相信，他們的宗教要歸源於『唯一的起點並歸功於最初的主要人物』，耶穌基督，並使我相信，不論在其宗教內容中看到的解釋和變化有多少，都不阻礙他們特有的基督

信仰。」（同上，頁五一）

鈴木大佐的思想，不是新的思想，十九世法國的勒南Renan和洛亞西Roisy早已說過：「天主教的信仰和教會不是基督本人所立，是後世信徒的信仰之結晶。」法國哲學家柏格森常主張人的自我人格在於蓬勃的生氣，人的宗教生活是自我精神和天主相結合的經驗，經驗日新月異，不能由有組織的宗教去制裁。目前這種思想很盛行歐美社會，印度和日本研究宗教的學者，受這種思想的影響。鈴木大佐更以這種思想來解釋佛教的「禪」。

我們今天要研究的題目，即是教會與人類救恩的關係。人類的得救要通過教會，教會乃是人類救恩的聖事和標誌。

一、教會為人類救恩的聖事

要一個人信有天主，並不是難事。中國人從古就信有上帝或上天，《詩經》《書經》很明顯地表現這種信仰。歷代皇帝祭天，歷代詩人信造物主，歷代農夫信靠天吃飯，歷代社會的一般人都信上天賞善罰惡。到了今天雖然科學思想盛行，但是信宇宙有一造物主，在理論上說並沒有困難，並沒有衝突。

但是要使人信天主降到了世上，在童貞女的胎內成了人，這個人乃是耶穌基督，基督為人類的救主，這種信仰便難了。每個人都可以有許多問題。

再進一步，要人信仰基督施給人救恩，創立了教會，教會乃是唯一的橋樑，使人得救；這種信仰便更難了，每個人可以有的難題很多。

我們現一步一步地說明這種信仰的理由。

1. 救恩

什稱為救恩？或者說救恩是什麼呢？救恩是人的得救。

人的得救又是什麼呢？人的得救是人和天主相結合。

人因著罪惡脫離了天主，追求現世的不合理的享受，死後永遠遭受與天主分離的痛苦。天主造生人類的宗旨，本來規定人是天主的子民，經過了現世的生活以後，永遠和天主在一起，享受同居的快樂。人類犯了罪，人心不知道歸向天主，而歸向世物，不管合理不合理，一心追求世物中的享受。但是人越追求世物，心理越感到不滿足。人心生來有求真，求美，求善的傾向，但是世物中沒有一件可以在這方面滿足人心的需要。

同時人心因著慾情的蒙蔽，看不清楚真美善的所在；而且受著慾情趨使，向著假的真善美去追求快樂，墮入罪惡的深淵，愈墮愈深，終至不能自拔。

爲救人拔出罪惡的深淵，第一要使人心向善，第二要使人知道真善美的所在，最後使人和天主相結合。天主乃是真善美的主體，人心歸向天主而和天主相結合，乃能安定，乃能滿足。這就是人的救恩。

2. 基督是人的救恩

天主和人，中間的距離超過天地的懸離。若不是天主自己願意人成爲祂的子民，享受和祂同居的快樂，人自己本身不能想也不能達到這種境界。成爲天主的子民或成爲天主的鏡子，乃是享有天主的生命。天主的生命是天主所有，祇有天主能夠賜給人。

在造生人類之始，天主決定以自己的生命給人；可是人竟愚昧地輕視這種神聖生命，拋棄了不要，甘願在罪惡和痛苦裡去生活，誰能再以天主的生命給人呢？仍舊祇有天主可以把自己的生命給人，天主爲救拔墮落的人，乃遣聖子降生人世，取名基督耶穌。

基督耶穌由童貞女瑪利亞誕生，在猶太宣傳福音，啓示人以追求真善美的正道，然後捨身爲贖人類罪惡的犧牲，死在十字架上，使人類可以脫除罪惡，重新成爲天主的子民，和天主相結合。人類因此得了救恩。

基督本人聲明自己是天主聖子，自己和聖父同體，並且聲明自己和聖父一樣要給人生命的權能，也聲明自己將審判全人類的善惡。

爲作證自己的聲明是真的，基督顯行靈蹟。靈蹟是一種記號，是一種標誌，也是一種證明；表明基督是天主聖子。靈蹟不是我們人的工作，而是天主的工作；基督既是天主，當然祂的工作都是靈蹟。從我們一方面去看，我們既看到了基督顯行靈蹟，我們便可以知道祂是天主。

基督的整個一生，乃是一個大靈蹟，同時是一種大啓示。因爲天主成人，度著人的生活；人成天主，度天主的生活；這豈不是一個大靈蹟嗎？天主成人，度人的生活，豈不是給人們啓示天主的生活嗎？靈蹟和啓示，不單單證明基督是天主，賜給了人類救恩；而是基督本人就是救恩；因爲人性和天主性在基督身上相結合成爲一位，就象徵人類的得救，就是救恩的標誌。

3. 教會是救恩的聖事

基督本身就是人類的救恩，因爲祂賜給人救恩；基督本身是救恩的標誌，因爲祂象徵救恩的生活；這兩樁事實，都由教會來繼續，教會因此就成爲救恩的聖事，成爲救恩的標誌。

基督既然是降生成人的天主，給人類得救的救恩；祂從祂自己方面和人類方面去看，祂的救恩工作便要按著人的方式去進行。在基督自身方面，祂是人，便有離開世界的一天；祂就要計劃怎樣繼續自己的事業；在人類方面，救恩是使人得救，便要用人去把救恩給人。因此基督創立了教會，教會是祂救人工作的繼承者，教會是把救恩給人工作者。

教會是什麼呢？教會是基督創立的團體，由天主子民而組成，作爲救恩的聖事和標誌。天主子民因著聖洗取得基督的生命，和基督結成一體；基督便繼續在天主子民裡生活，教會便是基督的奧體；而且又就是基督。

甲、教會給人以救恩

教會宣講基督的福音，給人信仰基督的信仰；因著信仰而給人授洗，賜給人以基督的神性生命，使人和天主相結合而取得救恩，再又繼續培養人的救恩生命，給人施行其他聖事。

教會施行聖事，乃是做基督的工作。教會做基督的工作時，在內部由天主聖神去執行，在外部用聖職人員去執行。這是基督自己規定的方式。沒有聖神，不能有救恩的工作；沒有聖職員，也不能有救恩的工作；聖神和聖職員，合成教會的救恩工作。因此，教會乃是人類救恩的聖事。聖事是什麼？聖事是救恩聖寵的形式代表。有聖事，便有救恩聖寵；教會賜給人救恩，便可稱爲救恩的聖事。

人爲取得救恩，就要經過教會。當然每個人在自己心靈內可以直接和天主相近，用不著外面的教會制度；但爲認識天主，需要教會所宣傳的信仰；爲接近天主，需要先領聖洗；爲培養自己的精神生活，需要教會的聖事。教會供給人救恩，使人與天主相結合；但每個人要自己去發揚這種與天主相結合的生活。這就是每個人的宗教生活，或精神生活。這種精神生活是每人內心最隱密，最深淵的活動，教會不能予以操縱，或加以限制。

乙、教會是領有救恩的子民

天主造生了人，不是一個人，而是一個人類。天主願意提拔人類，授與神性的生活，和天主相結合，集成一個整體。在天主方面，人類的整體，不是因爲人都是人，都有人性，而是因爲人有天主的神性生命，有如同一父母的子女，因著血肉關係，互相結成一個整體。

人犯了罪，破壞了天主的計劃，和天主相分離，彼此也成爲不相識或互相仇視的個體。

天主聖子降生，給人救恩，重新按照天主聖父的計劃，使人因著神性的生命而成一個整體。這種整體，就是得有救恩的天主子民。

爲象徵救恩祂的天主子民，舊約裡有天主所選的以色列民族，即猶太民族。猶太民族在舊約時期代表並象徵新約的天主子民。基督降生，開始救恩的工作，便招收信仰祂的人，作爲天主義子。聖若望福音第一章開端便說明基督爲天主聖言，聖言降世成人，給信仰祂的人，以天主義子的身份。天主的義子結合成一個整體，稱爲天主的子民。天主的子民就是基督創立的教會。

因此，第二屆梵蒂岡大公會議在傳教法令裡聲明：天主給人救恩，不是使領受救恩的各成一個單體，而是使他們結成一個新的團體，成爲天主的子民。救恩的來，由天主子民的國而來；人得救恩，是加入天主子民的團體。可見，人得救恩是經過教會，成爲教會的肢體。目前，我們常講教會團體意識，提倡教會團體生活，理由就在發揮天主子民的意義。

我們並不說，在天主教會以外，人便不能得到救恩。天主是全能的，祂要救誰，可以在所規定的通常領受救恩的途徑以外，予以非常的領取救恩的方法。但是教會乃是人爲領受救恩的通常途徑。

二、教會是人類救恩的標誌

領有救恩的人，結成天主子民；天主子民即是教會，教會便是領有救恩的人。

領有救恩的人究竟怎樣？即是說天主的子民究竟怎樣？他們和沒有領受救恩的人有什麼不同？他們有什麼特徵？天主子民的特徵，使人看出來何者是領有救恩的子民，也就是使人可以分辨出來何者真正是基督所創的教會。

我們信唸經時，信經上說「我信唯一，至聖，至公，由宗徒傳下來的教會。」教會神父常以這四點爲基督所創立的教會之特徵。但是別的基督教派別，都不承認，加以猛烈的攻擊。我們可以說這四種特徵，是教會理論上的特徵；在實際上教會表現得有救恩的天主子民所有特徵，則是第二屆梵蒂岡大公會議和教宗若望二十三世所稱的在相愛中的合一。

天主子民的特徵便是合一，便是相愛。

1. 合一

領有救恩的人，是領了洗的人，是度基督奧體生活的人。聖保祿很嚴重地聲明：一個人的身體只有一個，身上的肢體當然很多。同樣，基督的奧體也衹有一個，不能有兩個，更不能有許多個。因此基督的教會便是唯一的。

社會上的每種團體，都可以稱爲唯一的，這個團體不是那個團體。但在社會的團體裡，有些可以是同一性質的，例如大專同學的同學會，可以有好幾個。大專同學會雖和別的會社不同，在大專同學會裡則可以有許多各不相屬的同學會。這些同學會都稱爲大專同學會。誰也不能說不對。

基督教會現在多的很，數目在兩百以上，就好似大專同學會都稱爲大專同學會，這些各種不同名目的基督教會都稱爲基督教會，誰能說他們不對呢？

但是基督的奧體，天主的子民，祇能有一個，於是在這麼多的基督教會中，怎麼樣可以指出這個教會是救恩的象徵，即是基督的教會呢？

基督的教會既祇能有一個，這種「唯一」有縱有橫，基督教會的縱的「唯一」，是能上溯到基督，一脈相傳沒有中斷。這種縱的唯一，在信經上稱爲「由宗徒傳下來的教會」。橫的「唯一」，在信經上稱爲「至大的」教會。

縱的唯一，爲歷史事實，但也是神學的事實。因爲所謂由宗徒傳下來的究竟是什麼呢？是由宗徒傳下的主教職位，是由宗徒傳下來的教義，是由聖伯祿傳下來的教宗，但是歷史上的唯一，含有各種變化。在各種變化中，這三點的本身可以直溯到宗徒，再上溯到基督。橫的唯一，爲神學事實，所謂教會的至公，包含有一致，也包含有分別，教會的聖職制是一致的，卻有地方教會的分治；教會的教義是一致的，卻有各種不同的神學派系；教會的聖事是一致的，卻有各種不同的教會禮儀。在橫的分別中，教會的中心則是一個。

這種縱橫的唯一物，中間既然包含有變化和分別；因此便不阻礙和別的基督教派別，追求合一；祇有教會的中心是一個，外面的表現可以有不同的形式。

2. 相 愛

天主的子民，乃是領有救恩和基督結成一體的人。他們的生活和基督結合很密切，好像肢體和頭腦。同時他們彼此的生活也密切結合，好像一個身體的肢體。這種縱橫的結合，即是和基督相愛，即是和旁人相愛。這個相愛當然成爲天主子民的象徵，就是基督教會的象徵。因爲教會以及聖保祿聖若望等都以基督的教訓爲中心，可以用一個愛字作代表。

但是普通的相愛，各種教會都有。作爲基督教會標誌的愛，應是一種特別的愛，即是基督在最後晚餐所說的愛：「我給你們一條新誡命，你們應該彼此相愛，如同我愛了你們。」基督的愛是捨棄自己生命而相愛的超等的愛。因著這種相愛，天主的子民乃成爲聖的子民，教會成爲聖的教會，教會中便有聖人，聖人就是實行基督的愛的人。信經中因此說教會是至聖的教會。

捨生殉道的聖人，很明顯地實行了基督的愛。我們教會在慶賀了耶穌聖誕的次日，就慶祝第一位殉道的聖斯德望。然而其他的聖人，在他們的一生中，也實行了基督的愛；在聖斯德望節的次日，教會慶祝聖若望宗徒，聖若望號稱愛的宗徒。

救恩的效果在於和天主相結合，結合就是愛，救恩使人愛天主。領有救恩的人和天主結合了，因著天主又彼此相結合；彼此相結合，即是彼此相愛，救恩使人彼此相愛。而且愛天主愛人程度，達到可以犧牲自己的性命。天主的子民便是愛的子民，基督的教會便是愛的教會。

有了愛，便不犯罪得罪天主得罪人，便是有德的善人。

三、天主子民要為救恩作證

在愛中的合一，證明教會是救恩的聖事。可是在事實上，別人批評我們教會，就在於說天主教會不表現相愛合一，因爲天主教的信友並不較比別人好，天主教會也有爭執和不道德的罪行。

這是事實，我們不能否認。但是天主教會的目標在於教人成聖；天主教會有基督所定的方法，可以助人成聖；天主教會的本身是基督，天主教會的生活是聖神的活動，教會自身便是至聖。

話又要說回來，救恩不是爲基督，不是爲聖神，而是爲天主子民。有了救恩的人，應該表現救恩的效果，使別人可以看得出來救恩的優點。

因而每一位教友有爲救恩作證的義務。第二屆梵蒂岡大公會議提醒教友善盡這種義務。你們基督生活團團員常常聽到爲基督作證的標語。

爲救恩作證，就是爲基督作證，作證祂是救主；爲救恩作證，就是爲福音作證；作證福音是救恩的福音。爲救恩作證，就是爲教會作證；作證教會爲救恩的聖事。

教會爲救恩聖事，因爲施行基督的救恩聖事，使人領受救恩的聖事。聖事由領有聖品的聖職員去施行；因此你們爲教會作證，第一便要有爲教會聖職員的心願。作教會的聖職員雖不是每個人的事，需要有天主的召喚；可是你們可以預備你們的心，接受天主的召喚。同時，你們教友也分有基督的鐸品，你們所以宣講福音，可以給人授洗，你們便努力在同學中作宣道的使者。

爲教會作證的第二種義務，在於在愛中合一，在於成聖。聖伯多祿曾經勉勵初期的教友，要用他們的善表，使教外人佩服基督的福音。你們各位青年在自己的生活上，在自己的人格上，大膽地表現基督的愛，表現肯犧牲的精神。

因著你們的作證，別人認識基督，認識教會。因著你們的作證，別人信仰基督，加入教會，領受救恩，成爲天主的子民。你們每個人便成爲救恩的標誌，成爲救恩的象徵。你們每個人便是世界上的光，人類中的鹽。

祝你們在救恩中，新年快樂！

我們需要怎樣的青年教友領導人才

各位青年會友：

耶穌曾訓誡門徒說：「你們不要自稱爲導師，導師只有一位，就是基督。」（瑪竇福音第二十三章第十節）人的知識都是有限的，人的品格也都有缺欠；以有限的見識和有缺欠的人格去領導別人，則不免像耶穌所說：盲人引盲人，很有都掉入深坑的危險。（瑪竇福音第十五章）

但是基督只降生了一次，而且被釘死了，在死後第三天雖復活了，然後升了天，再不住在人世，不直接領導信友，而由祂去揀選的人代祂佈道，代祂行聖事，代祂引導人。基督所揀選的人，這正式代表祂執行祂的神權，管理教會的一班人即是教會聖統制的聖職人員。還有一班人雖不分享基督的神權，但分擔基督佈道的責任，傳揚祂的福音，這班人就是教友中的領導人員。

教友中的領導人員，負責擔任教友組織的職務，以教會的事業爲自己的事業，輔助神父發展傳道的工作。這班領導人員是基督所揀選的；因爲第一要有天生的才力，第二要感到爲教會工作的熱誠。這兩點即是被基督所揀選的標幟，有這兩點標幟的人，要答應基督的招召，自加努力，培養爲工作應有的學識和品德，然後實際從事領導工作。

你們各位青年，這次參加講習會，就是爲加強這種訓練和培養，使你們爲領導的責任更能愉快勝任。

鄭神父邀請我來給你們講一講：「我們需要怎樣的青年教友領導人才？」鄭神父的意思想要我給大家一個路線，使你們在這方面多加修養。

我們需要怎樣的青年教友領導人才？

一、我們所需要的領導人才應該是專心為服務的人

現在大家都講服務，政府人員也大講爲民衆服務，在以往政府人員稱爲官吏，官吏是發號施令的人。現在雖然大家都講服務，但是所表現的事實，就連便民一點都還沒有做到，當然談不到爲民服務。

我們天主教會的組織當然也受社會的影響，以往在教會裡服務的精神雖是常常存在，然也有的不大顯明。可是耶穌曾經很明白地訓示門徒說：「人生來不是為受人服侍，乃是來為人服務」（瑪爾谷福音　第十章第四五節）因此，為教友服務，乃成為教會領導人員的特徵。基督奉聖父之命，降生人世為救人類。基督升天以前，吩咐門徒說：「就如父遣派了我，我也遣派你們。」（若望福音　第二十章第二十一節）。基督派遣門徒和後代受祂揀選的人，是派他們為人類服務，以宗成救世工程。

效法基督為人服務，第一，要效法基督只想聖父而不想自己，只求天主聖父的光榮，不求自己的光榮和利益。第二，要效法基督甘願犧牲自己。為人服務而不願犧牲，那是自相矛盾。基督向聖保祿宗徒所說：「屈尊就卑，甘心自作僕役，降生為人。又再謙卑自下，順聽天主聖父之命，鞠躬盡瘁，終至死於十字架上。」（致斐理伯人書　第二章第七節）第三，要體貼別人，服務時態度要好。孟子曾說：「一簞食，一豆羹，得之則生，弗得則死；嘑爾而與之，行道之人弗受；蹴爾而與之，乞人不屑也。」（告子上）為人服務時，要使受服務的人覺得愉快。

二、我們所需要的領導人才應該是誠心愛戴教會的人，應該有團體感

受基督揀選的人，是爲人服務；我們服務的對象乃是教會。因爲在實際上，他們是在教會內爲人服務，他們或是爲協助聖職人員，或是爲幫助教友；聖職人員和教友都是教會的人。

既然爲教會服務，便應該愛戴教會。

現在神父和教友對於教會，愛戴的心情並不比前一代的神父和教友低；但是他們愛戴的心理則有些不同。前一代的神父和教友把教會和教宗、主教、神父看成一體，他們眼目中的教會就是聖統制的聖職人員，他們愛戴教會便是愛戴教宗、主教和神父。現在的神父和教友，把教會和聖統制分開，他們認爲愛戴教會不必定要愛戴教宗、主教和神父。另外，現在還有些神父和教友號稱愛戴教會，努力使教會改革，乃反對教宗，反對主教，反對神父。

當然，教會並不是聖統制，教會還包括教友。但是聖統制的聖職人員爲代表基督治理教會的人員；若是把他們除開，教會便不是基督的教會了。教宗爲基督親自選立教會之長聖伯

多祿的繼任人，主教爲基督親自遣派的十二宗徒之繼任人；誰若愛戴教會而不愛戴教宗和主教，我們便不知道他究竟愛什麼教會！

青年教友的領導人，便不能不愛戴教宗，愛戴主教。在教會內服務，一定要和教宗與主教緊相聯繫。這種聯繫的精神，即是教會的團體感。

人人都知道教會是一個團體，很少有人知道教會是一個身體。聖保祿曾說教會是基督的妙身，我們都是基督妙身的肢體，彼此休戚相關。（致格林多第一書 第十二章）。一個身體的肢體，不但彼此休戚相關，還要各盡其責，對身體的生長發育都有貢獻。

教友中的青年領導人，便是誠心愛戴教會的人，他們懷有極高的團體感，在教宗和主教指導下，努力追求對於教會有所貢獻。

三、我們所需要的領導人才，應該是對於教義有深刻認識的人

愛戴教會，不是盲目的衝動，而是明明知道教會是什麼團體，然後予以愛戴。教會的基礎是教義，教義的基礎是聖經。一個教友越認識聖經就越懂得教義，越懂得教義就越愛教

會。

和我們分裂的基督教兄弟，指責我們天主教人忽略聖經，因爲他們每個人都有一冊聖經。我們天主教人呢？有一冊聖經的人很少。爲作青年教友領導的人，你們每個人應該有一冊聖經全集，還要研究聖經，又要參加教義講習會。你們青年在學校裡常常聽到人說科學反對宗教信仰，你們一定知道怎麼樣去答覆。因爲究其實，科學不但不反對宗教信仰，而且還可以給宗教信仰一個合理的解釋。

青年教友領導人，領導別的青年與基督相接近。你們懂得青年人的心理，你們知道怎樣和他們交談。爲能夠好好交談，你們先要有充分的準備，研究聖經和研究教義，便是你們的良好準備。

四、我們所需要的領導人才，應該是精神飽滿，自動自發的人

作領導的人，不能是神經軟弱，猶豫不決的人。爲能領導別人，先要把自己的精神充

滿，把自己的意志加以鍛鍊。

宗教生活是精神生活的起點，不是精神生活的最高峰。教友的精神生活從聖洗聖事出發，由聖體聖事予以完成。在聖洗聖事裡教友領取基督的天主性生活，在聖體聖事裡教友和基督結成一體。這種宗教生活乃是宣道工作的活力。青年教友領導人，必定要充實這種宗教生活，是一位熱誠的教友。

在充滿宗教生活以後，再要充滿心理生活，鍛鍊自己的意志。青年人喜愛自由，喜愛新奇，喜愛冒險；但也容易受外面環境的衝動，爲作領導人，心緒要安定，頭腦要冷靜，意志要堅強。青年人生性既然不是這樣，那就非用鍛鍊的工夫不可。曾子說：「士不可不弘毅。」—（論語　泰伯）青年大學生就應以「士」爲理想，鍛鍊自己的意志，使自己的精神飽滿而剛毅，勇於負責。

意志堅強以後，然後可以動作。青年人天生就好動，好動不足以爲青年人的優點。青年人的優點，在於能夠慎密地計劃，沉著氣去做事。作領導的人必定要知道計劃，又要勇敢地去實行。計劃自己的工作，這是自動；勇敢地去實行，這是自發。有些青年亂動亂撞，自己誇張爲自動；那不是自動，乃是被動，乃是被環境所衝動。

自動也並不是專橫，一切都憑自己的主張去做。作領導的人不但善於和同事的人商量，也知道接受上級的指導。我們的青年教友領導人，在工作上必定會向主教請示，也向輔導司鐸請教。「剛愎自用」，爲作領導人的大病。

結論

講了上面的幾段，現在我做一個簡單的結論。在臺灣我們天主教需要怎樣的青年教友領導人才？

我們所需要的青年教友領導人，是一位精神飽滿，自動自發，認識教會，愛戴教會，勇於服務的青年教友。

臺灣的社會，處在迅速進步的階段中，各方面都有新的氣象。臺灣的天主教會也是一個新的教會，二十年來從零星的教友和聖堂，進步到組織完整的教會，聖堂遍佈臺灣各鄉鎮。可是近四五年來，教友和聖堂似乎達到了飽滿的程度，一切都穩定下去了。我們說臺灣教會現在進入了教會的正常時期，現在我們來打根基，等根基打好了，再重新發動第二次大進展。我希望這種論調合於事實；但我也怕由動而進入了靜的時期，一切呈現衰老的現象。所以你們青年要領導青年教友，表現活動的精神，使臺灣教會保全自己的青春氣息。

宗教信仰與文化交流

宗教不是迷信，迷信卻可以在宗教內。看看目前本國社會道德的墮落和年輕人民族意識的低弱，可以感覺是多麼需要宗教信仰。

今年六月十九日是高雄文藻外語專科學校創校十週年，請我在慶祝會中發表專題演講，題目是「宗教信仰與文化交流」。當天也是應屆畢業生結業典禮，天氣又熱，學生都是女生，我不願使大家悶坐冒汗，便祇提綱挈要地講了二十多分鐘的話，沒有能夠深入題目的哲學意義。不過，對於普通一般學生大談哲學，即使談的是歷史哲學或文化哲學，也不能引導她們進入哲學的堂奧。現在我爲「綜合月刊」重新討論這個問題，還是採取深入淺出的辦法，避免把問題過於專門化。

一、文化隨民族的生命向前走

目前在大學生中流行一冊書，書名是《西方的沒落》，作者爲史賓格勒（陳曉林譯 華新出版公司），作者以文化爲有機體，由出生，發育，興盛，衰老而沒落，然後又重新出生，以週期性而循環。作者並認爲西方的文化已經面臨沒落的末期。

我們談文化交流所指的都是西方文化，假使史賓格勒的看法是對的，西方文化既是面臨沒落的末期，我們還把這種文化流到中國來幹什麼呢？可是我們中國不是也有人在喊中華民族的傳統文化也到了沒落的末期了嗎？大家想讓這種傳統文化死去，然後用西方文化來重建中國的文化！

我想這都是一些偏激的話。在根本上，文化是一個生生活潑的洪流，隨著民族的生命一直往前走。一旦民族的生命斷了，文化也就死滅了。文化爲民族生活的內外方式，每一個民族從低級和禽獸相似的生活中漸漸演進，在日常生活的各方面養成一種形態。這種形態使同一民族的人的所有生活在外型上相似。然而這種生活形態也隨著生活的內在和外在的動力逐漸改變。人和禽獸的不同點就在於人有創造性的理智，自己創造生活的形態。理智因著人心的享受慾，時時追求新的生活享受，人類乃有歷史，乃有文化。

文化的形態到了相當高的程度，形態的範圍擴廣了，形態的價值也提高了，形態便結成相當的定型。文化的定型便是文明。史賓格勒在《西方的沒落》書中說：「文明是文化不可避免的最終命運。」（見譯本第二十七頁）文明是外在的型態，是生活上的構架，也是生活的外面色彩。但並不必像史賓格勒所說有了文明，文化便死了，文明乃是僵屍。

文明在初成立的時期，和民族的生活相配合，文明也是生活的外形。後來民族的生活變了，外面的形態仍舊不變，文明便和生活脫節，成爲一種虛架。西方的文明在目前的西方社會裡確實是近於僵屍的時期。中華民族的文明也在同樣的狀態中。因此東西兩方面的社會都感到極度的不安，都體驗被罩在一個死硬的虛架子裡，而想要衝破這個虛架子，從傳統裡解放出來。

二、東西雙方各有不同的民族性

但是在人類的歷史上，文化是延續向前的，是在以往的傳統根基上向上建造的。沒有舊的文化，必沒有新的文化；舊的文化越深，建造新文化的動力也越強。建造新文化的動力越強，吸收外來文化因素的消化力便大；消化外來文化因素力大，則所建造的新文化便更充實，更多變化。由新文化而成的文明也很光采。中華民族對佛教文化、蒙古文化、滿洲文化都曾加以吸收和消化，中華民族的文明也有了新的色彩。

我們現在是談文化交流，不是談文明的交流。西方的文化是現代西方人的內外生活方式，東方文化是現代東方人的內外生活方式。兩方面的人因著衣食住行的工具漸漸相同，生活的方式也有了互相融洽的方式。

人的生活方式是一種很複雜的現象。外面生活方式是可以看見的外形；根據可以看見的外形去了解生活方式，情形相當單純。例如中國以往的有庭院的住宅和現在的高樓公寓外形不同，住的方式就不相同。但是，若認爲西方的住宅都是公寓，把中國的住宅都變成公寓，中國人住的方式就跟西方人的完全一樣，這樣的結論便錯了。因爲住在公寓裡的是人，人是有心靈的，心靈卻是自由的。心靈的自由爲精神的表現，精神的表現在自由中也有自己的方式，精神自由的方式則是民族性。民族性由一個民族的精神活動在適應生活環境時而養成，由傳統的力量而流傳。中國人有中國的民族性，西方人有西方的民族性；那麼即使他們住同樣外形的公寓，所有的方式也不會完全相同。在文化相同和不同的因素中，乃有交流的作用。

三、宗教是產生新文化的內在力量

每一個新文化的產生都有一種內在的力量。在歷史上人類所有的文化中，產生新文化的內在力量常是宗教的信仰。歷史哲學家湯恩比曾說，一個新文化的產生在於一個民族對外在環境的反抗力。反抗外在環境的力量是由宗教信仰來支持。古代的文化無論是希臘、羅瑪、埃及、印度、巴比倫和中國的文化，都以宗教信仰為精神中心，文化的外形也根據宗教信仰而表現。歐洲中世紀的文化無論是日爾曼、法蘭西、英格蘭、神聖羅瑪帝國的文化，也是以宗教信仰為內在因素。彌格安琪洛和拉法厄爾以及文藝復興的文學和繪畫，大都以宗教故事為題材。但丁和哥德的傑作也是宗教信仰的結晶。聖多瑪斯的哲學更以神學為主人翁。

到了近世紀，歐美的思想逐漸脫離神學的指導，走入科學的轄區；然而康德和黑格爾都仍以宗教信仰為精神生活的最高峰，孔德為重建法國革命後的民族一統性，企圖創設一種人文的宗教。當代歐美人的社會生活幾乎脫掉了宗教的色彩，一切信服科學。這種科學的文明排除了天主上帝的信仰，把人作為新宗教的尊神，以人為宇宙的主人。可是他們的私人生活則仍舊紮根在宗教信仰內，所有的倫理道德信念也仍以宗教信仰為根基。最近的哲學思想又回到宗教信仰上去，如存在論的祁克果、數學邏輯論的懷德海，又如科學家愛因斯坦等都以宗教信仰爲思想的重點。

四、只輸入了西方文化的皮毛

馬克思的共產主義在蘇俄建造一種新文化，爲建造這種共產主義的文化，乃崇拜自然界的生產爲神，認爲一切都是自然界生產力的奴隸。湯恩比在他的著作《歷史研究》第十冊中作一結論說：世界將來的文化將靠世界現有的國際性大宗教結合爲一，成爲一個合一的信仰。從合一的信仰將產生世界性的新文化。可惜我國在歐美的留學生都不留心這個問題，以爲研究宗教信仰爲反對科學，爲反叛時代的趨勢。結果祇認識西方文化的皮毛；回國後卻大講西方的文化！

從中華民族傳統文化去看，最古的文化以皇天上帝的信仰爲中心，《書經》和《詩經》是一個很明顯的例證。周朝後半期一尊孔子，孔子講仁。孔子的仁在於敬天法天。仁的表現成爲孝道，孝道的頂點在於祭祖尊親。祭祖的觀念乃來自宗教信仰。儒家自漢以來不談宗教，宋明理學家更以天爲性，性爲人生的基礎，然而理學家以人性爲仁，仁來自天地之心，天地之心乃天地好生之德。天地好生之德不是指著冷酷無情的自然天地。

道家老子以天地不仁，以萬民爲芻狗；自然的天地乃是不仁。儒家以天地爲仁，仁爲愛之理，天地既有愛萬物之心，則天地必定代表造物主上帝。因此，歷代皇帝保守祭天的傳統，以郊祭爲國家最隆重的大典。儒家在公開的生活裡也祭神祭鬼，祈雨祈晴；尤其在各自的私生活裡無不自認有良心，又自知良心的指責即是上天的指責。於是愼獨，謹對上天。若看民間的生活，則更離不了佛教和道教的信仰。

五、中國青年心理失憑藉

民國以來，一般企圖創建中國新文化的人一面廢除以往的傳統，一面排斥西方的宗教信仰。結果，中國青年在大陸淪陷以前傾向共產主義；在目前自由中國的臺灣省的青年則空虛苦悶，無所適從。而臺灣的社會道德且面臨崩潰的危機。但有些人還認爲這種現象並不稀奇也不足憂，他們認爲美國和歐洲的社會道德紊亂更甚。可是歐美和自由中國有一點不同，歐美人士的心底藏有祖傳的宗教信仰，早晚可以矯正私人生活的放蕩；我們中國人的心裡則除了「利」字以外，沒有別的信念了。先總統　蔣公乃以身作則，努力以宗教信仰來開創中國的新文化。

文化爲民族生活的內外方式，民族的生活以內在精神生活支持外在物質生活，以物質生活滋養精神生活。孟子曾說，衣食足，然後教以仁義。民族的精神生活以私人的精神生活爲因素。私人的精神生活求真求美求善。真美善的來源應是超越性的絕對尊神。人生的一切問題不是人所能答覆，也不是科學所能解決。人心的要求不是現世財富名位所能滿足，也不是一切學術所能限制。當著死亡臨頭時，世界的一切都無能爲力，人的惟一想念是求能安然接受死亡。老、莊的死生如日夜相繼續的哲學不能使人心安；儒家的死生有命的信念也不足以安定人心。宗教信仰提出來生，使人對來生具有信心，信心既誠，視死爲解脫。

民族的精神生活要有精神的根基，精神的根基不能是民族本身，民族本身只是現世的形色。精神根基應超乎民族之上，而又和民族相關連。私人精神生活的根基在於天命之爲性，天命超越人性以上而又和人性相關連；中華民族的精神生活根基在於全民所信的天地好生之仁，仁來自天地好生之心；天地好生之心來自造物主上天之愛。蘇軾在〈赤壁賦〉裡曾以山間清風、水上明月爲造物者之恩賜，人們可以共享。

六、宗教信仰關係國家前途

最近我看了八月十日出版的「中國論壇」半月刊中標題爲「從現代知識看宗教和迷信」諸文，我有點驚異臺灣的宗教熱有如文章所說的那麽高。不過我們要冷靜地來分析。宗教不是迷信，迷信卻可以在宗教內。宗教不能破，迷信應該破。宗教可以由人所創造，最原始的宗教信仰不能由人所造。社會學家所提出許多學說祇可以解釋許多宗教現象，不能解釋宗教信仰的本身。若說宗教信仰是迷信，足以危害臺灣的社會和自由中國的復國計劃，倒不如說缺乏宗教信仰特別是排擠宗教信仰，更能危害社會和國家的前途。祇要看大家目前憂心忡忡所關心的兩大問題：社會道德的墮落和青年人民族意識的低弱，就可以感受到宗教信仰在目前中國是多麽需要；這兩個問題的根本解決途徑就是加強合理的宗教信仰。

現在臺灣的經濟繁榮，然而不必諱言大家心中都有一個問題：臺灣的將來怎樣？一般沒有信心的人，祇想往國外跑。若我們都有誠心的宗教信仰，擔起自己對國家的責任，又一心依靠上主，如總統　蔣公一樣，同基督救人而背犧牲的十字架，我們國家的前途是不是會比人心散亂更可靠，更穩定呢？

教會與政治

一、歐洲歷史事實

中國談西洋史和談西洋文化史的人，常說西洋的中古時代爲黑暗時代，天主教的神學支配了當時的一切思想，天主教的羅瑪教皇橫霸歐洲的政壇。

研究歐洲文化和哲學的中國學人，很少有人下過深刻的工夫，虛心探索歐洲文化的精髓和哲學思想的淵源；而且懷著自視高明的傲心，蔑視宗教信仰，不屑予以觀察。自以爲深入了西洋文化的堂奧，了解西洋的哲學，實際上祇取得了一些技術知識，半解了一個西洋哲學家的著作。

歐洲在羅瑪帝國崩潰了以後，野蠻民族入侵，羅瑪的文化蕩然無存。日耳曼人，法蘭西人，撒克遜人，當時都是沒有文字的野蠻人。天主教的修士和神父，作了這些野蠻人的教師，聖本篤會的修院成了社會教育的中心，和歐洲文化的搖籃。修士一面抄寫古本，教授學生，延續古代羅瑪的思想；一面教民稼穡，開墾廣大的荒地。天主教的宗教信仰，變化各種野蠻人的蠻性氣質；而在同一的宗教信仰生活中，團結了各種野蠻民族，又用拉文語言，使歐洲重新有統一的文化。

當各種野蠻民族經過四百年的陶冶進入了文明境界，天主教在歐洲創立了幾所大學，大學的教授從希臘文和阿拉伯文翻譯了希臘的哲學名著，柏拉圖和亞里斯多德的思想乃能爲歐洲學者所知。大學的教授多係天主教教士，教授中最有名的神哲學家聖多瑪斯，集神哲學的大成，發揮亞里斯多德的哲學而成士林哲學派。

天主教的宗教信仰，支配一個人的整體生活，而不是單獨的敬神典禮。中國人歷代對於宗教的觀點，認爲只是敬拜神靈，祈福消災。一個人可以信仰多數的神，向多數的神靈求救。人在各方面的生活，則以儒家的倫理思想爲規範。中國的哲學不談宗教，哲學家則自己信天信神。天主教的信仰，包括人的整體生活，一個信徒以信仰作生活的基本規規，一切思想和信仰相連貫，神學便和哲學相聯繫。因此歐洲的文化以宗教信仰爲基礎，哲學、藝術、政治、社會生活都建立在宗教信仰以內。

歐洲文化的黑暗時期，是在紀元後第二世紀到九世紀的時代。第十世紀時，各種野蠻民族已進入文明時代，第十一至第十二世紀，歐洲的哲學思想已大致光明。

歐洲的政治組織，由教會所教授的羅瑪法而繼承羅瑪帝國，以一位羅瑪皇駕在各國諸侯之上，組成神聖羅瑪帝國。各國諸侯都受了天主教教士的撫育，神聖羅瑪皇爲天主所選的執政人，皇權來自天主。羅瑪教皇爲天主的代權，爲教會的首領。因此，神聖羅瑪皇由教會加冕，各國的政治衝突，由教皇處決。

這種制度當然因著人的性格和慾望，產生了許多流弊，教會便成了歐洲社會的褓姆，教皇勢成列國君王的盟主。到了各種野蠻民族進入了文明階段，在社會生活各方面已經成熟到成人的境界，歐洲社會乃發生了衝突，各國諸侯先後擺脫了教皇的覊絆，各種學術也和神學院脫離關係。後來羅瑪法系和日耳曼法系的演變更助長了宗教的分裂。文藝復興以後，神聖羅瑪帝國不復存在，各種民族成立了自己的國家，也有了自己的語言，廢棄了拉丁文字，羅瑪教皇僅保持了自己的有國土。到了現代，教皇的國土被義大利所吞併，教皇祇保有梵蒂岡城，獨立行使職權。

二、教會本身之原則

上面的制度和事實，由歐洲的環境和歷史所造成，並不是天主教會的本質。在歐洲以外的國家裡沒有出現這種的事，而且這種組織和事實都已經過去了，歷史不會重演。我們研究歷史的事實時，應該把事實放在當時的環境和思想裡，不應用我們現在的觀念和環境去作批評。現在天主教會在全球各國都站在政教分立的制度下，遵行基督所說：「屬於凱撒的，歸凱撒；屬於天主的，歸天主。」

教會的工作以信仰爲根據，天主教的信仰信人生的起點是天主，人生的終點是天主。天主爲無形象而超越現世的絕對精神體，人爲歸向天主是以精神歸向天主。天主教會的工作乃是精神方面的工作，使人以天主爲人生的歸宿。然而人的精神和肉體結合爲一體，精神常由肉體去表現，天主教會的工作便也有物質的一方面；但這物質的方面常是和精神相連，目的也爲著精神。例如教會的組織，教會的儀禮，教會的教育等事。

政府爲國家主權的執行者，國家主權的目標在謀求人民的現世福利。現世的福利爲可見的福利，爲有形色的物質物。但人的團體和精神相連，物的福利和精神的福利也常連貫，國家的主權也就間接管到人民的精神。

天主教會和國家政府，兩者的目標不相同，工作互有分別，天主教會使人的精神趨向真善美的根源，國家政府使人在現生有衣食住行的享受；前者的目標超於世界，後者的目標在於現世。但是教會和國家所治理的對象則同是人，人的精神和肉體相連爲一體；因此，教會和政府的工作就互相接觸，有時甚至於發生衝突。

在本身工作上，教會和政府是分立的，但不是對立的。教會的工作爲信仰的生活，政府的工作爲政治的生活。信仰的生活使人的精神向上，使人的心因信仰而安定，使人的言行遵守規誡而向善。這種生活能夠安定社會，提高社會道德，堅強反對無神共產主義的決心；這種信仰生活對於國家的政治可以有助。一個賢明政府的政治生活，保障人民的權利，維護社會的安寧；使人民的衣食住行都能獲得適當的享受，使人民的精神也能取得合理的發展機會。這種政治生活必定可以贏取教會的擁護。因此教會和政府雖然互不相干擾，然而兩者必定合作。

教會和政府可能發生衝突；這種衝突常在集權專制的暴政下而發生；因爲政府剝奪人權，非法限制宗教自由。教會和政治也可能發生摩擦而表示反抗；幾時政治偏袒一部份人的權利，使社會沒有正義；幾時政治侵犯倫理，准許墮胎；幾時政治禁錮人民的思想，使用高壓手段；在這些時候教會便會發表言論，表示不贊成政府的政治。這不是教會干涉政治，而是爭取人民的人權。

羅瑪教宗因此不干涉各國的內政，也不參與國際的政壇；但凡遇到世界和平有危急時，他必定大聲呼求和平；遇到社會正義被踐踏，人權遭蹂躪時，他必定迫切呼籲，提出抗議，南非和羅德西亞的政府，歧視黑人，當地的教會主教同聲替黑人呼求平等待遇。南美國家貧富懸殊，政府沒有力量爲貧民提高生活，當地教會主教同聲主張社會正義。教會裡的教士，也免不了有偏激的人，他們假藉教會的名義，爲左派張目，甚至於主張教會應該從事社會改革，應該指導暴力革命，推翻資產階級和大地主富農。但是這些教士，不能代表教會的負責者。教會的負責者不會干涉政府的組織，不會擾亂社會的秩序。教會負責者爲維護人權和正義，用的方法是迫切的呼籲及和平的步驟。

三、中國天主教會

中國天主教會和中國政府的關係，常是友好合作。清朝乾隆、雍正、咸豐年間，雖有迫害教士，禁止傳教的諭令，羅瑪教宗沒有提出抗議，中國信友沒有反抗。道光年間，五口通商以後，列強藉著保教權辦理教案，索取賠償，那不是教會的政策和行動。雖不免有的教士，仗恃本國勢力，有些教民假藉教士庇護，魚肉鄉民，羅瑪教宗屢次設法和清廷互派使節，以消除列強的保教權。終因列強政府的干涉，清廷不敢派使，兩次功敗垂成。民國成立以後，羅瑪教宗派代表駐華，抗日戰爭爆發，教廷和國民政府互通使節，成立正式外交關係。當北伐成功，國民政府在南京成立時，列強尚未承認，羅瑪教宗首先通電祝我國統一，訓今中國信友爲國家服務。

抗戰軍興，雷鳴遠神父組織救護隊趕赴前線，又接受政府命令，負責發動戰地民心。于斌總主教奔走海外，在國際上呼籲正義，爭取同情。共匪禍國，竊據大陸，教廷大使館首先在台復館，被共匪逐出大陸教士，陸續來台，在政府遷台的初期，給予同胞們物質和精神的慰藉，使三十餘萬人皈依天主。在台灣社會漸漸安定之後，天主教會在台灣創設學校，建立醫院，從事精神建設。目前台灣的經濟日漸繁榮，社會道德反逐漸低落，天主教會協助政府提倡恢復傳統道德，敬天祭祖，父慈子孝；又鼓勵青年研究中國哲學思想，探索建設中國現代哲學的展望。當共黨發動外交攻勢，毒謀孤立我國政府時，在華天主教會的教士，不分中外，紛向國外展開國民外交，介紹台灣省的進步和人民安樂的狀況。台澎金馬的天主教信友，有大陸人和本省人，彼此一心一德，從不排擠。在禮儀和傳道的語言上，以國語爲主，閩南語爲輔，所有聖經和教義都是漢文，沒有羅瑪拼音。對於信友，尤其青年，教會的學校注重灌輸倫理思想和民族意識。爲維護生命權，教會反對墮胎。爲維持家庭和子女的利益，教會反對離婚。爲爭取人民的權利，教會保護私立學校和言論自由。教會對於政府的體制，不表意見；然在共匪企圖孤立我國政府和吞併台澎金馬的時候，中國天主教會不能不關心祖傳文化的保全和全民族的自由和平；因此也重視法統和道統。現在所有的中國中央政府，爲合法的政府，爲保全民族的政治力量。共匪不願意承認，然也不會承認在台灣的任何別種體制的政府。中華民族的歷史，是治亂相承，有分必有合，在台灣的中國國民政府，將來大陸人民獲有自由而重歸祖傳文化的時候，便能名正言順使中華民族再成統一。若以台澎獨立的體制而改組政府，則台澎和大陸在法統和道統上永久分離；若是這樣將來若有統一，則將是被大陸政權所征服。中國天主教會忠於中華民族，愛護全國同胞的利益，必誠心擁護中國國民政府。當民國第六任總統獲選時，天主教會虔誠祈求天主，福佑總統，爲國民謀幸福，維護民族的精神遺產，追求中華民族的復興。

民國六十七年三月二十三日　于天母

中西宗教精神的異同

中西兩方面對於宗教的看法，各不相同。中國人看宗教，是我們人對於神靈的關係，這種關係是雙方面的，我們人應該敬畏神靈，祈求神靈的保祐；神靈則對於人的善惡予以賞罰。我們中國古書對於宗教的記載，是《尚書》〈堯典〉（舜典）記載舜王代替堯王的天下，他就祭祀上帝，祭祀天上地下的神祇。《尚書》又記載湯王和武王遵從上帝的命令，起兵討伐桀王和紂王。以後《春秋》《左傳》記載卜卦，問神問鬼，《漢書》及歷代史書記載祭天地神祇的祭祀。這些記載代表中國人對於宗教的看法，就是祭神祈福的看法。

歐洲人對宗教的看法，首先看宗教爲人對於神靈的關係，同時也以宗教爲人生的規律，人生的一切都由宗教信仰和宗教教會的指導。宗教因此和社會生活以及私人生活連接在一起。因此，歐洲的政治和教會，從第四世紀到第十八世紀，常結合在一起，及到近代宗教和政治纔漸漸分離。同時歐洲的社會生活，從古代到現代也是以宗教爲中心，到了最近兩世紀，社會生活趨旒物質化，纔拒絕宗教的領導。

因著這種看法不同，中西宗教的精神不一樣，而對於中西文化的影響也不一樣。

一、西方宗教的精神

1. 輕看現生，重視來生

你們祇要翻開新約聖經裡聖保祿宗徒和聖伯多祿（聖比得）的書信一看，就可以看到聖保祿和聖伯多祿教訓信友們不要掛念世上的事，而要懷念天上的事，人世的生命都是暫時的，身後的生命纔是永久的。古代希臘的藝術，讚頌人體的美麗，所有雕刻，大都是裸體像。羅瑪帝國繼承古希臘的文化，統一了歐洲和地中海沿岸的非洲所有的國家，羅瑪人便自認為世界的主人，生活極其奢侈，把所統治國的人民作為奴隸。天主教傳遍羅瑪帝國時，北歐蠻族分治了羅瑪帝國，蠻族凶暴好殺。天主教乃以來生對抗現生，現生若凶暴淫逸，來生便受盡苦罰，來生的苦罰而且永遠不止。歐洲第七世紀時，便興起克苦的精神，人若克制自己的慾情，教會有齋戒日期，又有出世的修會，到了歐洲中古時，禁慾精神成了社會的特色。到了文藝復興時期，希臘人體美的思想復活，天主教分裂，歐洲社會乃乃傾於享樂主義。十八世紀科學興盛，物質建設突飛猛進，物質享受的風氣溺浸了全歐，後又轉到美國，變本加厲，美國成爲物質享受風氣的代表。

2. 自由平等

古羅瑪帝國的羅瑪人自尊心很盛，只有他們是自由人，其餘一切被征服的人都被視爲奴隸。在羅瑪法裡奴隸沒有權利而祇是一種物，屬於主人所有，主人可隨意奉送或轉賣，甚至殺戮。天主教傳入羅瑪，盡力改正這種觀念。天主教視一切人都是天主的子女，彼此是平等的，因而產生平等和大同的精神，在歐洲乃能廢除了奴隸的制度，也尊重女人。同時聖奧斯定寫《天主的城》的歷史哲學書，開始了世界史的觀念，歷史不是一家一國的歷史，而是整個人類的歷史。所以歐洲的政治思想特別主張平等自由，在法國革命時，平等自由成了革命的口號。但在文藝復興以後，古希臘和古羅瑪帝國的思想重新抬頭，歐洲人乃養成了自尊自高信念，乃產生殖民地思想，竟在美洲販賣黑奴。後來還是宗教信仰的平等自由得勝利。這種狂傲心，林肯解放黑奴，聯合國主張人權。

3. 重視藝術

舊約聖經創世紀的第一章就記載造物主天主創造了天地萬物供人的使用，受人的管轄。聖保祿宗徒在致羅瑪人的書信中，說明凡是人都可以從宇宙萬物裡看到造物主的奇妙化工而認識天主，因此天主教人士從開始就著重研究學術，而且也著重研究自然科學。歐洲在被北方蠻族入侵，而佔據羅瑪帝國的國土以後，古羅瑪的文化就被毀滅，祇有當時的聖本篤會會院有會士們繼續抄寫古代的書籍，研究學術，教授學生，歐洲的古代文化得有一線的延續，沒有斷絕，後來修善的學校和教區主教所設的學校，聯合成爲大學，歐洲現在幾座最著名的大學，在開始時都是由天主教教會創立的，歐洲最初有名的自然科學家，也都是天主教教士。如天文學家哥白尼，遺傳學家曼德茲。現在教廷梵蒂岡還有一個科學院，院士都是各國出名的科學家。至於說科學反對宗教信仰，教會反對科學研究，乃是一些粗淺的流言，沒有事實和學理的根據。自利瑪竇以來，我們中國第一批研究西洋現代科學的人，是徐光啓、李之藻。他們是明朝末年的人，利瑪竇是第一位留住北平的天主教傳教士，徐、李兩人是利子的門生，信奉天主教。清朝初年天文學的改修曆法，也是天主教傳教士湯若望的功勞。可惜清朝皇帝後來禁止研究西洋科學，否則，我們中國研究科學的工作，已經有四百年的歷史，一定要走在日本以上了。

歐洲天主教會研究學術的風氣，影響歐洲的文化很大很深。古代的學術都包括在哲學以內。歐洲的哲學和教會的信仰，就連結在一起。從第五世紀到第十六世紀，歐洲的哲學是士林哲學，士林哲學就是天主教哲學，以聖多瑪斯爲代表，士林哲學和神學相貫通。歐洲近代的哲學，雖然派別很多，已經不由士林哲學去代表，然而各派哲學都相信上帝天主，如康德、黑格爾。當代的存在論也有上帝的信仰，祇有羅素聲明不信上帝。

天主教的信仰特別影響了歐洲的藝術。現在到歐洲觀光的人，所參觀的名勝古蹟，在建築方面，是各國天主教的大教堂，在繪畫方面是宗教繪畫，在雕刻方面則分古希臘雕刻和現代雕刻。文藝復興時代，大藝術家如米開朗基羅、拉斐爾，乃是當時教宗養士，所作的藝術品，都是宗教藝術，因此，若一個人對於天主教沒有一點認識，就不能了解歐洲的藝術作品。

4. 缺點

當然教會在西方的精神，也有產生不良結果的一面。最顯著的而對於歐洲歷史有關係的，便是宗教的熱忱，變成了一種狂熱，釀成了宗教戰爭，先有十字軍的東征，後有歐洲本土的三十年戰爭，神聖羅瑪皇和撒克森諸候，英王和法王，西班牙和荷蘭，都因宗教信仰而發生戰爭另一種歷史事蹟則是宗教和政治結合一起，在中世紀時，羅瑪教宗和歐洲各國的主教，都參加歐洲的政壇，直到近世紀，政教乃分離，教會再不干預政治。

上面所講歐洲——教會都是講天主教會，因爲從第四世紀到第十六世紀，歐洲人所信仰的仍是天主教。第十六世紀初年，即是一五一七年路德開創基督新教，和天主教會分裂，以後，基督新教又分裂爲很多派別。天主教信仰在歐洲所表現的精神，和自己的教義相連也和天主教對宗教信仰的看法有關。天主教以宗教信仰爲人生對的目標和規律，要範圍每個人的全部生活，無論私人生活或社會生活，都不能脫離宗教。因此，歐洲的文化，和宗教絕對不能分離，若不研究天主教則對於歐洲的文化不能認識，就如同不研究儒家思想，對於中國文化也就不能瞭解。

二、中國宗教的精神

1. 天 命

中華民族在佛教沒有傳入中國以前，沒有一個有組織的宗教。儒家的傳統宗教祇是幾項宗教信仰，信有最高的神靈上帝，信有天上和地上的神祇。對於上帝和神祇，人有祭祀的義務；因爲人的生命吉凶，操在上帝和神祇的掌握中，因而乃有命運的信仰。命是人生不能抵抗的遭遇，如貴賤壽夭，上天早有決定，人祇能知命和順命。孔子說他五十而知天命，（論語 為政），又說君子畏天命（論語 季氏）孟子乃主張修身以立命（盡心上）。中國人從古到今，都怕得罪上天，孔子曾經說：「獲罪於天，無所禱也。」（論語）。對於命，也要安心順命。到了事件沒有辦法的時候，則說是命該如此。項羽到了東江在自刎以前，嘆說是天要他敗亡。

天命的思想，又造成中國政治制度上一個很重要的觀念，就是皇帝受天命而王，代天行道。每位皇帝，另外一個朝廷的開國皇帝，必定說他自己是「承天啓運」。中國的皇帝乃稱爲天子。

皇帝既代天行道，他若是好，就得上天的賞報，若是不好，就得上天的賞罰。

2. 孝道

中國宗教思想的第二種精神，是孝道。古書《禮記》曾說事親如事天，事天如事親。(禮記 大昏解)在中國家庭裡所供的牌位，寫著「天地君親師」。儒家以父母配天。兒子對於父母，終生奉養。荀子說：「禮有三本，天地者，生之本也；先祖者，類之本也；君師者，治之本也。無天地，惡生？無先祖？惡出？無君師，惡治？三者偏亡焉而安人！故禮上事天，下事地，尊先祖而隆君師。」(荀子 禮論)兒子孝親有三種義務，曾子曰：「孝有三：大孝尊親，其次弗辱，其下能養。」(禮記 祭義)父母死後，應該祭祀，孔子說：「生事之以禮，死葬之以禮，祭之以禮。」(論語 為政)

中國人沒有一家人不追念自己死去的父母，不祭祀自己的祖先！每年清明，必回家掃墓，這是「慎終追遠」。孝道乃成爲自己社會的第一個最重要的美德，。中國的家庭，就建立在孝道上。

佛教傳到中國後，在民間的信仰，是超渡亡魂。儒家不談身後，道教則談成仙，佛教乃談身後的地獄和轉生的輪迴。普通一般信佛，在於請和尙誦經，爲死去的父母禱告。儒家的孝道加上了佛教的信仰，便使佛教在中國社會裡根深蒂固。孟子曾說：「養生者，不足以當大事，惟送死，可以當大事。」（孟子　離婁下）中國人所以把出殯和祭祀作爲家庭的大事。

這種送死的流弊，造成社會裡的許多迷信，也造成社會生活的浪費金錢，到現在在臺灣，這種風俗還沒有辦法可以改變。

3. 宗教對文化的影響

因爲中國人看宗教祇是人和神靈的關係，這種關係祇是人生的一部份，而這一部份可以說是求福免禍。中國人的宗教信仰便表現在敬拜神靈。在中國古人的文集裡，常有求雨求晴的文章。在中國人的習慣裡，一個人越多拜幾個神，越能多得福。但是對於人生活的別的方面，除上面所說天命孝道和求福以外，宗教便沒有影響，而影響中國人生活，造成中國文化的，則是儒家的思想。中國的儒家有些像歐洲的天主教，指導中國人的私人和社會生活。中國人生活的各方面，都是受儒家思想的支配。因此現在有些中國學者如胡適、方東美、唐君毅、錢穆，他們說：中國的社會是人文的社會，儒家的思想是人文思想，和宗教不相關。這種說法，有一部份對，有一部份不對。儒家的思想不和宗教信仰連結在一起，這一點是對的。但若說儒家的思想沒有宗教信仰，則就不對了。從孔子、孟子一直到宋明理學家，就是明末的王船山，也都承認皇帝是代天行道。至於說中國人的社會生活，沒有宗教信仰，那可又不對了，中國民間的婚禮、葬禮，以及拜拜，不都是宗教信仰的表現嗎？

但是我們承認中國人的宗教信仰不貫通自己的全部生活，對於工作便沒有宗教的精神。歐洲和亞洲的許多國家民族，以宗教信仰作他們民族統一和存在的要素，歐洲信天主教的國家，亞洲信回教的國和信佛教的國家。尤其是以色列人，全靠宗教信仰，使亡國而流亡在外國兩千年，仍舊能夠保全自己的民族，而終於建立以色列國。現在荷蘭人的狂熱，當然不合理不合法，可是荷蘭人敢於反美，也是仗著自己的宗教信仰。

我們中華民族，幾千年來，仗著儒家的思想，常能保全民族的統一和生命。在最近幾十年，一些學者提倡打倒孔子。這不僅是毛澤東的暴政，而也是胡適他們的胡鬧。因此，中華民族從民國成立以來，就失去了中心，和自己的命脈。我們政府現在極力提倡復興中華文化，我們天主教人士也盡心贊助政府的這種政策，而且希望把天主教在歐洲的精神帶到中國來，和中國儒家的精神結合起來，以達成中華民族的新精神。

民國六十九年四月十八日在高雄師範學院講演

宗教與政治

一、中國的政治與宗教

有些人說中華民族是不信宗教的民族，這句話是一個很大的錯誤。中華民族最古的書：《尚書》和《詩經》，充滿上帝的信仰：中華民族最久的傳統，是皇帝祭天，北平的天壇可以作證；中華民族最多最廣的典禮是祭祖。這幾點都表示中華民族是有宗教信仰的民族，上天的信仰，或明或暗，存在每一個中國人的心中。漢末，佛教傳入中國，道教出現在民間，寺觀便林立整個中國各鄉鎮。目前，在台灣，各宗教的寺廟教堂，隨處可見；而且有些商人，竟以建造寺廟為發財的方法，因為進廟拜神的信眾，每天常絡繹不絕。

但是我們中國沒有教會，教會是有同一宗教信仰者的組織，組織裡有教義，有禮規，有統治的系統。中國人從古就以宗教為人對神靈的關係，祇為敬拜神靈。中國古代敬拜上天的信仰，從來沒有結成一種信仰的組織，這種信仰的敬神典禮，由國家的官吏去執行。在這一點上可以說是政教合一，然而這種合一也祇是在敬拜神靈的信仰上，不涉及國家的其他事件。

佛教道教在中國雖然建立了寺廟道觀，作爲宗教生活的中心，然而佛道兩教並沒有教會的組織，因爲沒有統治宗教的系統，每一座寺廟或道觀，各自獨立，不相統屬。

既然宗教祇是人對神靈的關係，祇爲敬拜神靈，宗教便和國家的政治不相關連。中國歷代從來沒有發生宗教參與或干涉政治。宗教和政治所僅有的關係，乃是皇帝和政府官吏行祭天祭神靈的祭禮，皇帝加封神靈爵號，規定祭祀典禮的等級。

但是在中國歷代上，有一種宗教干涉政治的事，那就是有人假藉宗教信仰，組成軍隊，起兵造反。漢末張道陵的孫子張魯，以道教名義，擁兵關中。唐朝黃巢的黃巾賊也以宗教迷信爲團結。明清兩朝的白蓮教造反，教徒徐鴻自稱中興福烈帝。清朝道光時洪秀全創上帝會，起兵廣西，佔南京，建太平天國。清末義和團以練拳降神，組織會黨，起兵扶清滅洋。這些歷史事跡，是中國的宗教和政治發生的不正常的關係，所謂宗教也不是民間的正式宗教，而是幾種秘密的迷信。因此，在中國的歷史上沒有宗教干涉政治的例子。若說政治干涉宗教，則有佛教曾遭三武之禍：魏太武帝、周武帝、唐武宗，因信道而滅佛，然祇是短時期的政策，中國歷代帝王的政策則以宗教爲敬拜神靈的信仰，神靈不能說沒有，對於宗教常予以自由，加以保護。

清朝三百多年，卻沒有宗教和政治的問題，因為在明末，天主教傳入中國。清朝康熙、乾隆兩位皇帝，著重天主教士的學術，任用他們在宮廷服務。雍正以後則採閉關政策，禁止外人傳教。道光年間五口通商，允許外國傳教士進入內地。內地人民和教民常常發生磨擦，傳教士袒護教民，各地乃有排外心理，迭次發生教難，殺戮教士。歐洲列強便藉著保教名義，要挾清廷租地賠款，造成許多教案。最後以拳匪之亂，引發八國聯軍。使中國人對於天主教和基督教多有誤會，認為洋教。

二、歐洲的宗教與政治

天主教和基督為歐美人所信的宗教，天主教成立在先，基督教由天主教分裂而出。天主教的宗教觀念，以宗教信仰為整個人生觀，信徒的生活以宗教信仰為基礎，無論私人生活或團體生活，都要受宗教信仰的支配，倫理道德乃是宗教的規誡。天主教又是一個組織嚴密的教會，具有統治的系統。

當天主教開始傳入歐洲時，羅瑪帝國尚在強盛的時期，羅瑪皇帝禁止天主教的宣傳，殺戮教士教民，這種迫害教會的政策，經歷了三個世紀。到了第四世紀，公斯當定皇帝領洗進入天主教，允許傳教自由，以羅瑪城作爲教會的首都，他則遷都東方。公斯當定皇帝以後，羅瑪帝國日衰，北方和東方的蠻族崛起，斯拉夫人、日爾曼人、法蘭西人、撒克遜人，這些蠻族在第五世紀分裂了羅瑪帝國，毀滅了羅瑪文化。當時保全幾份傳統文化，又負責以傳統文化教育蠻族人民的，是天主教的教士。教士會院的藏書樓，係保存許多古籍，會院的教士一面抄書一面教書。歐洲最古的學校都在教士的會院和教堂裡，後來幾座會院和教堂的學校，變成了歐洲最初的大學。天主教的教士在社會上擁有導師的地位。羅瑪教宗更被認爲歐洲各國的盟主，各國君主的廢立，都取決於教宗。文藝復興時，原先爲蠻族的各種民族，都建立了獨立的國家，神聖羅瑪帝國的名號已不受重視，羅瑪教宗的威權也日漸減削。德國路德分裂了天主教，創立基督新教，得有德國諸侯的支持。新教便成爲反叛羅瑪教宗的標記，作爲各國政府獨立的訊號，最後英皇恩利六世自立爲教主，逼使英國天主教民背棄羅瑪。然而忠於羅瑪教宗的法國、西班牙、葡萄牙、義大利等國爲抵抗新教，便以天主教爲國教，西班牙和葡萄牙佔領了中南美洲，建立了許多國家，這些國家也都信奉天主教，也奉天主教爲國教。北美和加拿大，由英國和法國開發，居民有信天主教者有信基督新教者，所以沒有國教的政策。

有了國教，宗教和政治便相合爲一。法國在大革命時，政府反對宗教，宗教和政治遂相分離。其他以天主教爲國教的政府，在第二次世界大戰以後，也都廢止了國教，政教也互相分離了，宗教不再干涉政治。

三、宗教與政治互相關連的原則

目前的社會，已是多元的社會，在歐美是這樣，在自由中國更是這樣。自由中國所有宗教，是多元的宗教。目前我國內政部所認定的宗教有八個：佛教、道教、回教、天主教、基督教、理教、軒轅教、天理教。最近還有天德教的成立。在這種多元的社會裡，宗教和政治的關係——也是多元性的，因爲各種宗教的性質不同。我現在就天主教會和政治的關係，在原則上作簡單的說明。

1. 消極性的關係

在多元信仰的社會裏，天主教和政治的關係，可以從兩方面去看；從消極方面和積極方面。

在消極方面，又有兩種不同的態度：一種是不發生關係的態度，一種是反抗的態度。一個國家有自己的政體，或是君主、或是民主、或是立憲、或是獨裁。教會對於這種政體制度，不表示意見，絕不加干涉。除非政府的政體妨害國民的人權，如希特勒的獨裁和共產黨的獨裁，教會則表示反對。教宗庇護十一世，曾以正式的文件，宣告整個教會，反對德國國社主義和蘇俄共產主義。

教會的教士，即獻身教會的主教神父和修女，不許參加政治，不可接受政府的官職，不可參加競選，也不宜直接發表政見。

教會對於一個國家的政治持反對的態度，則是當一個國家在政治上壓迫教會，剝奪宗教自由，沒收教會學校和醫院。對於這種迫害教會的政治，教會必定表示反抗。但是教會的反抗，必採合法的途徑，不會採取暴力。雖然在事實上不會收效，教會仍是容忍迫害，繼續消極的抵抗。

當一個國家的政府，尊重人權，非常開明，祇是爲適應社會的潮流，訂立離婚、人工節育、墮胎的法律。對於這種政治，教會爲保守道德原則，必定表示反對。還有在少數民族的國家裡，或是白人黑人雜居的國家裡，政府限制少數民族或黑色人種的權利，教會也會採反抗的態度。

2. 積極性的態度

教會不參加政治並不表示教會不關心大眾的福利，祇不過因教會和國家彼此的性質不同，故不願直接干預政府的事。國家透過政府謀求國民的現生福利，教會透過教士則追求信友的來生福利。現生福利乃是物質可見的事物，來生福利則屬於不可見的精神事體。但是因爲兩方面所服務的對象都是同一的人；一個人同時是國民，同時是教會的信友。每個人是一個完整的人，身體和心靈相連不分，心物合一。物質的福利反映到心靈，心靈的福利反映到物質；因此教會也就牽連到政府的一些事件。

教會對於當地政府，一向尊重，所有法律，必定遵守，政府爲謀國民福利的政策，常常擁護，處處支持。

教會既爲謀求信友的精神福利，對於倫理道德，對於青年教育，對於家庭婚姻，對於社會公益，必盡力以赴，常謀配合國家的政策，協助政府，群策群力。所以天主教，在性質上，和東方的宗教不同。東方的佛教、印度教、道教，教人立身處世，以謀來生的幸福。這種宗教的性質，是私人信仰的宗教，不管信友的團體生活。天主教則以個人的信仰在團體信仰生活中去表現，又以心靈的幸福須有物質的享受作基礎。

3. 在自由中國

自由中國的社會，是多元宗教信仰的社會，是信仰自由的社會，而且是文化遺傳最長久的社會。自由中國的政府是爲國民謀福利的政府，是爲民族求復興的政府。自由中國的基本政策是三民主義的政策，是倫理、民主、科學的政策，是求民族統一和國家復興的政策，是消滅無神共產主義的政策。天主教在這種自由的多元信仰的社會裡，對於別的宗教非常尊重，只求互相交談，互相合作，絕對不予攻擊。對於中華民族的傳統文化，我們響應政府復興中華文化的政策，我們並且勉力追求使天主教的思想和中國傳統思想互相融會。輔仁大學曾經從教宗庇護第十一世和保祿六世，接受這種融會的使命。對於三民主義，第一位作英文翻譯的人是一位天主教神父，義大利的德里賢，教廷也曾經指示三民主義和天主教義不相衝突。而且我們研究　國父思想和先總統　蔣公的思想，我們知道基督的信仰對於兩位的思想，影響很大很深。我們因此指導學生和教友研究並實踐三民主義。在國家民族爭生存的憂患中，政府力求民族的統一，國家的復興，天主教人士誠心擁護政府的基本政策，以民族的復興為前提，力謀同胞的團結，盡力避免分化的危機。政府為謀國民福利的政策，在經濟發達方面，教會不能參與，也沒有能力可以參與。然而在精神建設方面，如文化建設、倫理建設、民主建設方面，天主教願竭力支持這方面的各項政策。我們希望有一個貧富均等的社會，一個倫理道德高尚的社會。因此，便對一些政治設施，我們表示反對的意見，我們不贊成離婚，不贊成人工避孕，更反對墮胎合法化。我們也不贊成教育完全由政府統治，也不贊成政府限制私人創立教育事業。這些消極的表示，不是干涉政治，而是為維護國民道德和權利。

在結束我的談話時，我願向全國各宗教呼籲，我們國家的合法政府，乃一開明的政府，國家的政策，乃是救國救民族的政策，各種宗教雖不參加政治，但是為謀民族和同胞的福利，各種宗教都有責任。宗教的精神力量，是民族團結的最強的力量，能給予同胞精神的目標，精神的支持，使我們同胞在復國建國的歷程中，遭遇打擊時，能屹立不搖，能承受各種艱苦。各種宗教運用所有的精神力量，提高社會道德，陶冶青年人的人格，堅定大家互相團結的意志。我們所信的宗教雖是多元的，我們的信友則是同一個民族的人民，一個國家的國民，我們要使大家懷有同一的信心，相信大家有復興民族和國家的責任，相信我們的責任必定可以完成。

民國六十九年七月四日在中國國民黨中央委員會總理紀念週講

中國與教廷使節史

去年耶誕前夕，羅瑪教廷公佈駐華公使館升格爲大使館，原任公使擢升爲教廷駐華大使。教廷大使高理耀總主教當天向中央社記者說：教廷駐華使館升格，證明了教宗保祿六世對中華民國充滿信心，對中國政府爲保障世界和平所處的主要地位特別重視。本月八日，教廷駐華第一任大使向　總統呈遞國書，致詞說：「世人皆知，天主教會一向對中國深表同情。教會與中國人民間之悠久歷史，顯示其對中國人民之尊重與熱忱。教廷從未考慮世俗利害，竭誠協助中國人民發揮其固有道德，盡其所能貢獻於中國教育而予以資助，並協助其在國際社會之地位。……本人願向閣下保證，將竭盡所能，鼓勵臺灣之天主教友全心全力負起中華民國忠貞國民所應盡之天職，並爲國家繁榮而貢獻一切」。總統答詞說：「際此中國大陸人民包括天主教友不堪共黨壓迫正群起摧毀匪僞暴政，吾人面對此一局勢，拯民有責，義無反顧。閣下所言，中華民族勤懇誠樸，酷愛和平，一向與天主教會密切合作，同爲維護自由、正義與人類尊嚴而努力，此所以教廷與中華民國友好關係之基礎，固若磐石。」

一、

教廷和中國遣派使節，起於元定宗貴由大汗。教宗依諾增爵四世遣柏郎嘉賓出使蒙古，使臣於一二四五年四月十六日由當時教宗駐節之里昂出發，次年七月二十二日抵蒙古大汗京城汪吉宿滅禿里，留住四月，參與了貴由大汗登位大典，攜定宗覆書回歐，一二四七年十一月回里昂，時教宗尚駐法國該城，柏郎嘉賓呈大汗覆書以報使命。當柏氏留在蒙廷時，教宗又遣龍如模赴近東見蒙古軍統帥，一二四七年夏抵蒙古軍統帥巴一朱或稱拜雄的營中。

教宗遣使往見蒙古大汗和蒙古軍統帥，用意爲勸蒙古大汗和統帥多存仁心，少加殺害。當時蒙古大汗進兵歐洲，所取城池，洗市屠城，所得降兵，斬殺無餘。全歐震恐，教宗乃遣使宣說仁義。

爲能折服蒙古人的強亢性情，一二使臣莫可爲力，教宗乃遣派教士，入中國傳教，希望以基督福音之道，改革蒙古人好殺之心。第一位到北京的傳教士，爲孟高維諾，他以教宗使臣名義，來我國，成宗元貞元年(一二九四)抵上都，覲見成宗，秦准留都佈道。一三一三年受祝聖爲上都總主教，一三二八年逝世。元順帝以天主教傳教士無後繼的人，遣使於至元二年(一三三六)赴教廷，請派教士來華。教宗本篤十二世遣使答聘，使臣馬黎諾里於至正二年（一三四二）抵上都。因天下大亂，元朝皇位已不可保，馬黎諾里離開中國，於一三五三年回到教宗駐驛的亞味農城復命，一度在華，曾經興盛的教會，旋即消滅。

二、

明朝的太祖雖奪取了元朝的天下，但是沒有取得蒙古人的江山，中央亞細亞並不臣屬明朝。中國往歐洲的道路乃中斷，明朝和教廷沒有交通。明朝末葉，葡萄牙人和西班牙抵菲律賓和澳門，兩國的傳教人幾度謀以進貢名義，進入中國，卒無成功。明末，利瑪竇於萬曆二十八年十二月二十一日（一六〇一年正月二十四日）進入北京，留住京中。後十年卒，傳教士乃繼續不斷。崇禎十七年（一六四四）崇禎帝自縊煤山。福王唐王桂王，相繼稱帝。桂王永曆帝嫡母王太后，生母馬太后，皇后王皇后，太子慈烜，大臣瞿式耜，司禮太監龐天壽，都是受洗的天主教教友。在桂林時，爲圖挽救明室天下，乃遣使卜彌格赴教廷。卜彌格爲耶穌會士，籍屬波蘭。他出使的名義，爲代表永曆皇太后向教皇致敬，攜有太后上教皇書。一六五三年，卜氏抵羅瑪。教宗依諾增爵十世令教廷傳信部審查卜氏的使節身份。按照國際慣例，不當國的太后，不能自派使臣出國訪問他國元首。況且滿清入主中國，教廷並有所聞。

然而在一六五五年，教宗亞立山七世，接見卜彌格，且覆明太后書。這兩封書的原本，今日尚保存在蒂岡的密件檔案處。卜彌格回亞洲時，永曆帝已遇害，卜氏轉往安南傳教。

清朝康熙、乾隆兩帝，頗看重供職宮廷的教士，在外省的傳教士也兼得在朝教士的庇護。然而當時在華的教士間，發生一項有關教規的問題，中國祭祖祭孔的典禮，是否違背教義。利瑪竇曾以此種儀典，屬於社會習俗，不違教規，後來入華的耶穌會士，大多贊成利氏的主張。其他各修會會士，則持異論，以祭祖祭孔，素爲宗教祭典，天主教的教友不能舉行。兩派爭持不下，上書教廷，又遣代表赴羅瑪辯說。羅瑪教廷和中國路途既遠，交通不便，不能明瞭中國的實在情形。關於中國禮儀問題，愼重考慮，從一七〇一年至一七〇四年，教宗屢次親自主持討論會議。一七〇四年十一月二十日，教廷教義部議決，禁止教友按中國禮儀祭祖祭孔。教宗派使來到中國，考察實地情況，然後予以公佈。

至一七〇一年十二月五日，教宗格肋孟十一世宣佈派使來華，委任多羅加祿爲特使。次年七月二日，教宗頒論聲明多羅宗主教爲遣赴中國印度及附近各國的巡閱使，加上等欽使銜。七月五日動身。

當時葡萄牙國握有遠東的傳教權，凡由歐洲來遠東的教士，都要經過里斯本，取得葡王的許可。多羅宗主教以欽使之尊，不願路經里斯本城，由義大利乘船赴法國馬賽，由馬賽乘船來華。

一七〇五年，四月，多羅欽使抵廣州。十二月四日，入北京。康熙帝立即派員查問欽使來華原由。十二月三十一日康熙帝召見，詢問祭祖祭孔等節，欽使不敢直答。一七〇六年，六月二十九日，康熙第二次召見欽使，面諭中國人不能改變祖傳禮儀，這種禮儀並不違反天主教教義。又叩問多羅來華的原由。多羅答以代表教皇向皇上問安。八月二十日，多羅欽使率領隨員離京南下，預備返回羅瑪。一七〇七年正月二十五日，在南京發佈公函，宣佈羅瑪教廷已禁止教友祭孔祭祖。康熙帝時正南巡，抵南京時，多羅宗主教已赴廣州，康熙帝派官驅逐出境，押送澳門。澳門總督拘捕了他，加以軟禁。教宗向葡王抗議，又於一七〇七年八月一日，策封多羅宗主教為樞機，派員咨送樞機紅帽及策封書赴澳門。一七一〇年正月十七日，多羅樞機接奉紅帽與策封詔。六月八日，因病逝世澳門。年僅四十二歲。

一七一九年九月十八日，教宗格肋孟十一世又宣佈再度遣使來華，處理中國禮儀問題。第二次之特使為嘉樂宗主教。一七二〇年三月二十五日，嘉樂特使由里斯本起程，十二月二十五日入北京，十二月三十一日，康熙帝第一次接見嘉樂。一七二一年三月三日，嘉樂特使離京南下。十二月九日由澳門起程。嘉樂在北京時，先後曾覲見康熙帝十二次，但是沒有得到康熙帝同意處理中國禮儀問題。

三、

清末五口通商以後，歐洲列強屢藉教案向中國動兵，甚至索求割地賠款。清廷不勝他們的苛索，教廷也厭惡他們的強横，雙方乃謀直接通使，處理有關教案。光緒十一年（一八八五年）二月一日，教宗良第十三世，因中法之戰，致書光緒帝，聲明在華外籍教士，無論籍屬何國，都係教宗所派，所有傳教任務，也受教宗任委。六月七日，李鴻章派天津稅務局洋員董若望負責交涉與羅瑪教廷通使。董氏於十一月由上海赴歐。次年正月末梢抵羅瑪，謁見教廷國務卿，呈上李鴻章文書，開始交涉。教廷於二月間，決定和中國互派使節。法國政府當時繼承葡萄牙之後，掌握中國保教權，心懼教廷派使來華，保教權將作廢，遂極力反對，於九月十二日，向教廷致最後通牒，如教廷派使赴華，法國政府即撤回駐教廷大使，廢止法國與教廷所締條約，停止法國政府每年給與法國教會的津貼。教廷被迫，決定所派駐華大使阿里雅底總主教延期赴任。

一九一七年，第一次世界大戰已進行三年，中國政府加入協約國參戰，陸徵祥再出任外長，訓令中國駐義大利公使館和教廷密商互換使節。次年七月十一日，教廷公告宣佈教廷接受中國政府的邀請，與中國建立外交關係，同意中國駐西班牙公使戴陳霖先生爲中國駐教廷公使。教廷公告未說教廷派使駐華，實則內部已決定駐華大使人選。法國政府乃向中國政府抗議，謂爲違反天津修約，派使赴教廷，視爲對法國不友好。中國政府遂又放棄派使教廷。

四、

一九二二年二月六日，教宗庇護十一世即位，八月十一日下令設立教宗駐華代表使節，委剛恆毅總主教任教宗駐華第一任代表。教宗代表不是外交使節，專理傳教事務。剛代表於一九二二年十一月八抵香港，宣佈教宗任命。宣佈以前，教廷保守絕對秘密。教宗代表以私人名義來港旅行。次年元旦，剛代表抵北京，謁黎元洪總統賀年。從此以後，教宗代表長駐中國，中國政教交涉，漸上軌道。民國十七年六月一日，總理奉安大典，剛恆毅總主教以大使銜代表教廷參禮。剛代表駐華十一年，深愛中華文化，一生爲中國人民的摯友。

一九三三年十一月二十八日，教宗任命蔡寧總主教爲教宗駐華第二任代表。蔡代表駐華十二年。

一九四五年，抗戰勝利，七月四日，教宗庇護十二世，下令建設教廷駐華使節，任命黎拉里總主教爲駐華公使。一九五九年，五月二十日，教宗若望二十三世，任命高理耀蒙席爲駐華第二任公使。去年聖誕除夕，教廷駐華使館升格爲大使館。

中華民國第一次派往教廷的使節，爲顧維鈞大使。一九三九年，三月十二日，教宗庇護十二世加冕。我國派使參加典禮。第二次大戰發生，美國與日本都先後派特使駐教廷。中國政府乃於民國三十一年夏設立駐教廷公使館，任命謝壽康博士爲中國駐教廷第一任公使。謝公使於次年正月三十日抵梵蒂岡，二月二十五日，呈遞國書。

民國三十六年，吳經熊博士抵羅瑪，任中國駐教廷第二任公使。後二年辭職，赴美任大學教授，駐教廷使館由朱英任代辦。民國四十三年十月十一日，謝壽康博士再度抵羅瑪任駐教廷公使。民國四十六年六月十二日，中國政府升駐教廷使館爲大使館，任謝壽康公使爲駐教廷第一任大使。去年九月，我國駐教廷第二位大使沈昌煥博士赴羅瑪，十月十日呈遞國書。

五、

於今，教廷和中國兩方使節，互爲大使。雖因中國政府不接受教廷大使爲外交團首席大使的慣例，教廷所派大使，稱爲準大使，實則乃一正式大使，與各國大使平行。

我在中國駐教廷使館曾服務十八年，深知駐教廷使館和教廷駐華使館的任務。兩館除通常向本政府報告駐在地的政情外，教廷駐華使館則爲教廷與中國主教的連絡線，傳達教宗對教務的指示，轉達中國主教向教廷的請求。中國駐教廷使館爭取教廷的合作，爲中國在國際中，仗義執言，多予協助。高大使在呈遞國書所以說：「教廷從未考慮世俗利害，竭誠協助中國人民發揮其固有道德，盡其所能貢獻於中國教育而予資助，並協助其在國際社會之地位。」總統答詞也說：「中華民族……，一向與天主教會密切合作，同爲維護自由、正義與人類尊嚴而努力。」

在中國國內，當然尙有人以爲教廷與各國政府通使，教宗努力國際和平，是違反教會本性，越權而干涉政治。這種主張乃出於不識教會的真正性質，以教會僅爲對於神的敬禮。實則天主教的教義支配整個人生，每個人和每個社會的倫理原則，都受教義的指示。因此，教宗對於社會倫理和國際倫理，不能漠不關心。而且教會對於人民生活，不僅謀來生的幸福，凡足以增進現世人生幸福之道，在教會力量所能及者，教會亦盡力爲之。此次梵蒂岡大公會議，公佈憲章，訓令教會上下，在現代的新社會裡，爲人民服務，協助各國人民，解決各項倫理道德問題，使經濟落後國家，享有發展國民經濟的機會；使國際和平能有正義的保障。目前教宗和整個天主教會，正向這個方向前進。在我中國以內，天主教會目前所有職責，則爲極力抵抗共黨邪說，復興中華文化。如高大使呈遞國書時所說：「全心全力負起中華民國忠貞國民所應盡之天職，並爲國家繁榮而貢獻一切」。

本月十六日，總統以茶點款待高理耀大使時，曾向他稱譽臺灣的天主教學校，紀律好，德育好，智育也好，可稱爲臺灣具優良的學校。我們天主教人士在其他各方面也努力工作，希望也可以有優良成績，多爲同胞服務。

國父思想和基督的教義

一、

基督在猶太創立了教會，基督的大弟子彼德和保羅把基督的信仰傳到羅瑪，基督的教會便以羅瑪為中心，一千九百年來沒有遷移，我們中國人稱這個羅瑪教會為天主教。在第十六世紀時，德國路德脫離羅瑪教會建立誓反教會，誓反教會後來分裂成很多的派別，中國人稱一切誓反教會為基督教。

當彼得和保羅進入羅瑪傳教，而後在羅瑪殉道時，羅瑪帝國已經到了由盛而衰的時期，在國內自由的羅瑪國民和沒有自由的奴隸，分成兩個重大的階級。奴隸人數的多，已經可以危害羅瑪帝國的治安。在邊遠地區和國界以外，居住好幾種野蠻民族。野蠻民族的武力，已經可以推翻羅瑪皇帝的統治權。但是羅瑪皇帝所最恐懼的，不是奴隸和蠻族，而是基督的教義，兩百多年一直不准在國內宣傳或信仰；凡是因著基督信仰而被控的人，一定被處死刑。基督的信仰對於羅瑪帝國究竟有什麼衝突呢？

第一、基督的信仰主張凡是人都是天主的子女，人人平等，不分自由人和奴隸。羅瑪法以奴隸不是人而是物，不承認奴隸作權利的主人。聖保羅當時收留了一個逃亡的奴隸，給他授了洗禮，然後遣發他回到原先的主人家裡，他特別給那個奴隸的人寫了一封信，那個奴隸的主人早已從保祿授了洗，保羅便在信上說：「也許他暫時逃亡而離開了你，就是爲叫你永遠收下他，收下他不做奴隸，而是做可愛的弟兄。……若是你以我爲同志，就收留他當作收留我罷。」（費肋孟書）。後來公斯當定皇受洗信了天主教，羅瑪帝國便有了一大改革，漸漸廢除了奴隸。第二，基督的信仰，主張民族平等。聖保羅曾經說：「其實，你們眾人都藉著對基督的信仰，成了天主的子女，因爲你們凡是領了洗歸於基督的人，就是披上了基督，不再分猶太和希臘人，也不再分奴隸和自由人，也不再分男人和女人，因爲你們眾人在基督耶穌內已成了一體。」（迦拉達第三章）

在第四世紀，歐洲各方面的蠻族侵入了羅瑪帝國，瓜分了帝國的土地，成立了歐洲的德、英、法、西、葡等國。但是在三個世紀裡，整個歐洲失去了文明，變成一片蠻荒土地。天主教的教士在修院和教堂裡保存了羅瑪的古籍，開設學校教導蠻族的子弟，開發農場，教蠻人種地，歐洲中古世紀時，所有大學爲天主教會所設，所有社會的領導人爲天主教教士，所有學術以宗教信仰爲基礎。後來文藝復興時期寫歐洲歷史的人，稱中古時期爲黑暗時期，實則乃是歐洲文明的孕育時期。法國大革命所倡的自由平等，乃是來自基督的信仰；文藝復興的藝術作品，都是以宗教信仰爲題材。因此，歐洲的文明，脫離不了基督的教義。

二、

國父　孫中山先生是一位基督信徒。他在一八八五年，年二十歲，在香港基督教紀慎教會禮拜堂受洗。一八九六年在倫敦蒙難，他自述說：

「惟有一意祈禱，即以自慰，當時之所未有狂疾者，賴有此耳。……及星期五（十月十六日）上午祈禱完畢，起立後，覺心神一舒，若所祈禱者已達天聽，因決計再盡人力。」（倫敦蒙難史　第四章）

宗教信仰在虔誠的信德生活中，常是工作的動力，又是理想的基礎。先總統　蔣公，就表現這種至誠的人格。國父　孫中山先生在革命的奮鬥裡，迭遭挫折，靠著一種堅強的精神力量來支持；這種精神力量便是宗教信仰。

國父對人生的觀念，表現在他的民生史觀。歷史是人的歷史，有人纔有歷史，人是怎樣，歷史也是怎樣。國父在《民生主義》第一講說：

「民生是社會進化的重心，社會進化又是歷史的重心，歸結到歷史的重心是民生不是物質。」

「馬克思以物質為歷史的重心是不對的，社會問題才是歷史的重心，而社會問題中又以生存為重心，那才是合理，民生問題就是生存問題。」

「古今人類的努力，都是求解決自己的生存問題，人類求解決生存問題，才是社會進化的定律，才是歷史的重心。馬克思的唯物主義，沒有發明社會進化的定律，不是歷史的重心。」

「社會之所以有進化，是由於社會上大多數的經濟利益相調和，不是由於社會上大多數的經濟利益有衝突。」

國父的歷史觀以民生爲中心，「民生就是人民的生活」（同上），所以歷史就是人類的歷史。

中國的歷史觀，雖以人爲歷史的中心；但是二十四史的編纂原則以朝代爲綱領，朝代的綱領又以個人爲主體。司馬遷的《史記》開啓中國歷史作法的模型，以本紀、世家、列傳作類別。本紀世家列傳所記載的爲個人的傳記；中國的歷史便是由個人的事跡所組成。黑格爾的《歷史哲學》也曾有英雄崇拜的思想，以歷史由英雄所造。但是歷史究竟是人類的歷史，英雄祇是爲歷史開路，歷史的主人乃是人類。天主教在歐洲，灌輸了人類歷史的觀念，以歷史爲世界史，歷史的主體是人。聖奧斯定在所著的《天主之城》的歷史哲學書，以人類的得救作歷史的主題，天主自己參入了人類的歷史，在歷史裡有天人的合一。國父的民生史觀，和基督的信仰相合。

人類的生活，有物質有精神，馬克斯以宇宙一切都祇是物質，連人的心也不過是物質中的最特殊部份。國父主張人的心爲精神。中國歷代的哲學思想，常承認心是靈明，是虛靜，是神妙。國父《孫文學說》第一篇〈心理建設〉的序文裡說：

「夫國者人之積也，人者心之器也；而國事者，一群人心理之現象也。是故政治之隆污，係乎人心之振靡。吾心信其不可行，則反掌折枝之易，亦無收效之期也。心之為用大矣哉!夫心也者,萬事之本源也。……」

國父以心爲萬事之本源,而人爲心之器;心不是物質,乃是中國古人所說的靈明之心,也即是西洋哲學所說的靈魂。

先總統 蔣公倡心物合一,人由精神物質而成。天主教的教義和基督的信仰,都信人有精神質的靈魂,靈魂就是中國哲學所說的「心」。靈魂爲人生命的根源,也是人自身的主宰。因此「人爲心之器」。

人生命的來源來自心,心的來源則來自「生元」。

國父創立生元的名詞,指著生命的元子。

「惟人身之各機關,其組織之完備,運用之靈巧,迥非今世國家之組織所能及,而人身之之奧妙,尚非人類今日知識所能窮也,據最近科學家所考得者,則造成人類及動植物者,乃生物之元子為之也。生物之元子,學者多譯之為『細胞』,而作者今特創名之曰『生元』;蓋取生物元始之意也。生元者,何物也?曰:『其為物也,精矣,微矣,神矣,妙矣,不可思議者矣。』按今日科學所能窺者,則生元之為物也,乃有知覺靈明者也,乃

有動作思為者也，乃有主意計劃者也。」（孫文學說　建國方略　第一章）

生元，爲生命的原始；生命分有三級：生理生命、感覺生命、心靈生命，三級生命都由生元而來。

「人身結構之精妙神奇者，生元為之也；人性之聰明知覺者，生元發之也；動植物狀態之奇奇怪怪，不可思議者；生元之構造物也。」（同上）

中國理學家以生命由生命之理和氣而成，理爲一，氣則有分殊。西洋中古及近世的士林哲學以生命爲魂，魂有生魂、覺魂、靈魂，生魂和覺魂爲物質，靈魂乃是精神。國父以「生元」由物種進化而來，最低級物進化爲較高級物，最後猿猴進化而爲人。似乎這種學說和基督的教義相反，因天主教和基督教的信仰，都信上主天主造生萬物。但上主造生萬物的信仰並沒有標明上主造生萬物的方式和歷程。舊約創世紀所記上主在六天之內創造宇宙萬物；那種記載乃是一種象徵式的文字，祇在述說上主創造萬物的事實，不在述說創造的方式。因此，進化的歷程和上主創造的事實並不衝突。天主創造萬物，難道就不能以生元授給物種，讓物種去進化嗎？何況進化論，到現在還沒有科學的充分證據，祇是一些科學的假設。

在物種進化的歷程裡，達爾文曾說物種採物競天擇的方式，弱肉強食，優勝劣敗；馬克斯乃有矛盾鬥爭的唯物辯證史觀； 國父卻反對這種學說，認爲動物可以是用鬥爭而來生存，人類則是以互助而得生存。

「人類初出之時，亦與禽獸無異。再經幾許萬年之進化；而始長成人性，而人類之進化於是乎起源。此期之進化原則，則與物種之進化原則不同。物種以競爭為原則，人類則以互助為原則。社會國家者，互助之體也；道德仁義者，互助之用也。」(孫文學說 第四章)

互助的原則，既是中國儒家的原則，也是基督教義的原則。孔子以仁爲全德，基督以愛包一切道德。基督說：「這是我的命令，你們該彼此相愛，如同我愛了你們。」(若望福音第十五章第十二節) 國父既承襲孔子的思想，又是基督的信徒，所以他反對馬克斯的階級鬥爭而建立互助的原則。從 國父對於人生的哲學思想去研究， 國父的人生的思想和基督的信仰，互相融洽，互相協調。

三、

三民主義的次序，是民族民權民生，而實際上以民生居首，民族民權都以民生爲基礎。在哲學上也是先要生命，又要有生存，然後纔能講民族和民權。我們便先研究了　國父的民生史觀，以後再研究民族和民權的哲理。

人不是孤獨生活的動物，一出生就有父母，父母子女組成一原始的團體。有了原始家庭組織，家庭的血統關係逐漸擴大，人乃聚族而居，由家庭而有家族，由家族而有民族。民族的團結取自人的天性。在基督信仰的舊約聖經，上主天主使亞巴郎成爲以色列民族的祖先。

「上主對亞巴郎說：離開你的故鄉，你的家族和父家，往我指給你的地方去。我要使你成為一個大民族，我必祝福你，使你成成名，成為一個祝福的泉源。」（創世紀　第十二章第一節—第二節）

以色列的祖先亞巴郎那時雖已結了婚，但沒有生兒子，他的年歲已經老了，他的妻子是荒胎不能生育。但他們後來卻真的生了一個兒子，他是一個獨子，獨子後來生了雙胞胎，雙胞胎的一個就生了十二個兒子，以色列民族就是這十二個男子的後裔，分成十二宗派。基督信仰的舊約聖經敘述上主天主照顧這個民族，賜給他們國王，給他們立定君王。達味王便是以色列民族的聖王，爲上主所立，建立了猶太王國。因此，民族的觀念和基督教義不相衝突；民族的生存權，民族強盛的幸福，也是上主天主許給以色列民族的。

「梅瑟（摩西）因為怕看見天主，就把臉遮起來。上主說：我看見我的百姓在埃及所受的痛苦，聽見他們因工頭的壓迫而發出的哀號，我已注意到他們痛苦，所以我要下去拯救百姓脫離埃及人的手，領他們離開那地方，到一個美麗寬闊的地方，流奶流蜜的地方。……我也親自看見埃及人加於他們的壓迫。所以你來，我要派你到法郎那裡，率領我的百姓出離埃及。」（出谷記 第三章第六節——第十節）

聖經顯示一個民族有生存權，有自立自由權，有擁有國土和領袖的權。這些權利是人性生來所有；因爲天主造人爲合群的人，合群由人性自然的發展，有家族有民族。家族有家族的天生權利，民族有民族的天生權利。 國父在《三民主義》中，對於《民族主義》有六次演講。他說：

「民族主義就是國族主義。中國人最崇拜的是家族主義和宗族主義，所以中國人只有家族主義和宗族主義，沒有國族主義。……我說民族主義就是國族主義；在中國是最適當的，在外國便不適當。……何以在中國是適當，在外國便不適當呢？因為中國自秦漢而後，都是一個民族造成一個國家。外國有一個民族造成幾個國家的，有一個國家之內有幾個民族的。……但民族和國家是有一定界限的，我們把他來分別清楚，有甚麼方法呢？最適當的方法，是民族和國家根本上是用甚麼力造成的。簡單的分別，民族是天然力造成的，國家是用武力造成的，用中國的政治歷史來證明，中國人說，王道是順乎自然，換句話，自然力便是王道，用王道造成的團體便是民族。武力就是霸道，用霸道造成的團體，便是國家。」

國父講民族構成的原因，來自宗族，來自血統。由血統而有民族，有民族便有民族的文化，文化既成了定型，便成為文明。文明常帶地域性，即在構成文明的民族所住的地域中。

文明既有地域性，後來同住在這地域內的其他少數民族，也將同化在地域的文明以內，於是在血統的關係以外，因著文化的同化力，使不相同的少數民族，和主要的民族合成一個民族。在中華民族裡滲合有滿、蒙、苗、傜等民族的血統，在義大利的羅瑪民族裡滲合有好些別的民族的血統。但是民族的結成，常是順乎自然。因著這種自然的趨勢，一個民族常有排擠另一個民族的趨勢。中華民族自古就排擠夷狄，到了清初，排滿的思想和情緒很強烈。王夫之爲這種民族哲學的代表，他從文化方面去講，又從地域上去劃分民族。漢族從秦漢以來，就住在中國的本土，建立一個國家。邊疆的民族視爲夷狄異族，漢人常予以排擠。清末，國父鼓吹革命，以排滿的思想作根據，容易得當時青年人的信從。民國成立以後，國父講民族民權民生的三民主義，大家卻說過於高。

「不圖革命初成，黨人即起異議，謂予所主張者理想太高……夫去一滿洲之專制，轉生出無數強盜之專制，其為毒之烈，較前尤甚。」

（孫文學說 自序）

反滿，中國社會有一種自然趨勢，結合力量較爲容易。改革傳統的舊觀念，社會則有一種阻力；這也是一種自然的趨勢；因爲傳統的觀念，乃民族文化的一部份。大家必要知道爲什麼要改革，纔會起來改革。所以 國父主張行易知難。

「倘能知之；則建設事業，亦不過如反掌折枝耳。」（同上）

民族的情緒，爲人生自然所有的情緒。自然所有的情緒爲天生的情緒，天生的情緒來自造物主。改革傳統的觀念爲求民族的進步，國人若了解改革的意義，就會接受改革。所以國父採用中國古代兵法所說「攻心爲上」。

中華民族在歷史上，只受了蒙古人和滿清人的統治；然這兩代的統治祇是政治上的統治，在民族文化上則是蒙古族和滿清民族受了漢族文化的統治。但是到了清朝末葉，中國和歐洲列強相接觸，中華民族卻受了歐洲列強的壓迫：有武力的壓迫，政治的壓迫，經濟的壓迫，更進而有思想和文化壓迫。 國父稱中國爲列強的次等殖民地，是半殖民地。中國不僅在國際，就是在本國以內，都處處居在列強以下，事事受列強的宰割。 國父乃提倡民族主義，以挽救中華民族的滅亡，以恢復中華民族的地位。

「所以救中國危亡的根本方法，在自己先有團體，用三四百個宗族團體來顧國家，便有辦法，無論對付那一國，都可以抵抗。抵抗外國的方法有兩種：一是積極的，這種方法就是振起民族精神，求民權，民生之解決，以與外國奮鬥。二是消極的，這種方法就是不合作，不合作是消極的抵制，使外國的帝國主義減少作用，以維持民族的地位，免到滅亡。」（民族主義 第五講）

「今天所講的問題，是怎麼樣可以恢復我們民族的地位。……照我的研究，中國現在還不能夠到完全殖民地的地位，比較完全殖民地的地位更要低一級，以我創一個名詞，說中國是『次殖民地』。……我們今天要恢復民族的地位，要恢復民族的精神……便要善用中國固有的團體，像家族團體和宗族團體，大家聯合起來。……所以窮本極源，我們現在要恢復民族的地位，除了大家聯合起來做成一個國家團體以外，就要把固有的舊道德先恢復起來。有了固有道德，然後固有的民族地位，才可以圖恢復，講到中國固有的道德，中國人至今不能忘記的，首是忠孝，次是仁愛，其次是信義，其次是和平。……但現在受外來民族的壓迫，侵入了新文化，那些新文化的勢力，此刻橫行中國，一般醉心新文化的人，便排斥舊道德，以為有了新文化，便可以不要舊道德。不知道我們固有的東西如果是

好的，當然要保存，不好的才可以放棄。……」（民族主義 第六講）

一個民族享有自立之權，享有獨立之權，與別的民族平等，不能成爲另一民族或國家的被征服者，受別一民族或國家的壓迫或剝削。天主教的教義，支持這些天生的權利。尤其國父爲爭民族平等不主張暴力，不鼓吹仇恨。他主張恢復中華民族的精神，恢復民族固有的道德，以忠孝、仁愛、信義、和平，爲中華民族固有道德的精髓。先總統 蔣公遵照 國父的教訓，乃成立「文化復興委員會」，又把臺北市的四條主要幹道取名叫忠孝路、仁愛路、信義路、和平路，又把三條縱幹道起名叫敦化路、復興路、新生路，提醒臺北市民要恢復固有道德，使市民敦化以求新生，而得民族的復興。

把民族復興大業，建基在精神道德上，這正是基督所說按祂的教訓行事，是把房屋建築在堅固的磐石上，不怕風吹雨沖。基督的教訓不是政治，不是軍事，而是道德，而是精神生活。

「猶太人在耶穌未生之前，已經被人征服了；及耶穌傳教的時候，他的門徒當他是革命，把耶穌當做革命的首領，所以當時稱他為猶太人之王。耶穌門徒的父母，曾有對耶穌說：若是我主成功，我的大兒子便坐在主的左邊，二兒子便坐在主的右邊；儼然以中國的左丞右相來相比擬。……不知耶穌的革命是宗教的革命，所以稱其國為天國，故自耶穌以後，猶太的國雖然滅亡，猶太的民族至今還在。」（民族主義 第三講）

耶穌不干涉政治，天主教會也不干涉政治；但是基督的教義則命信友愛國愛民族。基督自己聽見耶路撒冷的滅亡而悲痛流淚。基督的教義首先由天主教教士傳入中國，當時適逢歐洲列強侵略中國的時候，列強政府假藉保教，向中國動兵作戰，要求賠償；但是羅瑪教宗始終反對列強的作風，屢次企圖與中國通使。後來在民國十一年遣使來華，結束了列強的保教權，國民政府奠都於南京，羅瑪教宗庇護第十一世，首先通電承認國民政府，祝福中華民族享有平等自立。現在歐洲各國都和中共通使，祇有羅瑪教廷和中華民國維持外交關係。

歐洲的列強，都是信奉基督的國家；然而他們的政府早已主張政教分離，所有政治的施設，雖保有自由平等的傳統，不都合於基督的教義。在近世紀初期，航海路程被發現以後，歐洲政治家曾以天主教或基督教的政治原則，有文明的民族應協助沒有文明的民族，以進於文明，但是後來這些政治家忘記了基督的教訓，以私益的慾望而剝削被征服的民族，實行殖民政策，建立了帝國主義政權。這種政權不是建立在基督的信仰上，而且和信仰不相合。第二次世界大戰以後，民族平等的理想被世界各國所承認，殖民地政策乃被唾棄。在聯合國大會，所有會員國不分大小強弱，都享有同等的票決權。聯合國且公佈了人權宣言，各國都承認凡是人，都應享有天生的基本權利。

四、

人的天生基本權利，普通稱爲人權。每一個人首先應該享有生存權；因爲生命是人的最基本所有物，沒有生命，人就不是人。因此，人便有權利保全自己的生命，也有權利發展自己的生命。爲保全生命，人有權利取得應該有的衣食住的需要物，人有權利取得基本的教育，人也有權利抵抗侵害生命的外力。爲發展生命，人有權利享有基本的自由：居住的自由、行動的自由、言論的自由、結社的自由、信仰的自由、擇業的教育。這些權利稱爲基本人權，凡是人都該有；若是這些權利被剝削，人的生活便不能是正式的生活。

所謂權利，常是對旁人而言；自己有一種權利，旁人便有義務來尊重這種權利，權利和義務常是並行的，常是互相對待的。既然有了權利，就要求旁人執行尊重權利的義務。可是旁人並不是常有執行義務的好心，便需要有一種超越個人以上的權威，保護每個人的權利，強迫旁人執行尊重權利的義務。這種超越個人的權威，就是政府。

政府的設立，目的在於保護人民的權利，使人民能夠平安地生活，在基督的教義所有舊約聖經，有一段記載，記載以色列人要求一個君王，為治理他們。

「但是，人民不願聽從撒慕爾的話卻對他說『不！我們非要一位君王管理我們不可。我們也要像別的民族一樣，有我們的君主來治理我們，率領我們出征作戰。』撒慕爾聽見百姓所說的一切話，就轉稟上主天主。上主對撒慕爾說：『你聽從他們的話，給他們一位君主罷！』」（撒慕爾書上 第八章第十九節—第二十二節）

設立政府，選立君主，在古代為一國的正常政治制度。聖經記述天主應允以色列人選立君主，治理他們，保護他們。政府和統治權的設立，目的是為人民的福利。

國父在《民權主義》的第一講，說明了政府權力的意義和目的。

「環觀近世，追溯往古，權的作用，簡單的說，就是要來維持人類的生存。

人類要能夠生存，就須有兩件最大的事：第一件是保，第二件是養。保和養兩件大事，是人類天天要做的。保就是自衛，無論是個人或團體或國家，要有自衛的能力，才能夠生存。養就是覓食。這自衛和覓食，便是人類維持生存的兩件大事。」（民權主義 第一講）

在人類的歷史裡，人類維持生存的兩件大事，都由政治權威去執行。國父舉出了神權、君權、民權的制度，自古到今，遞相替代。這種神權、君權和民權時期的演變，係法國社會學家孔德的主張，然而在中國的歷史上，找不到神權時期的遺跡。國父也說過民權的思想，在希臘和羅瑪人的思想裡已經發生了。在我們中國的政治思想裡，堯、舜和孟子的政治思想，已經有民權的思想。

民權的意義是國民治理大家的事。治理大家的事，本來歸之於政府；然而政府由國民所選立，政府代表國民，這種治權稱爲民權。

民權既然指著國民選立政府，在這種民權裡便包含有自由、平等、博愛。

「法國革命的時候，他們革命的口號是自由、平等、博愛三個名詞。……由此可說自由、平等、博愛是根據於民權，民權又是由於這三個名詞然

後才發達。」(民權主義 第二講)

民權是為求生存，求生存需要自由，需要平等，需要博愛。這三個名詞由法國大革命喊出，法國大革命反抗君王，反對教會，反對貴族。但是所喊的三個名詞，則原出天主教的教義。我們在前面說過，天主教傳入羅瑪帝國，反對奴隸制度，主張人人平等，奴隸應有自由、主人和奴隸應有兄弟相愛之情。蠻族入主羅瑪帝國以後，天主教繼續以平等博愛的精神，感化各種蠻族，建立國家。

國父說明中國的革命，不適宜用爭自由平等的口號，因是中國歷代的社會已經有相當的自由平等，中國革命的口號是民族、民權、民生。

「中國革命思潮，是發源於歐美，平等自由的學說，也是由歐美傳進來的。但是中國革命黨不主張爭平等自由，主張爭三民主義。三民主義能夠實行，便有自由平等。」(民權主義 第三講)

民權主義實施的政策分權和能，政府有權力辦事，國民有權力控制府。政府為行政職務有五種能力：即立法、行政、司法、監察、考試，就是中華民國的五院。國民為控制政府，有選舉權、有罷免權、有創制權、有複決權；這就是憲法所給予國民的四種民權。 國父在《民權主義》第六講創立了這種政體，且予以解釋。

基督的教義不談政治，更不講政府的體制。凡是合法的政體，天主教都予以承認。所謂合法，不僅是合於國家的法律或國際公法，還要合於人性的法律。一個政府的體制，若剝削國民的基本人權，天主教會即使在事實上承認這個政府，在法理上則必聲明反對。例如共產政府剝削人權，不能取得天主教會的贊成。 國父所創的五權憲法，採取了歐美立法、行政、司法三權分立的體制，又保存了中國監察和考試制度的傳統。行政和司法以及考試，是國家政府行使職權的能力；立法和監察則是國民控制政府的權，所以立法委員和監察委員由國民選舉，行政和司法以及考試三院的負責人由總統任命。國民所保留的權，則有罷免、創制和複決權。這三種權是對非常事件的救濟辦法。歐美的許多國家，也採用這種非常辦法，而且屢次執行。這不是一黨或一階級專政，更不是一人的獨裁。天主教會對於這種政體，沒有反對的理由，當然予以擁護。

先總統 蔣公在《民生主義育樂兩篇的補述》，更明白地陳說國民政府對國民生活的養育，應為自由安全社會而計劃，應辦四育六藝的教育。提倡健全的家庭，舉辦智德體群的教育。

國父和先總統 蔣公，飽受中華民族文化的陶冶，吸收了歐美思想的精華，尤其浸溶在基督的信仰裡，深深地培養著基督教義的精神。在政治思想和社會改革上，都有契合基督教義的理想。基督教義的理想乃是仁愛，乃是救世救人、都是 國父和 蔣公的理想。 國父說：「文奔走國事，三十餘年，畢生學力盡瘁於斯，精誠無間。」（孫文學說序） 蔣公則說：「生活的目的，在增進人類全體的生活，生命的意義，在創造宇宙繼起的生命。」教宗保祿六世在講論「世界民族發展」的文告裡說：「擺脫貧窮，生活安定，身體健康，事業穩固；在不受任何欺壓且避免一切妨害他們人格尊嚴的環境中承擔更多的責任，增加學識。簡單地說，求取更多的工作，學習更多的事，收穫得更該豐富，以便更能發展人格，這就是今日人們所企望。」這也是天主教會的期望。三位偉人的思想和抱負，都是「先天下之憂而憂，後天下之樂而樂。」

中國傳統文化與天主教信仰

中國的傳統文化爲儒家文化，儒家素講道統，儒家的道統以孔子爲中心，孔子上承堯、舜、禹、湯、文、武、周公，下開顏子、曾子、子思、孟子以及宋朝周、程、朱、陸、明清兩朝王陽明、黃遵憲、顧炎武、王船山、顏元、李恭、曾國藩、民國　孫中山總理、　蔣中正總統。這一脈的道統，含有一貫的中心思想，繼續不斷。這種中心思想也就是中國傳統文化的代表，是中華民族生活的基礎。

儒家道統的中心思想歸納在四個字裡：天、仁、孝、中庸。天是五經的思想，起源最早；仁是《論語》、《孟子》的思想，繼承五經的源流；孝是《孝經》、《禮記》的思想，發揮孔子的仁道；中庸是《中庸》、《大學》的思想，發揚《易經》的天道。宋明理學家集合這四個字，以《易經》、《論語》、《孟子》、《中庸》、《大學》作根據，滲入道家和佛教的思想，成爲一種新儒學。

一、天

現在我們就把儒家傳統的四個字，分別和天主教信仰加以比較研究：

《書經》和《詩經》充滿了皇天上帝的觀念：皇天上帝無形無像，造生人物，規定天道，以人爲子民，選擇君主代爲治理賞善罰惡，導人爲善。「天生蒸民，有物有則。」（詩經 蒸民）

「天作高山，大王荒之。」（詩經 天作）

「惟皇上帝，降衷於下民。」（詩經 湯浩）

「皇矣上天，臨下有赫。」（詩經 大明）

「巍巍乎惟天為大，惟堯則之」（論語 泰伯）

「皇矣上帝，監視四方，求民之莫。」（詩經 大明）

「天祐下民，作之君，作之師。惟其克相上帝，寵綏四方。」（書經 泰誓上）

「惟上帝不常，作善，降之百祥；作不善，降之百殃。」（書經 伊訓）

中華民族從有史以來，已經敬拜皇天上帝。敬拜的典禮爲郊祀祭天。天爲最尊的神靈，爲天地萬物根本，由人類最高的君主舉行祭禮。中國古代祭天的郊祭，祇有皇帝可以舉行，而且也不能派王公大臣代表主祭。郊祭的典神，從堯、舜一直到清朝，每一朝代都視爲最隆重的典禮。雖然漢代的漢武帝祭祀五天帝或六天帝，然而總以皇天上帝爲最高。漢朝以後的儒家屢次上書勸諫皇帝不能祭五天帝，都說六天帝由於鄭玄注解經書，以緯書的五行思想混亂了五經的思想，明洪武帝乃廢除五天帝的祭祀，恢復古代郊祭皇天上帝的大典。明清兩朝都在北京的天壇，祭祀皇天上帝。

漢朝緯書的思想不僅混亂了郊祭上天的思想，也混亂了「天」的觀念。漢朝《易經》學者以緯書的思想講五行之氣，乃有卦氣的學說。五行之氣和六十四卦相配，分佈在一年的三百六十天，又分佈在一天的十二辰。又因《易經》講乾坤陰陽天地，天和地相對，爲宇宙萬物的根源，好比陰爻、陽爻爲六十四卦的根源。因此漢朝的《易經》學者，把《書經》、《詩經》的上天，拉下來和地相等，成爲乾坤陰陽的代表。

荀子的書中本來已經有把天作爲自然之天的思想，經過漢朝《易經》學者的天地思想，到了宋朝理學家，便常以天爲自然。中國現在講中國哲學的人，便說從漢以來，中國人已經不信天，甚至有人說孔子已經不信天。這些學者都是因爲自己沒有宗教信仰，不知道信仰的意義，便用哲學的思想去解釋宗教信仰。其實孔子信天，孟子信天，孔、孟都相信天命。漢朝的學者和宋朝理學家沒有不信上天的人，祇有人不信鬼神。我國民間的宗教信仰，則從古至今都深深地信仰上天。在困苦時，都呼求上天，呼求上蒼；在行善行惡時，都深信上天的報應。祇是因爲祭天由皇帝舉行，民眾不能行祭，中國民間才沒有祭天的典禮。

天主教的信仰，信至高至尊的天主，創造天地萬物，掌管一切，賞罰善惡。天主無形無像，爲至純的精神。天主教所信的天主，即是中國傳統文化的皇天上帝，即是中國民間所信的上天。在天主教初傳到中國時，本來稱呼所信的天主爲上帝；明末利瑪竇、徐光啓、李之藻等人也常說明天主教所信的即是《書經》、《詩經》的上帝或上天。後來因爲西洋傳教士不懂中國的古書，不知道中國的傳統才將上帝或上天改稱爲天主。天主教當然信基督，信基督爲天主，那是因爲天主教信天主爲三位一體，基督爲第二位聖子降生救人。對於基督的信仰在中國傳統裡沒有；但是在中國古代民間的信仰裡也有神靈下凡的信仰。天主教的信仰以信天主爲基礎、爲根源，一切都建築在這個信仰上，這種信仰和中國傳統文化頗相吻合。天主教對於上天的信仰，較儒家對上天的信仰，更加明白、更加深刻。

二、仁

孔子自稱好古，傳繼文、武、周公之道。孔子又自稱他的思想用一個字可以貫通，這個字就是「仁」。

仁是愛，然而較比愛的意義更深更廣。《易經》講天地的變易，天地變易的目標在於使萬物化生。「生生之謂易」，天地有好生之德，中華民族爲農業民族，農人所見到的是春夏秋冬的變易，春夏秋冬的變易使五穀生成。《易經》便以天地的變化爲生生。宋朝理學家繼續發揮這種思想，朱子以天地有好生之心，好生是仁，仁是生命。人得天地之心爲心，人心爲仁，仁是好生之理。孔子曾以仁爲全德，包括一切的善德。他在《論語》裡答覆門生問仁，所舉仁的意義，每次都不相同；但是他曾經一次用一個「生」字代表天的善德善功，孔子說：「天何言哉！四時行焉，百物生焉，天何言哉！」（論語 陽貨）生是仁，天的善德善功，在於使萬物發生，是愛萬物便是仁。《中庸》第二十二章講至誠的人，贊天地的化育，達到天人合一的境界，贊天地化育爲仁。儒家以仁爲天下合一的路線，蔣總統說天人合一的天，爲上帝。

儒家的道統也是仁的道統，孔子說仁者立己立人，達己達人。孟子說仁者仁民而愛物。

《禮記》的〈禮運篇〉因仁而有天下大同。范仲淹有儒家的精神，「先天下之憂而憂，後天下之樂而樂。」張載以仁而講「民吾同胞，物吾與也。」(西銘)王陽明講一體之仁；孫中山先生因著仁而主張改正達爾文「物競天擇」的思想，以互助代替鬥爭。蔣總統因著仁而說明生活的目的在增進人類全體的生活，生命的意義在創造宇宙繼起的生命。蔣總統的話很透徹地貫通了仁和生命，表現儒家的傳統。

基督的愛徒若望以天主是仁愛，仁愛來自天主。天主因著仁愛而創造萬物，因著仁愛而派遣聖子救人。聖子耶穌因著仁愛而犧牲自己的生命，招收門徒，建立教會繼續爲救人的工作而努力。基督的福音以仁愛貫通一切，基督的戒命以仁愛包括一切，天主教乃稱博愛的宗教，以仁愛爲精神。

儒家的仁和生命相連，上天使天地變易以化生萬物，人得天地之心爲心，天主教的仁愛也和生命相連，天主創造萬物，賜給人類生命；又以聖洗洗禮使人和基督結成一體，得基督有的因著天主而愛人如己，且愛仇人。所以天主教的仁，和儒家的仁相通，更以愛天主之愛，以固定人與人的相愛。

三、孝

中國傳統的文化所有的最特出點爲孝，孝是仁的伸展，是仁的實行。仁爲生，萬物因天而能生存，人因父母而得有生命，儒家以父母配天，在郊祭上天時，皇帝以自己的祖宗配祭；儒家又以子女的生命，爲父母生命的延續，子女的身體是父母的遺體，儒家的孝道，即以生命爲根基；子女的生命既來自父母，返本歸原，子女的生命要回歸到父母的生命，子女一生的生活都是爲父母，孝道便包括子女的一切行動，孝道也包括一切的美德，孝便成了仁。

中國人一生要孝敬父母，父母在世時，應奉養父母，父母去世了，要追祭父母。一生的行爲，要有顯揚父母的目標，揚名顯現成了每一個中國人的標語，若行爲有不善，有辱父母，便是不孝。子女所有的一切都屬於父母，因爲子女乃是父母的遺體，父母是子女的「天」，儒家以事天如事親，事親如事天。

在天主教的信仰中，稱呼天主爲天父，都聽從天父的旨意，一切都爲顯揚天父，最後順聽天父的命，爲救世人而犧牲了自己的命。天主教信友，應常仿效耶穌以子女的心情，孝敬天父！

對於自己的父母，天主教訓誡每個人要孝敬；在舊約和新約裡都有孝順父母的訓言，天主十誡中的第四誡，即訓令人要孝敬自己的父母。

在實踐孝道方面，天主教採用了歐洲的傳統哲學，不以子女爲父母的遺體，一切不都屬於父母，子女有自己的人權，有自己的人格，父母應予以尊重；但是子女對於父母應該孝順和敬愛，則是天主教一貫的主張。現在中國的青少年不是就在改變中國傳統的孝道嗎？他們要求有自己的人權和人格，這一來便是和天主教的孝道相同了。

四、中庸

中國儒家的哲學以天地變易、生化萬物爲根本，即是仁道；天地的變易由一年的四季而顯露出來，四季變易的現象在於暖寒，暖寒的變易由四季予以節制，使不趨於極端，太暖和太寒都不適於五穀的生長，暖寒由陰陽之氣而成，暖寒的調節，即是陰陽的調節。陰陽之氣不僅在天地間運行，在一切物體內、在人身體中、在一切人事上也都運行不止；於是陰陽的調節，應該在天地萬物和人的生活中表現出來，成爲天地萬物的天韻，也成爲人間的大和平。中華民族行事常取中庸，孔子曾說：過與不及都不好。在政治方面力求和睦相處，不喜作戰。在歷史哲學方面，知道貧富不能持久，盛衰相繼續。中庸所以是中國傳統文化的一種特點，因著中庸儒家最重禮，禮就是爲節制人的情感，使在發動時不逾矩，又使社會間的一切公共活動，都有次序。

天主教的信仰引人走向和平；罪惡是和平障礙，每椿罪惡都破壞和平，或是本人內心的和平，或是與天主的和平。天主教信仰以人因罪違背天主，失去了生活的最終目標，天主聖父乃遣聖子降生贖人罪債，使人與天主和好，重作天主的子女；聖子耶穌又教訓人行善之道，且給人行善的助力；人因著基督耶穌乃能脫離罪惡，得有內心的和平。聖子耶穌生時，有天使歌唱說：天主在天受光榮，良人在世享太平。因此天主教現任教宗保祿六世提倡每年元旦日爲世界和平日，以追求人類的和平！

天主教的倫理學以美德在合於中庸之道，偏左或偏右都有虧缺，不能稱爲美德；惟獨正義和守法，必要絲毫不苟。我們中國人卻因著愛中庸，對於守法則常講人情，而無法徹底。現在政府正在提倡守法，以改正愛中庸的流弊。

五、結　論

各位先生女士，我講得已經很多，但對於題目尚祇講了一個大綱，不過在小組討論時，你們各位都可以加以發揮。天主教雖然是從歐美傳來，然而在信仰教義上，和中國的傳統文化不僅不相衝突，而且還很吻合；現在教會人士，提倡教會本地化，使天主教的信仰，適合中國的傳統文化，這種工作需要我們加深研究中國文化與天主教信仰的意義，就能夠看到教會本地化的途徑。我今天所講的，乃是從思想方面，看兩者的相同點。然而這些觀念不是抽象的觀點，而是實際生活的基礎。從這一方面去研究，就是求教會在具體生活上，走進中國傳統的文化裡。

本堂教友傳教協進會

一、本堂教友傳教協進會的神學基礎

從第二屆梵蒂岡大公會議以來，大家都講教友參加教會工作；因爲在大公會議裡有一種文件專門講教友的傳教責任。從這種文件裡，大家都知道了教友參加教會工作的理由和性質。我們現在要說的，也不過是重複大公會議文件所有的話，祇是說的更簡單一點，更淺近一點，便大家更容易懂。

1. 教會的意識

教會爲基督的妙體，又是救恩的聖事。聖保祿宗徒對於基督的妙體的奧妙，特加讚揚。信友因著聖洗，取得基督的神性生命，和基督成一體。基督是頭，信友是肢體。信友和基督相結合，信友和信友彼此間相結合；這兩種結合的關係，都非常密切，好似一個身體的肢體和頭，肢體和肢體，彼此不能相分離，彼此有同一的生命。

基督的妙體的生活有一個很高尚的目的，就是把救恩施給人；因此教會稱爲救恩的聖事。教會用講道，用聖事，用祈禱，輔導人歸向天主聖父，成爲天主的義子。這就是聖子耶穌降生的目的，也就是基督的救世工程。基督在世時，完成了救世的使命，祂講了道，祂以自己的身體作爲犧牲，行了贖罪之祭。但是在後代爲使人認識祂，爲使人信服天主，爲使人接受聖事，要緊有人去繼續講道，繼續行聖事，祂便在世時，選擇了宗徒，建立了教會。把繼續救贖工程的使命，給了教會。教會得了這種使命，便按照基督所定的原則，世世代代去工作。教會的救恩工作，爲全教會的工作；教會的每一份子，都要負擔一份責任。

爲執行教會的救恩工作，基督設立了聖職，設立了聖統，專門擔負這種工作的責任。所以教宗，主教，神父，乃是教會裡執行救恩工作專職人員。他們是基督所特別召選的，他們從教會領了神品聖職。

但是教會的救恩工作，不能由專職人員完全負擔，一切領了洗的信友，都有一分的責任。責任雖各不同，目的則都一樣；都是爲執行救恩的工作。每一位信友都是基督妙體的肢體；基督妙體生活的目的，是爲執行救恩工作；基督妙體的每一個肢體便都要參加這種工作；因此每一信友都有負擔執行救恩的工作，便是都有傳教的責任。聖職員的傳教責任爲專任責任，教友的傳教責任，兩者都以教會的本身性質爲基礎。

2. 聖事的意識

信友因著聖洗聖事，取得救恩，成爲基督肢體和天主的義子，同時也正式進入了聖教會，作爲教會的一份子，享受信友在教會所有的權利和義務。

聖洗聖事給予信友的權利，第一在於能領受其他的聖事。聖洗爲所有聖事的門戶，也爲所有聖事的基礎。七件聖事以聖洗爲首，要是領了洗的人，纔可以領其他的六件聖事。第二在於能取得聖職員的訓導和輔導，以求聖化。信友有權聽主教神父的講道，有權申請聖職員施行聖事。第三，在於參加教會的儀禮和祈禱，信友有權參加彌撒，分享教會的神恩。第四在於參加教會的工作，信友按照自己的身份，可以做一份聖教會的救恩工作。

聖洗聖事給予信友的義務，第一在於遵守教會的規誡，教會有十誡四規，十誡爲天主所頒佈，四規爲教會所定。第二，在於負擔教會的工作，信友既然有權分享教會的神恩，便要分擔教會的一分工作責任。第三，在於分擔教會的經費。聖保祿宗徒曾經訓導信友說聖職員爲信友服務，施予他們天上的神恩，他們便有權要求信友供給地上的物質需要。教會的工作都是爲信友的福利，使他們分享救恩；信友便有義務捐獻財物，足供教會的需要。

再者，堅振聖事，施予聖神七恩，堅定信友的信仰，使信友成爲教會的成員和基督的勇兵。堅振聖事對於聖洗聖事的權利義務，再加肯定。

一位信友，應有聖事的意識，明瞭聖洗和堅振聖事的意義，知道自己因著聖事所取得的權利義務。這種因聖洗和堅振聖事所取得的權利義務，就是教友傳教協進會的神學基礎。

3. 教友在社會身份的意識

人都生活在社會裡，各有各的職業生活。聖職人員因著天主的召叫，專門從事教會的工作；他們的身份，是一種從事天主聖務的身份，他們直接經管屬於天主的事。聖保祿宗徒在致希伯來人書裡，說得很清楚，教友在社會裡，經營現世的事業，他們在社會裡的身份，乃是從事社會事務的身份。在他們自己的身份上，他們應該以福音的教訓，以教會的社會思想，表現社會事務上。大公會議對於這種任務，稱爲聖化社會事務的任務。

教友成年以後，結婚立家，便應以福音的原則，聖化自己的婚姻，很謹慎地作婚前的預備，然後以婚配聖事，締結良緣。結婚而成立家庭，生育子女而有父子關係，便應以福音原則，度家庭生活，教育子女。在家庭以外，教友在社會裡有工作，有自己的職業，便應以福音的原則，執行自己的職業。教友對於社會，對於國家，有國民的權利義務，爲滿足這種權利義務，教友也應以福音原則爲標準。因此，每位教友因著自己在社會裡所有的身份，都應實踐福音的原則，這也是教友傳教的神學基礎。

4. 本堂教友傳教協進會

若是每一位教友都有傳教的責任，怎麼祇要少數教友組織傳教協進會呢？那是因爲大家都來盡傳教的責任，大家都來參加教會的工作，一定要緊有人去作計劃，去協調，不然就會亂哄哄。而且在現階段教友都不明瞭自己對教會的責任，也不知道怎樣去參加教會的工作，也還不知道該做什麼事。於是便要有一種機構，去講解，去計劃，去推動，去調協本堂教友的傳教工作；這種機構就是本堂教友傳教協進會。

二、本堂教友傳教協進會目標

凡是領洗的教友都有傳教的責任，爲使教友們都能有這種責任的意識，都能共同合作，都能向著同一目標走，要緊有一個機構去宣講，去喚起教友們責任心，去計劃，去分配工作。然後一區本堂纔不是一位本堂神父獨自的責任，纔不是兩三善會的少數會員的忙碌，而是由整個本堂的教友來全體負責。這區本堂的活動必形活躍，工作的效果必定豐滿；因爲不單是人多則工作做的多，另外是教友都一齊來做事，基督便在他們中間來指導，來支持他們的工作。

1. 喚起教友們的責任心

教友都領了洗，都知道因著聖洗而成爲教會的一份子。然而真正明瞭聖洗的意義和所給予的權利義務，這種教友並不多，因爲或者講要理的人沒有講這些事，或者從小時領授，大時讀的要理很少。本堂教友傳教協進會的第一個目標，在於向本堂教友講過教友從聖洗和堅振聖事，在教會裡所有的權利和義務，使教友們明瞭教會爲救恩的聖事，教會的責任在於繼續基督的救恩工作，教會的每一份子都負有宣傳救恩的責任，都有義務參加教會的工作。

本堂教友傳教協進會採取適當的方法，或組織進修班，或組織講演會，在一個月裡，或一星期內，幾次晚間請人講演教友的責任和教會的使命。或舉行教友避靜，在避靜裡喚起教友的傳教責任心。

講說教友的傳教責任，祇是宣傳的一半，另一半則是請教友們實際來工作，給他們一些事做，引起他們的興趣。本堂的傳教工作，並不要都由本堂教友傳教協進會成員去做，而是要由他們邀請本堂教友來做，把工作分給本堂教友們。

2. 計劃本堂的傳教工作

所謂本堂傳教工作，包括本堂區內的牧靈傳道的各方面工作。爲發動本堂教友，爲給本堂教友分配工作，本堂教友傳教協進會，即本堂委員會要有計劃。計劃、可以大可以複雜，也可以小可以簡單；但無論大小，總要有一個計劃。

本堂教友傳教協進會每年年初，在本堂神父指導之下，研究一年內本堂傳教工作的綱要。在研究工作計劃時，第一要看本堂目前的需要，第二要看本年教區的牧靈計劃，第三要看主教團在本年或上年所有的決議。就看這三方面的情形，研究在本堂區實際上應該做的工作，分別出來，別出工作的步驟，工作的時間，工作的分配。

工作計劃擬好了，便按照計劃去做。過了相當時期，就要聚會檢討計劃進行的概況。若有該改者就改，該加者就加，務必求計劃能夠完成。

3. 分配本堂的工作

在計劃工作時，就該想到工作的分配。在本堂裡有男有女教友，有青年和成人教友，也有善會，並且可以有修女會。在分配工作時，要注意工作的性質，要注意教友的能力和時間。但是最注意的，在消極方面避免由少數人或僅由一類教友（女教友，一個善會）去負責本堂工作，在積極方面要使本堂各類的教友，男女青年成人和老人，都能有代表來負擔責任，來實際參加工作。

工作的教友不能限於本堂教友傳教協進會的成員，應有本堂各類教友的代表。因爲本堂教友傳教協進會的目標，乃是爲發動本堂的全體教友，雖然這個目標很難達到；但應有各類教友的代表人來工作。所謂各類教友的代表，並不是由各類教友選舉代表，而是由本堂教友傳教協進會去邀請。邀請的範圍，應該放寬。有些主日不進堂的教友，若是給他們一些工作，他們必定漸漸地進堂參加彌撒。

4. 教會爲一大家庭

本堂教友傳教協進會的一個最大的目標，在使本堂的教友有教會的意識，實際上體驗出來教會是一個大家庭。無論在本堂裡，在教區裡，在整個教會裡，都能感覺到自己是在一個大家庭裡面。聖洗聖事使信友結合於基督，成爲基督妙體的肢體。聖體聖事使信友常常加深這種和基督的結合，也加增信友彼此間的愛德。這種結合和愛德要在實際的工作上表現出來，也要在彼此的共同合作上漸漸培養和發育。因此，本堂教友傳教協進會促進大家爲本堂工作，便要培養這種意識。

第一在本堂主日的彌撒禮儀，本堂教友傳教協進會要與本堂神父共同研究並合作，使本堂教友主日來參加彌撒，能夠感覺得到是參加一種大家一齊舉行的典禮，輔祭，讀經，唱歌，秩序，乃是大家的事。彌撒後，大家有機會互相認識，互相交談。

本堂的主保節，本堂神父的主保或生日，本堂教友的喜事或喪事，成爲本堂教友大家的事，大家都來參加。

本堂講習會，本堂聚餐，本堂朝聖郊遊，都是培養團體的精神的機會。本堂教友傳教協進會宜發動教友都來參加，避免每次常是同樣的幾個人參加，其餘的本堂教友卻在旁邊觀望而不來。

同樣，教區舉行全教區的典禮，或是彌撒聖祭，或是聖體出巡，或是講演大會。每個本堂教友傳教協進會便要發動本堂的教友，熱烈參加。教區每次呼籲教友爲教區事業捐獻時，本堂教友傳教協進會也要鼓勵教友慷慨捐獻。本堂雖是教會的基層組織，然而是在教區以內的組織，是教區的根基。本堂教友應該知道，也應感到自己是教區的一份子，教區的事也是自己的事。

這種教會的意識還要擴大，本堂教友既知道自己是教區的一份子，也是本國教會的一份子，要關心全國的教務，要響應全國主教團的號召，接受主教團的工作。

整個教會爲基督的妙體，爲天主的家庭，天父爲家庭的大父，信友爲天父的子女，每一位教友，既因聖洗而加入了教會，便應有自己爲教會一份子的感覺。雖然教友的實際工作常在本堂以內，但也應該對整個教會表示關心。關心教宗的指導，誠懇地予以接受。常爲教宗祈禱，向他表示敬愛。又爲全教會捐款，協助教宗的慈善事業和教會的傳教事業。每一個教友都知道爲自己的教會作辯護，以自己的善言善行爲基督的福音作證。這些工作，就是本堂教友傳教協進會所應發動的工作。

本堂教友傳教協進會以本堂爲基礎，以本堂爲工作範圍。然而工作的目標則不限於本堂，做了本堂區的工作，還要在本堂裡做教區所提倡的工作，做主教團所號召的工作；而且在本堂裡做和整個教會有關的工作。本堂教友在這些工作目標裡，真正可以感覺到自己是教會大家庭的一份子，和全球的教會都有聯繫。這樣教友的信仰是一個活潑的信仰，教友的宗教生活乃是天主聖神所激發的生活。

宗教教育

本年四月二十六日下午，中央社工會宗教聯繫小組開會，由我作二十分鐘專題報告，報告宗教教育問題。報告的時間有限，我祇能作提要性的說明。我說自由中國的宗教教育問題，包括三個問題：一，普通一般性的宗教教育問題，二，大學設立宗教學院；三，獨立宗教學院。現在——我把這三個問題略爲詳細地加以說明。

一、普通一般性的宗教問題

私立學校規程第八條規定：

「私立學校不得以宗教課目爲必修科目。宗教團體設立之學校內，如有宗教儀式，不得強迫學生參加，在小學內並不得舉行宗教儀式。」

這種規程由教育部於民國十八年八月二十九日公佈，其後迭次修改，最後一次是在民國四十三年九月四日。這種修文的目的，很顯然地是禁止宗教教育；而所禁止的是天主教和基督教的宗教教育。因爲在中國祇有這兩種宗教設立學校，別的宗教除近年有佛教團體設立學校外，都不從事教育工作。

中國禁止宗教教育的動機，在開始的時候，是政治的動機，後來則是思想的動機。

在清末的外交政治上，天主教和基督教曾有幾樁教案交涉，歐洲列強假藉保教的名詞，逼迫清朝政府賠款和租借港口。八國聯軍打擊義和團，也打擊了整個清朝，使中國瀕於瓜分。國人反外的情緒很強，不加分析，把宗教和列強的政治混在一起，因此，反對列強的帝國主義，也就反對天主教和基督教。五四運動的愛國情緒，更加重了對天主教和基督教的反感。

在民國初年，唯物思想已傳中國，陳獨秀和金大釗宣傳共產主義。當時的知識份子都認爲宗教信仰不合於科學，妨礙中國社會的進化。又以爲信教既違憲法所稱的自由，行使自由須在成年以後，因此，乃禁止在私立學校設立宗教科目，在小學不能舉行宗教儀式。又因有些宗教學校強迫學生參加宗教儀禮，便加以禁止。

這種禁令的動機雖來自唯物思想，但也和中國的傳統思想有關係。中國的傳統人生哲學思想，並不像歐美的傳統人生哲學，以宗教信仰爲基礎。中國儒家的人生倫理，在《易經》裡以天道爲根基，有天道而後有人道，天道爲自然界的自然法則，聖人按照自然法則設立人生的倫理規則。到了《中庸》和《大學》，則以人性爲倫理的根本，人祇說誠於自己的人性，「率性之謂道」（中庸第一章），便是聖人。歷代的儒家講人生哲學，都以人性爲主，沒有講到上天上帝。上天上帝的信仰，祇在於貧富壽夭的「命」，和善惡的賞罰。因此，中國人相信人生的倫理並不和宗教信仰相連，沒有宗教信仰仍舊可以是善人。這種傳統的思想再加上西洋的唯物思想，就把宗教排擠在教育以外了。

當然，教育部常答覆教會人士的責難，說政府並沒有禁止宗教教育，祇是不許以宗教教育爲必修課目。然而，一般熱衷於心的督學，祇要聽說在學校教宗教，不管是必修或選修，就指責爲違法。在前年教育部來函請輔仁大學在哲學系設立宗教選修科後，督學來校視察，竟在評論中指爲不合教育部規定，真是使人不知適從。

近年，經濟飛騰發達，社會道德一落千丈，青少年犯罪率驟然升高。有心人士看到昔日的家庭教育已經殘破無遺，小學和中學又沒有倫理教育，乃在國建會中大聲呼籲在學校准許宗教教育，以挽救社會道德的危機。最近，新加坡政府也因著同樣的危機，明令在學校設立宗教教育科目。教育部則在幾所宗教團體所設立的大學內，請試辦宗教科目。現在又積極修改私立學校規程的第八條，提送立法院審議。

宗教教育在目前的國際社會裡，乃是最有效的倫理教育。儒家的人性倫理論，若沒有更高的上天上帝的信仰以作根本，已經敵不過西洋的科學唯物的人性論。

二、大學宗教學院

中華民國的教育部，承認外國大學院校的各種學位，祇不承認神學學位。我們天主教的大學的神學院所定入學資格，要在哲學系畢業。我們的教育部承認哲學系的學位，卻不承認神學院的學位。理由是什麼呢？誰也不敢說。想來必定是以為宗教相反科學，或更好說科學反對宗教，神學不是一種學術。

但是誰若研究歐洲的大學歷史，便知道歐洲的大學發源於神學院，不僅在中古時代神學被尊於學術之冠，就是在廿世紀的原子科學時代，神學在歐美的大學裡，仍舊被視為人文科學的首腦。在著名的大學裡，都設有神學院。

不要說，這種教育狀況是歐美的文化傳統，歐美的文化是建立在宗教信仰上；我們祇要看歐美的文明史就可以看到。亞洲和非洲的政府，例如日本，韓國，印尼，不用說信天主教的非律賓，都承認神學院的學位，也都准許在大學裡設立神學院。

現在正在立法院審議的修改大學法，在初稿的明明列出大學可以設立文學、理學、工學、醫學、法學、商學、宗教學等等各學院，後來修改小組認為這種列舉學院法不能列舉一切學院，只是舉例而言，列舉三四學院而後用等等字樣，包括一切可以合法設立的學院，便沒有再列出「宗教學院」的字樣。但是教育部這次明明說「宗教學院」將來是一種合法的學院。同時，教育部也就要承認神學的學位，因爲我們的宗教學院，就等之於別的國家的神學院。

在這種大學修改法經過立法院通過後，我們的學術研究又向新的途徑邁進，爲研究歐美的人文科學，例如文明或文化、哲學思想、社會政治思想、法律哲學，都應研究歐美的宗教信仰和歷史，否則不能了解這些學術的根本。直到現在，我們還沒有一部研究歐美文化或哲學的著作，原因之一，就在於我們的學者不研究歐美的宗教。

在另一方面，宗教學院以科學方法研究宗教，便可以破除迷信，更可以使中國的傳統宗教能有系統的說明。佛教道教爲中國民間的宗教，對於中華民族的文化，影響很深；然而至今我們還沒有一部以科學方法講明佛教和道教的書。（所謂科學方法，即是有系統的邏輯方法，而不是自然科學的實驗方法。我們中國把科學和自然科學相混為一）

三、獨立宗教學院或專科學校

在教育制度上，大學所有的學院，都能作爲獨立學院而設立，或設爲專科學校。例如文理學院、工學院、醫學院、農學院等等。但是設立獨立宗教學院則有幾項困難。

目前在中華民國類似獨立宗教學院的有天主教的修院，即台北聖多瑪斯神哲學院和台南碧岳神哲學院，有基督教的十幾座神學院，還有佛教的佛學院。關於這些學院改爲大學程度的獨立學院，教育部和內政部都很棘手。

第一，程度的問題。天主教的聖多瑪斯神哲學院的學生在輔仁大學哲學系和附設神學院聽課，程度很好。台南碧岳神哲學院和基督教的台北神學院、台南神學院，都有很好的神學程度。其他的神學院和佛學院，則程度不齊。第二，課程問題。神學程度很好的天主教和基督教神學院，以及佛學院都以神學方面的專門課程爲主，副課則有國文、音樂、藝術等課。但是有些神學院卻以大學的普通課程爲主，招收大學院校聯考落第的學生，授以大學課程，給予大學畢業文憑。我國教育部當然不承認這種文憑，可是在美國有些基督教大學則予以承認；這些畢業生可以到美國留學，在中華民國教育界造成了混亂。前幾年，教育部要求內政部加以取締，情形漸漸好轉。然而這類神學院絕對不能成爲獨立的宗教學院。第三，目標問題。天主教的神學院專爲培植獻身教會工作的神父和修女，人數很少。他們不必須有教育部承認的文憑，因爲他們終生在教會內工作。基督教的神學爲主的神學院也是爲培養教士，然而基督教的教士除牧師外，其他的人都不是專門，也不是終身爲教會服務，所以他們希望取得教育部所承認的文憑。按大學教育制度的規定，獨立學院是開放的，凡是有志就讀而通過入學考試的，就可入學。這樣便要給宗教學院造成很大的困擾，一則是進來一些本來不要的學生。二則是一些學生以宗教學院爲跳板，以轉入其他的學院。第四，還有一個很大的問題，在現在的教育政策下，政府不願增設新的獨立學院，若這些神學院都申請改成大學程度的獨立學院或專科學校，而且其他宗教將來又也會申請設立，則一下就可增設二十幾座獨立學院，或專科學校，政府絕對不會接受申請，則必需制定很嚴格的條件。

四、結語

對於宗教教育問題，教育部的政策已經漸漸轉變爲發展宗教教育，在中小學方面，使宗教信仰有助於青少年的倫理教育；在大學方面，使宗教信仰的現象成爲學術性的研究，也能培育大學生的人格。所以我們希望私立學校法第八條修改或刪除，大學法修改後准許大學設立宗教學院。至於獨立的宗教學院，則希望教育部制定嚴格的條件，使合於條件者能夠設立，不合條件者，則絕對不准。中華民國的教育在人文科學方面將能有一種新的途徑。

民國七十一年四月

社會變遷中的宗教信仰

歷史哲學家湯恩比曾經寫過一篇文章，題目是「宗教與今日世界」㈠，從歷史研究看今日世界的宗教信仰。美國的一位著名演說家施恩總主教出版了一冊《宗教哲學》，從歐美哲學思想的研究看宗教信仰。㈡今天承貴校邀請我來和各位同學討論「社會變遷中的宗教信仰」。討論的範圍較比他們兩位所討論的範圍更大了，爲使我們的討論能夠有次序，能夠合於邏輯，我就分爲下列三段：第一段，社會的變遷；第二段，社會變遷對於宗教信仰的影響；第三，未來社會的宗教信仰。

一、社會的變遷

我們當今所處的社會，正在一連串的強烈和迅速的改變中；我們親身都看到，而且也體驗到不容易應付。這種改變不僅是由農業社會進到工商社會，不僅是由靜態的社會進到動態的社會，不僅是由大家庭制度改爲小家庭制度，不僅是由一元的儒家倫理道德變爲多元的倫理道德；更是改變了人生的價值觀，改變了人生的理想。當今社會的改變是內外都在變，是社會和個人在改變人生觀。這種改變很深很廣，而且很快，而且還繼續在變。就是研究未來學的學人，也不能很清楚地看到將來的情況。現在，我很簡單地舉出當今社會變遷中的幾項最重要而又與宗教信仰有關係的變遷。

1. 科技的社會

當第十八世紀科學開始發達，歐洲的社會思想已開始變遷，造成第十九世紀的科學萬能思想。自然科學取代了哲學的領導地位，科學的經驗攻擊了宗教信仰。到了第二十世紀，自然科學變遷爲科技學，實用科學漸次取代科學的理論。電腦的技術改變了工商界的作業程序，而且將改變整個社會生活的程序。接著來的將是機器人，機器人的引用，將使工業起大革命，一是生產的大革命，一是人事的大革命。第十九世紀在歐美爲工人的世界，第二十世紀已進入科技世界，工人的世界以人工爲重，勞工在社會上操握社會治安的命脈。科技的世界將以科技爲重，精密的機器不要求大的工廠，電腦和機器人的操作，將代替人工。社會的重心將轉到商業，一切看消費者的購買力而定，進口和出口的商值，將代表社會的繁榮。

2. 享受的社會

科技的進步爲供人的使用，人使用科技爲增加人的享受。人的天性本來就趨向追求福樂，在歷代的文化進展中，人類追求享受的慾望漸漸多有滿足，但越滿足越想加多，人乃運用理智研究新的享受工具，科技便日見發展。

當今的社會乃是一個享受的社會，因著享受乃要購買；享受的社會便是消費的社會。當今社會的衣食住所，較比五十年前，給人類的享受真高得多了。電子工程製造出許多高貴而精密的用品，讓人們費最少的勞力而得到最高的享受。電視將音樂、學術、美術、新聞帶進了各人家庭，錄影機和收音機使人睡在床上而能知天下事。海濱浴場、山上別墅、城市中的餐館、舞廳、夜總會，和各種形形色色的娛樂場所，以及出國旅行的種種組織，都能供給高度的物質享受。還有在精神方面供給享受的音樂廳、藝術館、歌劇院、博物館、展覽所。二十世紀的社會，已經成爲享受的社會。

3. 理智的社會

人類理智的運用，在歷史的過程中，有似一個人由小到大的變遷。在初民的時期，人類只會用眼目的感覺，所有的成績是神話。後來人類進而多用感情和想像，於是有美好的詩歌和雕刻繪畫。以後人類運用理智推理，哲學乃逐漸發達。西洋的哲學由柏拉圖、亞里斯多德、聖奧斯定，到聖多瑪斯結成了偉大系統的神學哲學。文藝復興後笛卡兒創懷疑方法論，洛克、休謨建立實證論，黑格爾主張唯心，康德設立先天範疇。到了十八世紀，人們對於自然界分析研究，科學興盛，事事都尋求可以用理智去了解，二十世紀便成爲理智的社會。每椿事業都需有計劃，每行工作都需有企業管理，就是在犯罪上，也發現智慧性的犯罪。詩歌也理性化了，藝術也抽象化了，哲學也科學化了。社會的一切都是理智的表現。中國的思想史，素來以人文爲中心，追求精神生命的發揚，社會生活雖夾有佛教和道教的信仰，歷代遵循儒家的傳統。民國以來，大家接納西方文化，進入科學思想世界。

4. 人格的社會

人類理智的運用，在科學萬能的十八和十九世紀，都貫注在外面的事物上，到了第二十世紀，人們已經開始運用理智向自己來作研究，人們便發現自己的人格。在古代的社會裡，人們所崇拜的是神靈。到了近代，人們所崇拜的是人。當今社會的趨勢，人們則崇拜自我。歐美的存在主義哲學，以「自我存有」作爲形上本體論的研究對象。因著自我的崇拜，社會青年和上一代的人乃造成代溝，政治野心家乃醉心權力的擴張。湯恩比曾說：「我們今日所面臨的危險，並不在於對自然崇拜的復甦，而是傾向對人的崇拜，尤其是對於集權政治的景仰。近代西方的技術發明不但未能驅除這種危險，反而使之日益加深。這種危險之不斷擴大，很明顯地應該歸咎於西方技術的不凡成就。因爲技術把集權力量提高得空前龐大。如果有人獲得了充分的權力，全體人類不論時地難免會受到被濫用的危險。例如國家主義和共產主義，將以集權手段來戕害個人自由，毀滅我們種族；甚至原子戰爭的結果，所有人類將被摧殘殆盡。」(三)

這種現象似乎是一種矛盾現象，社會既趨向自我崇拜，反而造成集權制度。究其實，則是一項自然結果，集權制度的基礎就是崇拜偶像，這些偶像是希特勒、史達林、毛澤東的自我崇拜。

在台灣的社會裡，青年人已經接納了歐美的「自我人格觀念」，雖然還沒有呈現自我崇拜的現象，然而自我人格的尊重，在青年人的心目中已經形成了強烈的力量。

二、社會變遷對宗教信仰的影響

爲研究社會變遷對宗教的影響，我們應當先說明宗教信仰的性質。宗教信仰在各種宗教裡所有的內涵多不相同，現有四種國際宗教：天主教、基督教、佛教、回教，還有三種爲民族宗教而有多人信仰的猶太教、印度教、道教。其他較小的宗教還很多，這些宗教都有幾項共同特性：第一，信仰中有超乎理智的部份，即教義對神靈的信仰；第二，相信身後的來生；第三，相信善惡的報應。當今，社會的變遷，對於這三點都有相當重大的影響。

1. 信仰的理性化

今天社會的趨勢，一切都要科學化，凡事都要可以理解。因此，對於宗教信仰，便造成科學與信仰的對立，甚而至於互相衝突。相信科學的人，看著宗教信仰爲反對科學的迷信，於是對宗教便不相信。歐美和亞洲的許多青年和思想界的人，都在生活上表示沒有信仰。

但是歐美青年和學人相信宗教者仍舊很多，他們對於宗教信仰，另外對於天主教或是基督教的信仰，進行一種改革，把聖經書中的一切靈跡和超於理智的部份，視爲神話，予以刪除，或加以象徵性的解釋，使全部教義都可以用理智去了解。基督教的教派大都接納這種新的理性化聖經。早些時期的學者，如牛頓、洛克、休謨，主張信仰的理性化，第二十世紀則在美國有「上帝死亡」的神學，主張超於理智的上帝已經不存在，所存在的爲在理智以內的基督。天主教拒絕接納這種神學，堅持信仰超於理智。有許多人說：若是天主教不講人類的原罪，不講基督爲天之子，不講基督由童貞女受孕，不講基督的復活，教義就簡單明瞭，容易爲人所接納。但是，若不講這幾端教義，天主教便不是天主教了。

2. 信仰的感情化

當今的社會是多元的社會，人類生活的表現常有矛盾的現象。二十世紀的社會是科學化的理性社會，事事求科學化。但是，同時社會的趨勢是追求享受，享受則是感情的作用。因此，當今的社會裡有許多人偏重感情，歐美的青年人竟傾向東方的神秘主義。科學化的理性社會，發展科技，科技製造爲滿足人們享受的各種精密物品。然而這些科技知識和科技產物，都是物質性的，都是相對性的。使用久了，便使人的理智成了機械化，使人的心靈枯乾呆板。好比大學聯考的電腦問卷和計分，使青年學生的理智，成了記憶的機器，失去了推理的能力。因此歐美有許多青年，要求心靈的活動，突破科技的束縛，逍遙於一種神秘境界，精神超於物外。於是在宗教生活方面，打破教義的條文，解放宗教組織的束縛，每人的心靈直接和最高神靈相接，進入佛教和印度教的靜坐生活，或升入天主教的天人一體的靜觀生活。這種生活爲最高的精神享受，又足以發展自我的人格，我和神靈相合而得有理想的「真我」。佛教曾主張進入涅槃，取得「常樂我淨」；儒家曾提倡天人合一，以參天地化育。今天歐美的青年則追求宗教的經驗，認爲宗教只有感情的經驗而沒有理智的教義。感情的經驗，爲每個人內心的經驗，宗教若只有感情經驗，每個人有每個人的宗教，宗教便沒有信仰、沒有儀式了。

3. 宗教政治化

歐洲在中古時代，政教不分，國王的權力受羅瑪教宗的指揮。法國革命以後，歐洲的各國政府漸次脫離了教會的制裁，政教乃互相分離。到了第二十世紀，在亞洲非洲的國家裡，忽然又出現了宗教政治化的現象。這種現象爲一種反殖民主義的現象。

歐洲白種民族，從哥倫布發現美洲以後，興起了殖民政策，漸次統治了美洲、非洲、亞洲、大洋洲。隨著政治的勢力，歐洲的文化也進入殖民地，白種人所信的天主教和基督教便在殖民地傳揚。第二次世界大戰以後，殖民政策被廢除了，各民族都相繼獨立。獨立的民族早已接納了西方的文化，爲表現自己的獨立，便在接納了的西方文化裡排除西方的性質。在天主教裡，有各民族的宗教本地化運動，把各國文化的色彩和要素，加入天主教的神學和儀式裡。而在回教的國家裡，則更進行政治的回教化，主張按回教教義制定憲法，以排除西方傳來的天主教或基督教。這種政治回教化，或回教政治化，在近東和北非目前非常強烈。這種現象也是今日世界裡的一種矛盾現象。今日世界因著交通工具和大眾傳播工具的發達，漸漸趨向世界大同，卻又出現宗教劃分國界，和已經被全世界所接納的西方文化相抵抗。

4. 宗教倫理化

有許多不信宗教的知識份子，卻認爲宗教對於社會倫理有影響力；而且有些知識份子以爲宗教的意義和價值就是在於維護倫理。蔡元培在民初反宗教的潮流中，他主張以美術代宗教。他認定的宗教價值，是在於陶養人的精神；在現代的社會裡，美術可以陶養人的精神，便可以不用宗教了。他仿效了黑格爾的思想，然而黑格爾講精神哲學，以宗教、美術、哲學，發展人的精神，使宇宙重回到絕對精神而成辯證法正反合之合。當今主張社會需要宗教信仰的人，是因爲社會道德日趨淪落，犯罪率的激增，造成了社會的危機，乃提倡社會應有宗教信仰，以宗教信仰教育青年遵守倫理。例如新加坡政府訂定學校的宗教訓育，我們中華民國政府也計劃承認宗教教育的重要。這種現象是因提倡社會倫理而提倡宗教信仰，以宗教信仰爲教育倫理的機構，忽略宗教敬神的本性，以爲一切宗教具有同等的價值。

三、未來社會的宗教信仰

從上面所講社會變遷對宗教信仰的影響，我們就可以見到今天的世界在歐美的科技和享受社會裡，宗教信仰較比以往就冷淡多了，社會生活已喪失了傳統的色彩。在接受西方文化的亞洲和非洲，也因著科學的研究，青年人都忽視本民族傳統宗教信仰。但是在另一方面，因著科技的機械生活，使人們的心靈感到乾枯，許多青年人追求精神的慰藉，乃投身神秘主義，使各種秘密的宗教日益增多，使傳統的各大宗教也以新面貌出現。

人們的心靈不是物質性的，雖然和肉體結成一體，容易被感覺性的享受所吸引和誘惑，但是終究還是藏著精神生活的要求。而且面對著病苦和死亡，人們的心靈發出許多問題，這些問題不是科學或哲學可以答覆的。就是在科學和哲學的研究上，學者感到科學和哲學不是無限的，而是都有自己的界限，人的智慧不能超越。因此，在科學繼續發達的世界，科學需要哲學，哲學需要宗教，使人的智慧能向上發展；物質生活的享受，需要精神生活的享受，使生活得到平衡。

科技世界的宗教，不可能帶有迷信。迷信不合於理性，必定被理性所淘汱。低級宗教的拜物信仰，民間宗教愚弄民心的扶乩不再存在。科技世界的人對於一切都要科學化，運用理智去思考和觀察，對於宗教信仰必求合於理性，明明相反理智的信仰，將不被接受。但是運用理智的人，也知道，而且也體會到理智有自己的界限，在精神方面有超乎理智的現實，所以不以超越理智爲反對理智，可以接受超越理智的信仰。

未來社會的人，工作的時間減少，休閒時間加多，精神生活的要求將更明顯。宗教生活乃是一種很高的精神生活，未來社會的人將在休閒中去體驗宗教生活的精神享受。神秘主義性質的宗教活動將普遍受接納。

因著神秘生活的自我性很強，未來社會的人將不熹歡宗教過於嚴密組織的管制，喜歡追求宗教生活的自由，將傾心於宗教感覺。

每一種宗教，在未來社會裡爲著自己的存在，必要適合未來社會的特性。不能適合的宗教便難於繼續存在。將來必定有人按照未來社會的趨向想像一些新的宗教信仰。可以得到一時的傳揚。然而未來社會的變遷必定非常快速，新的宗教將和新的哲學，一時生，就一時滅。古老而長久的宗教，如佛教、回教、基督教，尤其天主教，根基深固，吸收了許多文化的因素，具有適應時代的能力，可以有新的變化，新的宗派。天主教以一統的教義，垂久不能變，乃在變化的社會裡，成爲一個穩定的力量。

中華民族在倫理生活和哲學思想裡，素來以人爲中心，不和宗教密切連繫；但是在日常生活裡，則常以宗教生活作後盾。這種宗教信仰缺乏理性的基礎，在未來的社會裡很難繼續存在。民國以來，中國知識階級的人大多沒有宗教信仰，所有的只是《書經》《詩經》所講的皇天上帝之一點信仰。未來中國的一般民眾不會像今天的民眾，上廟拜佛拜神，求福免禍。那時中國人的宗教信仰，將和世界各國未來社會的人一樣，信仰合於理性又能發揚精神生活的宗教。

民國七十一年五月十八日講於淡江大學

註：

㈠ 湯恩比（Toynbee ） 宗教與今日世界 胡安德譯 見湯恩比與歷史 牧童出版社 民六十五年。

㈡ 施恩（Fulton J. Sheen） 宗教哲學 幼獅出版 民六十三年。

㈢ 湯恩比 宗教與今日世界 見湯恩比與歷史 頁三三七。

利瑪竇對時代的意義

一、緒　論

我們今年紀念利瑪竇來華四百週年，天主教人士舉行紀念典禮，社會學術界也召開學術會議，因爲利瑪竇是中國天主教的開教功臣，又是中國第一位介紹西洋科學的學者。

利瑪竇爲義大利人，西文名字爲Matteo Ricci，生於公元一五五二年。少年時，年十九，到羅瑪入耶穌會。耶穌會爲當時新興的修會，紀律森嚴，深究學術，會士追蹤第十五世紀時葡萄牙和西班牙探險家的航線，到美洲和亞洲傳教。一五一〇年葡萄牙人奪取了印度的臥亞，一五五七年葡人取澳門，臥亞和澳門便成爲耶穌會士來亞洲傳教的根據地。

利瑪竇入耶穌會後，在羅瑪耶穌會的神哲學院攻讀哲學和數學。他向會長表示有志到亞洲傳教，乃於一五七八年被派往臥亞。在臥亞留住四年，攻讀神學，任職司鐸。一五八二年被派往澳門，留住一年，開始學中文。次年──一五八三年九月十日抵廣東肇慶，得知府王泮的允許，能在城內居住。在肇慶居住了六年，搬到廣東韶州，在韶州又住了六年，乃往南昌和南京，再住了六年，最後於萬曆二十八年十二月二十一日（公元一六〇一年正月二十四日）進北京，在京居住十年，於萬曆三十八年（一六一〇年）五月十一日逝世，享年五十八歲，賜葬北京。

利瑪竇在中國居住二十八年，研究中文，能說、能讀、能寫。對於儒家的思想，了解明瞭。在他所寫的《天主實義》裡，引用了《書經》《詩經》《禮記》和四書的許多文句；又能同當時的文人相交往，如瞿太素、徐光啓、李之藻、馮應京、馮琦、曹于汴、葉向高、方以智等多人，都和利子有交情。當時文人學者和他相交，固然因爲他善讀儒家書，深明孔、孟之道；也因爲他講述西洋科學，開啓了一種新的學術途徑。利子向他們介紹萬國輿地圖，幾何原本，天文曆數，哲學神學。若是在今天，這種事情，不足爲奇。但是在四百年前，在中國講西洋哲學，引起了當時學者的重視，能發生了影響，確實是驚天動地的奇事，以致清朝康熙、乾隆皇帝雖不信從天主教，卻都看重一輩西洋教士，讓他們住在京師，進入宮中服務。所以利瑪竇在當時有他的時代意義；今天我們開會紀他來華四百週年，也表示他在今天還有他的時代意義。

二、利瑪竇在明末清初學術界的意義

利瑪竇在肇慶定居以後，王泮知府替他的住居命名爲僊花寺，因爲利瑪竇和羅明堅自稱爲番僧。僊花寺中堂懸掛一幅聖母像，肇慶人以爲是觀音。中國自漢末到唐朝，常有西僧人來到國內，建造廟宇，肇慶來了兩個番僧，居民不以爲怪。可是，一天，僊花寺中堂裡掛了一幅「坤輿萬國全圖」，番僧說他們航海四年才到了中國，大家便驚奇了。輿圖上的國家很多，中國竟不在中央。一傳十，十傳百，王泮知府也來看輿圖了，利瑪竇向他解釋，指明自己航海的路途，知府雖然很驚異，但相信是真，便命利子刻印，次年（一五八四年）「坤輿萬國全圖」刻印了，上面加有中文注釋。

「坤輿萬國全圖」，很受一般文人學者的重視，當時翻刻了八次。但是輿圖在明末清初的意義，不僅是在使中國人知道世界五大洲，更是使清朝皇帝繪製中國輿地圖。康熙皇帝派張誠（Joan Franciscus Garlillon），徐日昇（Thomas Pereyra）等五名教士，往全國各省，測繪地圖，繪成了「皇輿全覽圖」。這是中國的第一本全國地圖。同時，在歐洲印刻第一冊中國地圖，繪圖的人是義大利傳教士衛匡國（Martino Martini），以拉丁文講述中國各行省的城市。繪畫輿圖的工作，在當時具有重大的意義，不僅是在中國地理學上，開始以經緯線和測量的科學技術作地圖，另外是在政治上具有重大的意義；因爲清代和歐洲各國發生了關係，歐洲各國當時盛行殖民主義，企圖攫奪中國的疆土，清代和俄國有尼布楚條約，和日本有割讓朝鮮條約，和法國有割讓安南條約，和英國有割讓香港條約，處處都要劃清國界，清朝因爲有了明確的中國地圖，才可以應付這交涉。這一點就表示利瑪竇介紹西洋測量繪圖，在當時的重大意義。

利瑪竇在當時的另一種學術意義，是天文學。（明朝）欽天監所行的曆書，爲元初郭守正所造，計測月蝕日蝕，常有錯誤。萬曆二十九年和崇禎二年兩次犯錯，皇帝乃命改用西法。西法爲利瑪竇介紹的西洋天文學，他曾製造天文儀器，又和李之藻著作天文書籍。清朝順治三年以西洋教士湯若望掌管欽天監，一直到道光十八年，歷經一百九十五年，欽天監都由西洋教士掌管，通用西洋曆法。

利瑪竇所介紹的天文地理，在當時政治上發生了影響，意義重大：他所介紹的其他西洋學術，如幾何學，哲學，神學，在當時的學術也有深厚影響。清朝的學術思想，繼承明末的學風，主張實學。明末學者因爲國家的政治日益腐敗，明朝的政權漸趨敗亡，都歸罪於陽明學派的空疏放浪，轉而提倡經世的實學。清朝爲滿清人，治理中國，遭遇漢人的反抗，於是大興文字獄，學者便不敢談論思想，祇專心從事考據。考據須用科學方法，嚴密求證。西洋教士從利瑪竇到清朝中葉，約有西洋教士一百五十人，從事西洋學術的介紹，譯著書籍約一百八十種（參看徐宗澤　明清間耶穌會士譯著提要　台灣中華書局　民國四七年）。北京東堂北堂南堂三所圖書館所藏西文書籍不下兩萬冊，可見當時介紹西洋學術工作，非常積極活躍，這種工作都是由利瑪竇開端，後來得到康熙和乾隆兩位皇帝的鼓勵，乃能有這樣高的成績，從今天我們政府和社會提倡科技的熱心來看利瑪竇介紹西洋學術的工作，我們很佩服他的遠見，稱他爲一位先知先覺。

三、利瑪竇在現代的意義

現在我們的時代，是科學的時代；利瑪竇在四百年前提倡科學，對於我們的科學時代乃是先知先覺，意義深長。然而他對於我們的時代，另外有一種意義，就是在於他提倡儒家的思想，利子進中國時，自稱「番僧」，穿和尚的僧服。但是他當時所讀的書，則是四書五經，這樣過了六年，他到了韶州，脫了僧袍，換穿儒家讀書人的衣服，自稱「泰西人」，仰慕中國儒家的倫理道理，航海來學。實際上他是來中國宣傳耶穌基督的福音，然而他親身體驗社會是建築在儒家的傳統上，中國人的生活是以孔子的倫理爲標準，他乃進而研究儒家的思想，得到了的結論是儒家思想和基督福音的思想多相吻合。他就肯定了一項傳道的原則，由孔子而到基督。雖然他也知道在中國人的生活思想裡，還有道家和佛教的思想，他卻捨棄了這兩家的生活觀，並且極力攻擊佛教。他在所著的中文傳道書，如《天主實義》，《二十五言》，《畸人十篇》，處處引用儒家的經典。李之藻在〈天主實義序〉裡說：「至其檢身事心，嚴翼匪懈，則世所謂梟比而儒者，未之或先。信哉！東海西海，心同理同。」（天主實義 頁二）利子又用義大利文翻譯四書，爲四書的第一種西文翻譯，這都表示他對儒家思想的佩服。

利子以一位西洋傳教士，能夠看到中國的社會是建築在儒家的傳統上，天主教要傳入中國須要經過儒家的道路。利子的這種看法，和魏晉南北朝佛教法師的看法不同。佛教法師的看法，是佛教由道家的途徑傳入中國。魏晉南北朝的佛教書籍，多用道家的學術名詞，後來天台宗和華嚴宗藉道家的哲學思想進而建立兩宗的基本學說。但是佛教在中國始終受儒家學者的排斥，佛教在中國社會的影響祇限於宗教生活，不能發展到社會倫理和政治理想。利瑪竇以天主教的影響應包括人生各方面，因此一定要和儒家相結合。他的思想沒有被後代傳教士所採用，因而天主教乃被稱爲洋教。今天，我們覺悟了這種錯誤，要重新回到利子的路線上。但是今天我們的社會卻在排斥儒家傳統，趨向全盤的西方或科技化。政府和社會有心人士，已經感到這種趨勢的危險，設法予以糾正，提倡恢復中華民族的儒家文化。從這一點我們可以看出利子的偉大，他以一個西洋人，能夠看出中華民族的前途，在於繼續儒家的傳統，這一點爲我們今天努力建造中華民族新文化的人，確是一種啓示，一種鼓勵。

中國的新文化運動，從民國初年開始，逐漸傾向左方。五四運動明明是一項愛國運動，是中華傳統文化革新的開端，然而左派的思想取得優勢，影響了一般青年的心理。他們反對孔子，反對儒家傳統，反對家庭倫理，共產黨的宣傳幾乎操縱了輿論，種下了後來共黨竊據大陸的禍根。

今天自由中國又看到另一種現象，經濟的發達，提高了生活的享受，卻同時造生了許多的社會罪惡。目前政府全面提倡科技，以加強生產的能力，保持經濟的發展。整個社會充滿了唯物的風氣，摧毀了祖傳的倫理道德。社會有心人士，都非常恐懼，怕中國的社會變成沒有倫理道德的新野蠻社會，大家促使政府，設法預防，現在政府有文化建設委員會，有文化復興委員會，各縣市建立了文化中心。大家都想努力建立一種中華新文化。利瑪竇在今天便有他的時代意義，他指示中華民族的生活，要建立在儒家的傳統上，然而不是舊的傳統，應以科學予以革新。一方面，我們提倡科學與科技，一方面，我們提倡復興祖傳文化；兩方面的工作，要能得到平衡，融會科學思想和方法到儒家的思想內，融會儒家的人生觀和精神到科技內。中華的新文化乃能表現傳統的中庸之道。

人生的宗教境界

一、儒道佛的人生境界

生命在宇宙萬物中有許多層次，西洋的學術無論哲學和物理及生物學，都分物體爲有生物和無生物，有生物中又分爲植物和動物，人則爲動物中最高者，中國哲學沒有這種分析法，從《易經》以來，就以宇宙生物之理祇有一個，但是分有許多等級。等級分別的原因，是因爲構成物體的氣，有清濁的各種程度。最濁的氣阻礙生命之理的表現，所構成的物體爲砂石爲礦物。氣漸次清，生命之理漸次顯露，便有各種高低的生物。人所得之氣爲最優秀最清的氣，生命之理在人乃能全部表現。朱熹曾說：「人得理之全，物得理之偏。」因此在天地間「理一而殊」。

人雖然同有「全理之生命」，人之生命之發展又各有不同之境界。孟子曾經說人有大體小體，大體爲心思之官，小體爲耳目之官，發展小體者爲小人，發展大體者爲大人。發展小體以求感官的享受，這是一種人生境界。在這種境界裡，金錢價值最高，用金錢購買衣食住行的各種享受，還要泛濫男女的性慾。這種境界以享受爲主，享受的目標在滿足耳目感官各項的慾情，心靈作爲外物的奴役，孟子稱這種人爲小人。這種人當然沒有義利之分，在孔子的眼目中，也是視爲小人。

這種境界爲人生最低的境界，真正在這種境界裡生活的人，究竟不多，發展小體的人很可以升到一種較高的境界。不以金錢爲最高價值，而用金錢以造事業，用事業以得權勢。在社會上稱爲成功的偉人，地位在人以上，名聲叫得很高，到處有聽從侍候。這種境界以事業爲主，以權利慾爲動力，終生忙碌，有如戰國時蘇秦所說：「嗟乎，貧窮則父母不子，富貴則親戚畏懼，人生世上，勢位富厚，蓋可忽乎哉！」（戰國策 蘇秦以連橫說秦）活在權勢境界的人不多，惴想這種境界的人卻不少。

但是孟子還是說君子人不惴想這種境界，他說：「幾丈高的廳堂，幾尺長的出檐，我得志時決不屑於這樣做的；面前的饌食擺滿了方丈的桌子，侍奉的妻妾數百人，我得志時決不屑於這樣做的；無休止地飲酒作樂，往來奔馳打獵，後面跟著千輛車子，我得志時決不屑於這樣做的，」（盡心下）孟子要怎樣做呢？「一個男子漢，居心在仁義裡，那是天下最大的住宅；立身在禮法上，那是天下最大的位置；依照義理去行事，那是天下最寬大的道路。得志的時候，就率領人民，和他們一起這樣做；不得志的時候，就獨自實行他所得到的正

道。」「富貴不能淫，富賤不能移，威武不能屈，此之謂大丈夫。」（滕文公下）

孟子所說的境界乃是發展大體心思之官的境界，即是所謂精神生活的境界，大丈夫算是君子了，君子則不一定是大丈夫。處在小小茅屋裡的人也可以是君子，孔子曾說：「飯疏食，飲水，曲肱而枕之，樂亦在其中矣！不義而貴且富，於我如浮雲。」（述而）孔子又稱讚顏回：「賢哉回也！一簞食，一瓢飲，在陋巷，人不堪其憂，回也不改其樂。」（雍也）精神生活的境界，乃是倫理道德的境界。孔、孟以人性爲善，人心生有仁義禮智的善端，謹慎地發揚人心的善德，人性遂得成全，心滿意足。孟子曾說：「君子所稟受的天性，仁義禮智都是本於內心；所表出來的色像，很清和潤澤地顯現在臉上，盈溢在背上，施行到全身四肢，四肢不待吩咐就能知道我們的意旨了。」（盡心上）倫理道德的生活境界可以發展到超越萬物的境界，使心靈和天地宇宙相合，人心懷有天地好生之德。孔子、孟子都稱讚天地生育萬物的仁愛，人心生來也具有這種仁愛，至誠的人發揚自心的仁愛，贊助天地以生育萬物，人乃「與天地合其德，與日月合其明。」（易經　乾卦）孔子說：「天何言哉！四時行焉！百物生焉！」（陽貨）他自己就願效法天不言而行，使萬物生育，孟子所以說：「萬物皆備於我矣，反身而誠，善莫大焉。」（盡心上）

老、莊卻認爲「倫理道德境界」雖發展到「與天地合其德」的境地並不足使人快樂，還是使人心有所繫，老子主張「上德不德，大智若愚。」他們要人走入「虛無境界」，無爲無欲。不僅忘記世物，不去追求，而且還要「墮棄形骸」，忘記自己的身體，而成「坐忘」，在靜默中自心的氣和天地之氣相合，歸於「道」中，以成「至人」，「乘雲氣，騎日月，而遊於四海之外，死生無變於己，而況利害之端乎？」（莊子 逍遙遊）這種至人的境地，莊子自知是一種冥想的境地，實際上「虛無境界」在中國傳統裡，乃是田園生活，歷代許多詩人騷客，生活在這種境界裡，如同陶淵明的「歸去來辭」說：「懷良辰以孤往，或植杖而耘耔，登東皋以舒嘯，臨清流而賦詩，聊乘化以歸盡，樂夫天命復奚疑！」

佛教的生活境界，從信仰方面說，應認爲宗教境界，從禪宗方面說，應認爲哲學境界。佛教的宗教境界，乃是「報應的境界」，善有善報，惡有惡報，輪迴轉生。過去、現在、將來，三世相連。實則這種境界，應當視倫理道德境界，並不使人超出現世。禪宗的生活境界則爲一種超越境界，稱爲「真心境界」，看宇宙萬物以及自我自心，都是虛無，由自心愚昧所造。真心爲一「絕對實有」，隱在人心，人心若能擺脫一切，直見心中的「絕對實有」，禪宗稱爲「明心見性」，人乃直接體驗自己融會在「絕對實有」中，忘懷一切，不可言宣，文字也變爲無用。

二、人生的宗教境界

上面簡單描述了中國儒道佛的三種人生境遇，可以說和我所標出的宗教境界，講不到關係。我所標的人生宗教境界，乃是指的天主教的宗教境界。請大家不要誤會，這個題目，不是我自己標的，乃是聯合報副刊向我約稿的先生給我標的。

宗教所以能稱爲宗教；有信仰的尊神，有教義的聖經，有倫理的規律，有崇拜的禮儀。信教人的生活，全部受宗教信仰的支配。中國傳統的宗教觀，以宗教爲人和鬼神的關係，亦在求福免禍；倫理道德由孔子先師教導。

天主教信仰，第一信天地人物由天主所造；第二信人有永生的靈魂；第三信天主聖子降生成人，受難以救人脫出私慾罪惡的枷鎖；第四信人能與天主結合；第五信人死後有永生的賞罰。

人生最大的問題，是人從何處來，往何處去。人生來去的問題，便牽到宇宙始終的問題。宇宙一定有個緣起，宇宙的緣起就是尊神。若相信宇宙是自有的物質，逐漸進化，宇宙便成爲尊神。相信這種宇宙自有的人，不一定相信宇宙是神，然而在學理上說，這種宇宙就相當於天主教所信的天主。道家的「道」，儒家的「太極」，若被視爲宇宙的起緣，道和太極都屬自有自生，道和太極就等於天主。若相信宇宙萬物爲尊神所造，尊神應當較宇宙高，原則和宇宙同體，不是由創造而是由變化而生宇宙，則是一種泛神論。

天主教相信宇宙萬物由於天主所造，天主創造的信仰並不排擠進化論，但是相信進化也是由於天主所授予的創生力而成。天主是絕對精神實體，沒有文字可以表白，我們講教義的神學，祇是拿人間的口語和文字，按我們人所可以懂的，類似地解釋天主的本性。所謂男性女性都不能用於天主，所謂聖父聖子，父子的名詞也祇是借用人類的名字略爲向我們人作解釋。

人之生命的來源是天主，人之生命的歸宿當然也是天主。天主既是人之生命的起源和終點，人生宗教境界便有不變動的兩點，開始於天主，終歸於天主。人生便有了目標，也有了途徑，不必徬徨。

天主爲宇宙一切真美善的泉源，人走向天主爲追求真美善，真美善的反面乃是罪惡。宗教境界的人生應治勝罪惡，常處在倫理道德以內。宗教境界便包含倫理道德的境界。倫理道德的標準是爲天主所定，人生乃有「性律」，「性律」的表現在於良心。天主教信仰沒有說人性是惡，祇是說人性帶有慾情的向惡傾向，這種傾向爲原始罪惡的流毒。

人行善避惡，渡倫理道德生活，和儒家的倫理道德生活沒有多大分別，但在意義上則有不同。天主教信徒的行善避惡，爲向天主表示孝敬。天主造我們是由於愛，我們歸於天主也在於愛，如同儒家的父子關係。儒家以父母配天，兒子的孝爲一生的孝。實則只有天主，才真是我們終生孝愛的對象。

可是人是有限的，天主是無限的，人又常傾向於惡，怎麼能夠歸向天主，以和天主相結合呢？天主的愛便是遣聖子（子字是借用人類的名詞）降生，以提拔人類。聖子降生爲耶穌基督。天主教信耶穌是天主，是救世主。人經過救世主可以達到天主，取得天主性的生活。

天主教的宗教境界應該說是天主性生活的境界。人爲心物合一體：心是靈魂；物是身體，身體爲實際體，靈魂也是實際體；靈魂是精神，身體是物質；靈魂也稱爲心靈，與身體相接合，貫通身體的每一肢體，每一細胞，爲生命的根源。人爲心物合一體，靈魂和身體都不是獨立體，兩者相結合而成一個獨立體，人的生活行動，合心物兩方而行。《大學》也說：「心不在焉，視而不見，聽而不聞，食而不知其味。」（第七章）同樣，若腦神經受傷，理智的活動也受傷。心不是由五官四肢相合而成，心的活動則由五官四肢而顯。天主教相信靈魂是永不壞的。人死後，靈魂仍舊存在。所謂天堂地獄，祇是借用人世的語言以表達靈魂永生的情況，靈魂既是精神體，當然沒有空間和時間，天堂祇表示幸福的永生，地獄表示痛苦的永生。靈魂的永生，不是活在天地的元氣裡，更不是活在子女的心中，那只是沒有信仰者心中的想像，靈魂的永生乃是精神實體的存在，永生乃是精神的生活、生命既由天主而來，也就操在天主手中，耶穌死而復活，不是神話，也不是幻想，更不是相反理性的迷信。耶穌是天主，死是自己願意接受，復活是自己願意復活。普通人對於自己的生命，一分主宰的權都沒有，不能決定一分鐘後的生命。耶穌復活了，表示死了的人，終要復活，因爲永生既是人的生命，應當是整個人的生命，而不單是靈魂的生命，人死後身體化成了灰，可是天主能自虛無而造人，豈不能由灰中再構成人的身體。而復活了的身體，既要永遠生存，便不再是物質，復活的身體便成爲非物質體。耶穌復活的身體便是這樣的，能和人的靈魂相接，且相結合，這種結合不是物質的結合，而是精神性的結合。因著和復活了的耶穌相結合，人得有天主性的生活。

天主性的生活，不相反人性的生活，不破壞人性的生活，而是予以提升，予以成全。人的心靈(靈魂)爲精神體，本體雖是有限，卻具有無限的能力，求真求美求善。真美善的本體是造物主天主，人的心靈自來就傾向於真美善的泉源，然而以有限之本體，雖有無限追求之能，也就像人的身體想要飛上天空，那有飛上天的可能，祇可望天興嘆，上下間的距離太遠。耶穌基督和人靈魂結合，提升人靈魂的本體到天主境界，使能達到真美善的本體。當人在現世活著時，還不能完全和天主相結合，因爲還有物質的身體，當人去世以後，靈魂便可以和天主相結合；當身體終於復活了，整個的人—身體和靈魂，若沒有因罪惡而不能接近天主，清潔的人則永生在與天主的結合中。與天主結合的人仍舊保全的自我，仍舊自我存在，並不像在涅槃中失去自我，而以佛爲真我。天主是天主，人是人，人活著天主性的生活，永遠欣賞無限的真美善，真正地「樂道」而得祥和。這就是永遠幸福的天堂；反之，若因罪而不能接近天主，失去人生的目標，追求真美善的希望，永遠沒有滿足的希望，反而輾轉在罪惡的磨難中，永遠不能超脫，這就是永苦的地獄。若想像天堂在天上，地獄在地下，那就是「無理可據，無言可徵」了。（錢穆　心之信與修養　聯合副刊　民國七十五年二月十六日）

宗教信仰，不由理智去證明，若能證明，則不是信仰了。信仰是由心去信，不由心去知；然而所信的事，雖不能以理智去證明，卻應爲不相反理智，相反理智則是迷信，不是宗教信仰。所謂科學相反宗教，乃是不明白科學和宗教的人所說，宗教是信科學所達不到的事，不是相信科學所明明反對的事。若說生命如同薪火相傳，祇說明生命之相傳，沒有說明的原起，若說心物相通，「實則人心亦即存在與流傳之和合。」（錢穆　心之信與修養）也祇說到事實，沒有說到存在的原起。天主教宗教信仰，相信宇宙萬物和人的原起爲造物主天主，宇宙萬物和人怎樣流傳，怎樣進化，則是科學的事。人生既有始終，人便有生活的目標，由生活的目標而有正確的價值觀。抱著正確的價值觀，按著人性的善惡良知，行善避惡，建立道德的人格。且因著和基督的結合，靈魂有天主性的生活，超越事物，直趨絕對的真美善。這就是人生的宗教境界。

三、宗教境界為人生的完成

上面所談的人生宗教境界乃理論的境界，在實際生活上必要見諸行事。先總統 蔣公主張「信仰與行動合一」。（見四十一年與四十二年耶穌受難節證道詞）

一生有自己生活的中心，曾在民國五十二年耶穌復活節證道詞引《荒漠甘泉》的話說：「這位全能的神，是我們身體裡的神，正像太陽是天體的中心，又像發電機是電廠的中心，祂在我們裡面是我身體的中心，也像是我神經的中樞。」（三〇六頁）生活有一定的準繩，即是基督的福音。蔣公一生每天必讀聖經，必默想聖經，以求每天生活能和聖經相符。遇事有一定的依準，心中不亂。蔣公在西安蒙難時，在受逼退隱時，都以聖經所標示的忍苦精神為準則，乃能心安神怡，優遊大自然之中。吳經熊先生在所著《蔣總統的精神生活》一書中，曾說：「 蔣公的精神生活，其奔逸絕棄之處，固似聖保羅，但若其安恬寧靜之處，則更似聖若望。就性格來說，聖保羅像孟子，有泰山巖巖之氣象，而聖若望像顏子，有和風慶雲之氣象。至於 蔣公，可說兩者兼收。」（蔣總統的精神生活 第七頁）

吳經熊是一位虔誠的天主教信徒，他生活在宗教境界裡，自己內心有精神的靜園。他說：「中國一切學問，是注重內心的，會引領人們找到他們的真我。祇要找到真我，就離天主不遠了。本來耶穌早已說過：『天國在你們心中』。可是西洋人的心理，多偏於外向。殊不知，人們心裡如果沒有天國，世界就永遠沒有和平之日。我們不求世界和平則已，要求世界和平，必須從我們方寸之間做起。」（內心悅樂之源泉 第四九頁）他在後半生的生活裡，不受外界的環境的牽制，內心常有安祥的和諧。我和他有近於四十年的交情，昨天（民國七十五年二月廿一日）在他殯禮的證道詞中，我稱讚他能「幾樂」而安於天主之愛。

宗教的境界的生活，爲一種超越的生活。黑格爾曾主張宗教、藝術、哲學三者，使人回到絕對精神，終成正反合的辯證歷程。天主的宗教境界，回觀自己的心，天主耶穌就在心內，心變成了天堂。心內的天堂，有三位一體的天主。人想天堂，想天上的事，想天上的天主，就在反觀自己內心，不是抬頭看天空，或者幻相遠遠的天國。然而所反觀的內心，不是本性的心，不是帶有自己慾情偏好的心，而是天主。當然本性的帶有慾情偏好的心，仍舊存在，仍舊是自己的心。但反觀自己內心時，要超越這本性帶有慾情偏好的心，而看到天主。這種反觀，不是坐禪，乃是在思言行爲上，不由本性的慾情偏好去發動，而由天主去發動，即是爲愛天主而動，爲愛天主而動，則必遵守天主的規誡，接受祂的意旨。

第一級的初層宗教境界，爲克慾避惡的境界。謹小慎微，愼獨克己，不合天主規誡的，不看、不聽、不言、不行。不貪不合天主規誡的財，不違反天主規誡去貪色，去害人。爲守天主規誡敢犧牲，有以身殉道的精神，似乎一切都在消極方面著想，眞正的一面乃是積極實行，因爲不違反天主規誡，不是無爲不動，而是動皆中節，力行克慾，可以說是孟子所行的「存心養性」，「存其心，養其性，所以事天也。」(盡心上)

第二級的中層宗教境界，爲光明的境界，有如孔子所說：「四十而不惑，五十而知天命，六十而耳順，七十而從心所欲不逾矩。」(述而)反觀自心，不受慾情私意的蒙蔽，便能看見天主。這種看見，不是面對面的見，而是在信仰中的見。然而信仰不是在沒有理性光明的暗中摸索，乃是在聖神光照下而見，見到天主對我的要求，給我的使命；見到天主對我的希望，所示我的途徑；見到如何適合祂的聖意，如何中悅祂的心。就如一個孝愛父親的兒子，懂得父親的心，不但不願傷父親的心，還要事事中悅父親的心，事事使父親高興。這是天主教中所稱的聖人之生活境界。他們的行動並不出乎常軌，他們生活的精神則異於常人。例如一百年前法國的一位青年修女，名叫德蘭，現在教會的人都稱爲她爲聖小德蘭，她在一苦身克己的修院裡，終年不出院門，身害肺癆。她以接受病苦爲樂，以受人疏忽爲樂，以幫助性情不和的修女爲樂，以受人誤會爲樂。對人常是微笑，對人常是虛心，對人常是愛心。問她爲什麼能夠這樣做，她答看自己心內的耶穌，且有聖神的指點和支持，便成爲充滿愛心的人，便可以忘記自己，事事看到好的一面，安心地穩當地去做。

第三級的高層宗教境界，爲靜觀的境界，有如禪宗的禪觀，又有如天臺宗和華嚴宗的圓融觀，空虛心中一切思念，直觀內心的「真如」，反觀宇宙萬物，一切為一，一切為一切，一切入一，一入一切，真如和萬法合而為一。天主教的靜觀境界，一心清明，沒有事物的貪念，沒有滿足自心的欲望，也不想為光榮天主多作事業，靜對天主。聽見自心在跳，乃是愛天主的心在跳，心對著自己所愛，不會多想，不會多說話；例如兩個情人相對，又如小孩偎依母懷，愛心對著天主，一心滿有天主，傍無別物別念。通常不能面見天主，祇在信仰中見，然而是至誠的見。如《中庸》所說：「誠則形，形則著，著則明，明則動，動則變，變則化；唯天下至誠能化。」（第二十三章）

至誠而靜對天主，因愛而樂。孔子常說「樂道」，「優遊聖道中」，默觀便享有「樂道」的悅樂。靜的悅樂，乃超乎本性的悅樂，然又是合於本性的悅樂；本性追求絕對的真美善，不能達到，因著耶穌基督的提攜而能達到了，乃有超越本性的悅樂。

聖母學研討會開閉幕詞

一、聖母學研討會開幕詞

為迎接二十一世紀兩千年開始的聖母年，按規定在昨天八月十五日開幕，聖母年的結果，在於加強我們對聖母的敬愛，對聖母和教會和信友的關係，深加研究，我們今天所舉行的聖母學研討會，可以視為聖母年在中華民國的一種果實。我們把這種果實獻給聖母，求聖母顯揚于斌樞機，在他逝世十週年，大家還能想起于樞機的精神，愛國愛文化培養中國天主教會的根本。

于樞機會是一位聖職員，這次來參加聖母學研討會的人，都是聖職員和修女。我就因此，說幾句聖母和聖職員的關係。

聖母的偉大，在於接受了天主聖父的旨意，成為天主聖子的母親，參加聖子的救世工程。

天主耶穌基督是聖母瑪利亞的兒子，是聖母瑪利亞的血肉。基督奉獻了自己身體，奉獻了自己的血肉，在基督的血肉裡，含有聖母瑪利亞的血肉，基督的祭獻，便含有聖母瑪利亞的祭獻。

當天使嘉俾額爾來報天父的旨意時，說明天父將把達味的王位賜給瑪利亞因聖神受孕的兒子，聖母一定懂得不是達味國王的王位，而是古代先知們所預言從達味後裔出生的救世主。在獻聖嬰於聖殿時，西默盎就預言—這嬰兒將是愛和恨的坐標，又有一把利劍要穿透瑪利亞的心，聖母瑪利亞在納匝肋和耶穌生活的三十幾年裡，沒有一天不想起這些話，最後當耶穌被釘在十字架上時，聖母瑪利亞知道西默盎的預言已經應驗了。基督完成了救世工程，聖母站在十字架旁，也奉獻了自己的兒子。在埋葬基督的遺體時，聖母又奉獻了自己心裡的痛苦，她誠心地參預了基督的救世工程。

基督的救世工程，由祂所立教會繼續進行，直到世界末日，教會被視爲基督的化身，或基督妙體，基督是聖母的兒子，祂的化身或妙體，也應視爲聖母的兒子，因此，聖母瑪利亞被尊重爲「教會之母」。

在教會服務工作的人，是聖職員，聖職員有宣講福音以訓導眾人的責任，有執行聖事以爲實施聖寵的責任，有穩定聖統制以堅強教會生命的責任。因著這些責任，聖職員和聖母的關係非常密切。

教會一切工作的目標，在於繼續基督的救世工程，聖職員工作就爲達成教會救世的目標。聖母瑪利亞既然參與了基督的救世工作，必定會參加教會的救世工作，也就是參加聖職員的工作，保護，指導，鼓勵，支持聖職員。聖職員有特別名義，要求聖母和他們一起祈禱，如同在五旬節時，聖母和宗徒及信友們一同祈禱，乃有聖神降臨，改變了宗徒的氣質，產生了第一批充滿聖神的聖職員。

今天我們開始聖母學研討會，我們求聖母同我們在一起，我們研究她的生活，她的品德，爲能更認識她，更愛她。我們希望靠著她加強我們的救世工作，靠著她使中國教會脫離愛國教會的荒謬統制，和基督的妙體結合，享受基督的和平快樂。

二、聖母學研討會閉幕詞

兩天的聖母學研討會，我雖然沒有能夠參加，但是六篇論文我都在家裡趕著讀了，我覺得六篇論文從六個角度研究聖母學，可以結成一個系統，對於聖母學的認識，可以有深度的透視。

聖經爲聖母學的基礎，從路加和瑪竇的福音中，透視基督降生的奧蹟，明瞭瑪利亞和基督耶穌爲母子的關係；又從若望福音，透視耶穌的先有存在，爲天主聖言，則更明瞭瑪利亞的身份。這種身份在十字架旁，顯露出來，瑪利亞在救世史中的地位。

瑪利亞的地位，在教會的歷史裡，從初期古羅瑪的地窟裡已經表示受信友的敬禮。教父時期的神學開始講瑪利亞爲童貞受孕，爲天主之母，中世紀神學家因著當時的教會環境，受著回教人和異端的攻擊，大聲提倡對聖母的敬禮和依恃。近世教會訓導權則加深了教會信仰對聖母的重點，梵二大公會議，標明聖母學的途徑，從救世史看聖母。當代神學穩定了聖母敬禮的原則。

從中國文化意識型態看聖母的敬禮，我看重提論文的人的理想，能夠從中國文化意識去研究聖母敬禮，是一條應該走的路，我也鼓勵繼續往前研究。不過我可以指出不必走印度的空，走宇宙論的大母親和大母神的路，因爲很難跟中國文化扯得上邊；也不必走《易經》和《道德經》的陰陽，因爲聖母是因聖神而受孕，不因男慾，但要走儒家生命哲學的路。所提出的論文就是要從生死觀念開始，儒家《易經》最重生命，人的生命在家族中延續，由父母到兒女，父母和兒女的生命結成一體，子女的身體看作父母的遺體。這樣就可以透視瑪利亞和基督的關係。中國古代社會雖是男性社會，然而在家裡則是「男主外，女主內」，母親在家中的地位很高，兒女一定要孝敬母親。從儒家生命哲學、家庭哲學和孝道哲學的路線，很可以看到聖母的敬禮最適合中國的文化意識。

我也特別感謝史文森牧師，很坦白、很誠懇提出基督教人對聖母學的意見，雙方不同點頗多，可是相同的點也不少。

在學術會閉幕時，我以舉辦單位—輔仁大學的名義，向各位提論文、作主席、作評論的人，特別致謝。對各位來參加學會的人，當然也表示感激，只可惜來參加的神父不多；因爲聖母學不是抽象的理論，而是我們的靈性生活的重要部份。聖母是教會的模型，也就是我們聖職員的模型。

最後我謝謝爲這次學術會議工作的人，沒有他們，學術會也不能辦好。謝謝大家，祝大家多蒙聖母的助佑。

論聖母和教會的關係

八月二十九日在祈禱宗會代表大會講

你們各位研究大公會議的教會憲章，今天已到最後的一段；我的演講就是末尾的演講，但是研究的對象，則可以說是我們心中所最喜歡的，因爲是研究聖母和聖教會的關係，即是研究聖母和我們的關係。

我們誰不敬禮聖母？誰不愛敬聖母？爲什麼我們敬禮而且崇愛聖母呢？因爲聖母是我們的母親。聖母怎麼是我們的母親呢？因爲聖母是耶穌的母親，我們是耶穌的手足。這一端道理，便是教會憲章所發揮的。

一、聖母在救世計劃内的地位

聖母爲救主耶穌的母親，參與了天主救世的計劃，聖母在救世主的計劃中，有救世主母親的地位，有協助救世主完成救世事業的地位。

1. 救世主的母親

在天主創造宇宙人物的計劃中，人是最貴重的而且有永遠和天主相結會的福樂。不幸，人類違背了天主的命令，脫離了天主，要永遠在痛苦裡生活，天主憐惜人的境遇乃有救世的計劃，按照救世的計劃，天主聖子降生，在一位女子胎中成爲人，誕生之後，傳道教人然後被難而死，贖人罪惡，創立教會，繼續完成救世工程。

天主聖子，降生爲人，由一位女子而生。這位女子便是天主聖子救世主耶穌的母親，一個人而是人類的救主，祂的人格乃是非常的高；救世主而是天主，祂的身分便是獨一無二的了，祂的天主而又是人。一位女子作救世主的母親，她的地位非常高；一位女子而作了天主聖子的母親，她的地位便是普世無雙了。

救世主的工程，在於解除人類的罪惡，給人行善的力量，人類罪惡的開端，乃是魔鬼的誘惑；救世主爲解除人類的罪惡，便要鎮壓魔鬼。因此在聖經上救世的工程，常寫爲救主和魔鬼的鬥爭，結果是魔鬼失敗。救世主是魔鬼的征服者，救世主的母親，也就不能被魔鬼所征服，而且依恃自己兒子的德能，她也是征服鬼的得勝者。這一點，在舊約聖經上，已經有明顯的預示，創世紀書上就紀書上就預示聖母的戰勝毒蛇魔鬼的女子。

戰勝魔鬼，則不沾染罪污，聖母以救世主的地位，和罪惡絕對不能有所關連，因此，她一生絕對沒有罪惡的沾污。我們敬奉聖母，始胎無玷，不染原罪，更沒有本罪。

救世工程的效果，在於人和天主相結合，以天主的生活爲生活，聖母爲耶穌救世工程的第一個善果，她既然沒有沾染罪污，她便充滿天主的聖寵，常和天主相結合，勉力爲善。她的聖德，至全至高，超越人倫。

人類中，彼此的關係最密切的，莫過於母子。兒子是母親的血肉，是母親生命的延續。母愛因此是人類愛情中最大最盛、最深最久的愛情，天主聖子救主耶穌，真真是聖母的兒子，而且是她唯一的獨子，聖母愛耶穌，乃最誠最切，這種愛情，便是她的聖德的根基，也是她權力的根基。

聖母在天主救世的計劃中，爲天主聖子救主耶穌的母親，她的地位因此超越人倫，她不染罪污，聖德完善，在救主前是有母親的權力。

2. 協助救主完成救世工程

救主耶穌，身為天主，是有無限的威權，祂為救世，用不著人的協助；何況人是壓在罪惡以下，等待救援，自己不能為力。但是救世主是在人間完成救世工程，祂便要按照人間作事的原則去做，人間作事，常用人去做；救世主為完成救世工程，乃不能不用人。祂用女子而成為人，祂用宗徒去傳道，祂用教會去繼續工作。

一個兒子的事業，常常是母親的事業。兒子的事業大且高，母親不能參加；可是她的心常和兒子在一起，她常和兒子同苦同樂；她的心是常參加兒子的事業。

聖母便是用母親的心腸，參加救主耶穌的救世事業。聖母生育了耶穌，養育了耶穌，服侍了耶穌，救主耶穌在聖母的照顧下過了童年，過了壯年。三十歲後公開傳道，聖母日夜為祂擔心，耶穌最後被人陷害了，被人釘死在十字架上。聖母侍立十字架旁，在心中和兒子耶穌一同受苦。耶穌被釘，乃是天主救世計劃的實現？聖母以自己的心和耶穌的心相結合，共同受苦為救世，聖母便是以母親的心腸，協助救世的工程。

耶穌死後第三日復活了，升了天，祂的救世工程則應該在人間繼續，以到完成。耶穌便創立了教會，由自己的宗徒去繼續工作，然而耶穌以人而天主的德能，常在教會內，祂自己用教會去工作。因此，聖母也就常在教會以內，繼續協助救世的工程，聖神降臨日，爲教會正式活動的第一日聖母便是和宗徒們在一起，祈禱聖神降臨。聖母升天以後，她仍舊作世人的中保，代向天主聖子轉求各種恩惠。

人的得救，是每一個人的得救。每一個人的得救，在於和耶穌相結合，人在現世和耶穌相結合，常在一種嘗試狀態下進行。領洗是結合的基礎和開端。領洗以後，人能夠犯罪，小罪使結合鬆弛，大罪使結合分裂。另一方面，領洗以後，人能夠增加愛主之心，實行愛主之事，且勤於領取告解聖體等聖事。聖事的聖寵和愛主之心，使人和基督的結合更趨密切，在這種時高時下，時進時退的狀態裡，聖母可以協助每個人，使能更與耶穌結合更密切。因此說聖母是人的中保，是耶穌聖寵的施主。

教會憲章上說：「瑪利亞以亞當女兒的身份，同意了上主的話成爲耶穌的母親；她以全部心靈，又不爲絲毫罪惡所阻，接受了上主的救世旨意，作爲主的婢女，她將自己全盤奉獻給她的兒子和祂的事業，在祂手下，和祂一齊，由於全能的聖寵，來爲救贖的奧蹟服務。所以教父們認爲聖母並不僅是天主手中一個消極被動的工具，而是通過她自由的信德和服從，成爲天主救人的事業的合作者」（教會憲章　第五十六段）「母子在救贖工程中這一結合，從童貞聖母懷孕基督開始，直到基督的死亡，一直表露無遺」（同上，第五十七段）「事實上，她升天以後，猶未放棄她這項救世的職分。而以她頻頻的轉求，繼續爲我們獲取永生的

恩惠。……因此榮福童貞在教會內被稱爲保護人，輔佐者，援助者，中保。」（同上，第六十二節）

二、聖母和教會的關係

教會在教會的憲章裡，被稱爲「拯救普世的聖事」，基督復活後雖升天了，卻仍舊在世界上繼續祂的救人事業，繼續救人事業的方法，是用教會而通過教會去救人，教會是祂的身體，教會的心靈，是基督的聖神。教會憲章說：「基督從地上被舉起來，曾經吸引眾人歸向祂；從死者中復活，把自己的生活之聖神派遣給弟子們，並藉著聖神把自己的身體—就是教會，定爲拯救普世的聖事。」（教會憲章 第四十八節）

1. 聖母是教會的母親

聖教會是拯救普世人類的聖事，因爲聖教會就是基督耶穌的化身，就如基督以麵餅葡萄酒變成自己的體血，常活在聖體聖事裡；基督以教會爲自己的身體，常活在教會以內，雖然基督不把教會的團體，改變本質，變成祂的血肉；可是領洗進教的人，真正領取基督的生活，和基督結成一體。基督的這一個身體，稱爲奧體。奧體的頭是基督，肢體則是教會的信眾。

既然教會是基督的身體，基督是聖母的兒子，教會也就可以稱爲聖母的兒子。基督建立這個奧體雖是在復活升天以後，信眾和基督相結合，是同復活了基督相結合，結合的媒介的聖寵，結合後的生命是天主性的生命；但是復活後的基督仍舊保全人性，仍舊保全和聖母的關係，因此聖母便稱爲教會之母，教宗保祿六世在第二屆梵蒂岡大公會議的第三期會議閉幕演講詞中，乃按教會憲章的思想，正式尊上教會之母的封號予聖母。

聖母爲教會之母，也是教會的象徵，教會的典型。瑪利亞以貞女之身孕育救主基督，產生了兒子不失童貞。「教會也有理由被稱爲慈母和貞女。」（教會憲章　第六十三節）

同時，聖母爲教會的母親，也是教會的模範。聖母以無玷的純潔心靈，協助基督的救人事業；教會也該以同樣的心情，繼續基督救人事業。「童貞聖母的生活是母愛的懿範，所有負著教會的使徒使命。從事人靈重生工作的人員，都應懷著這種母愛精神」（教會憲章　第六十五節）

2. 聖母是天主子民的母親

天主子民本就是聖教會，聖母是天主的母親，便也是天主子民的母親，可是我們在這裡取用天主子民的名詞，不代表全部天主的選民，而是指著天主選民中的每一個人。

天主子民因聖洗而進入基督的教會，成爲基督的肢體，每個子民也就成爲基督的手足，而成爲聖母的子女，教會憲章說：「因此，在聖寵的境界內，聖母是我們的母親。」（教會憲章 第六十一節）

聖母爲天主子民的母親，母愛的心特別在引導每個子民趨向天主，代他們轉求天主的仁慈，與以寬宥，與以聖寵。「以她的母愛照顧她聖子尙在人生旅途上爲困難包圍的弟兄們，直到他們被引進幸福的天鄉。」（教會憲章 第六十二節）

聖母對於我們作天主子民的人，具有純淨完善的母愛，對於我們每一個人，都事事照顧。

教會憲章因此重申恭敬聖母的敬禮，乃是教會從古至今的傳統，天主子民都要以子女的孝心，敬禮聖母，依恃聖母。恭敬聖母的敬禮，將引導天主子民仰望天主，以得永生的福樂。

教會憲章結尾說：「耶穌的母親現在身靈同在天堂安享榮福，她正是教會將來圓滿結束時的預象與開端；同時在此人世，她給旅途中的天主子民，明白指出確切的希望與安慰，直到主的日子之來臨日。」（教會憲章 第六十八節）

孔子之仁和基督之仁愛的比較研究

引　言

孔子曾兩次聲明說：「吾道一以貫之」（論語　里仁　衛靈公）他的思想爲一有系統的思想，全部思想裡有一中心觀念，用這個中心觀念可以連繫他的全部學說，可惜孔子自己沒有講明這個中心觀念，他的門生曾參卻解釋說：「夫子之道，忠恕而已矣。」（里仁）現在我們講論孔子的思想都以孔子的中心觀念就是「仁」；因爲在《論語》裡孔子多次論仁，每次的意義都不完全相同，表示「仁」可以包括一切的善德；而且他又以「仁人」爲最高的道德模型。

基督的教義爲一種包含天人關係的宗教信仰，支配人類的全部生活，重建人類的精神。然而這樣廣泛的宗教思想也可以用一個中心觀念作代表，又使各部份能互相連繫。基督自己曾經說：「你應該全心、全靈、全意，愛上主你的天主，這是最大也是第一條誡命。第二條彼此相似，你該愛你近人，如你自己。全部法律和先知，都繫於這兩條誡命。」（瑪竇福音

第二十二章第三七節）又說：「再沒有別的誡命比這兩條更大的了。」（馬爾谷福音 第十二章第三十一節）聖保祿說：「所以愛就是法律的滿全。」（致羅瑪人書 第十三章第十節）「因爲誰愛別人，就滿全了法律。」（同上，第八節）「因爲全部法律總括在這句話裡：愛人如己。」（致迦太人書 第五章第十三節）

孔子的思想演成儒家，成爲中國思想的傳統，而且也成爲東方思想的代表。基督的宗教教義，成了西方各民族信仰，造成了西方文明，作爲西方思想的代表，在中西兩方的代表思想裡，中心觀念都是「仁」，這不該是一種巧合，而是基於人性的相同，兩者都以人性爲基礎。

一、仁的意義

1. 孔子的仁所有意義

儒家的仁字，從人二，即是兩個人相連，說文解釋爲「親」，爲愛，所以仁愛兩字相連用。韓愈的〈原道篇〉說：「博愛之謂仁。」孔子用仁字，則意義甚多，總括地說有廣狹兩義：狹義爲智仁勇三達德之仁，爲愛、爲「己所不欲，勿施於人」。廣義則爲一切善德之總稱，爲孔子的一貫之道，在這廣義的仁裡，當然也包涵狹義的仁。

「樊遲問仁，子曰：愛人。」（論語　顏淵）

可是別的門生問孔子關於仁的意義時，孔子的答覆就每次都不同：

「夫仁者，己欲立而立人，己欲達而達人。」（雍也）

「顏淵問仁，子曰：克己復禮為仁。……非禮勿視，非禮勿聽，非禮勿言，非禮勿動。」（顏淵）

「仲弓問仁，子曰：出門如見大賓，使民如承大祭。己所不欲，勿施於人。」（顏淵）

「司馬牛問仁，子曰：仁者，其仁也訒。」（顏淵）

「樊遲問仁，子曰：居處恭、執事敬、與人忠、雖之夷狄，不可棄也。」（子路）

「子張問仁於孔子，孔子曰：能行五者於天下，為仁矣。請問之曰：恭寬信敏惠。」（陽貨）

在上面孔子的答詞裡，祇有答樊遲問仁，答說爲「愛人」，在別的答詞裡雖說可以包含愛，但語意都較比愛爲廣。因此，我們應該說孔子的仁和愛，兩者的意義不完全相同。對於狹義的仁，孔子在《中庸》裡說：「脩身以道，脩道以仁。仁者，人也，親親爲大。」（第二十章）孟子後來也說：「仁也者，人也。」（盡心下）「仁，人心也。」（告子上）孔子和孟子以人爲仁，因爲人心生來愛父母，即所謂赤子之心。因此，孔子在《中庸》裡說：「仁者，人也。親親爲大。」親親當然是愛：但是對於父母的愛，不是慾情的愛，而是合於倫理道德的愛，又不是自私的愛。朱熹註釋《論語‧子罕章》孔子所說「仁者不憂」，朱熹說：「理足以勝私，故不憂。」普通對於愛，都有佔爲自有，常有自私的情慾。若說「仁愛」，則爲合理而不自私的愛。

狹義的仁，以人心孝愛父母之情爲根本，「孩提之童，無不知愛其親也；及其長也，無不知敬其兄也，親親，仁心；敬長，義也」（盡心上）儒家的孝，以生命爲基礎，子女爲父母的遺體。子女一生的行爲都歸於孝，在這一點，孔子的狹義的仁，和廣義的仁，互相連結，狹義的仁爲愛，爲什麼愛，因爲愛情生命。漢朝儒者解釋仁義禮智，以《易經》的元亨利貞相配，又以春夏秋冬和東南西北以木火金水配元亨利貞，仁爲元，爲春，爲東，爲木。漢朝董仲舒說：

「木者，春生之性，農之本也。」

「東方者，木農之本，司農尚仁。」

《易經》乾卦「文言曰：元者，善之長也。」朱熹注釋說：「元者，生物之始，天地之德，莫先於此，故於時爲春，於人則爲仁，而衆善之長也」《易經》的〈文言〉，傳說爲孔子所作，考據家意見多不相同，但是在思想方面，和孔子在《論語》《中庸》裡所說的不相衝突，而且相通。因此，孔子所講的廣義的仁，和生命連接起來，仁即生命。這種思想在宋朝理學家的思想裡，很明顯地表達出來。程顥第一個正式提出。

「天地之大德曰生，天地絪蘊、萬物化醇。生之謂性，萬物之生意最可觀。此三者，善之長也，斯所謂仁也。」

「醫家言四體不仁，最能體仁之名也。」

醫家言四體不仁，即是四體癱瘓，沒有生命，仁便是生命。明道解釋《易經》的「元者，善之長也」，以元爲生命開始，仁即是元。朱熹繼程顥思想，屢次說仁爲生，他還特別寫了一篇「仁說」的文章。

「生的意思是仁。」「仁是天地的生氣。」

朱熹分別仁和愛，仁不是愛，兩者意義不相同。

「愛非仁，愛之理為仁。心非仁，心之德為仁。」

「仁是體，愛是用，又曰愛之理，愛自仁出也。然亦不可離了愛去說仁。」

愛是一種情感，仁則是愛的理由。爲什麼愛，因爲仁。人愛父母，因爲父母是生命的根由。人愛自由，即是愛自己的生命，自己的生命即是自己的存在。《易經》的形上本體論就是以生命同於「存有」。西洋傳統形上學以一切都是有，《易經》以一切都是變易，變易就是生生。一切萬有莫不愛自己的「有」，即自己的存在。中國哲學乃以一切萬有莫不愛自己的生命，生命也即是自己的存在。

孔子所講的仁，在狹義上是愛，在廣義上爲生。孔子所講人的生命，乃是孟子所說大體的生命，即心靈的生命，也就是道德的生命。

2. 基督講的仁所有意義

在天主教的用語裡，表示愛有兩個名詞：一個拉丁文爲Caritas，英文爲Charity，另一個拉丁文爲Amon，英文爲Love，前一個名詞相當於中文的仁，後一個名詞相當於中文的愛。聖多瑪斯解釋愛，說是對於一個客體的傾向。這種傾向分爲感覺傾向與理論性傾向。感覺性傾向爲物引物，爲情慾；理性傾向爲自由傾向，人認清了客體，意志決定愛這客體，所以愛有感覺性的愛，有理性的愛。他解釋仁，仁是對於愛的客體，予以敬重而成爲友愛之愛。且追求被愛者的福利。通常所講的愛，則常求愛者自己的利益，自己的享受。

基督在福音上所講的愛，乃是仁。基督多次說明在所有的誡命中，以愛天主和愛人兩條誡命爲最大。愛天主是要全心全力愛天主在萬有之上，也在愛自己以上；愛人則愛人如己，這種愛不是感覺的情慾，而是來自理性的意志，不是爲自己本人的利益，而是爲被愛者服務。基督自己愛天主，是孝愛的愛，全心奉行天父的旨意，全心爲求天命的光榮，在被判死刑的前夕，和十二門徒共行晚餐，祂向天父說：「我在地上已光榮了祂，完成了祂所委託我所作的工作。」（若望福音 第十七章第四節）祂所有的使命是捨生爲救贖人類，所以在被捕時，門徒們要抵抗，基督對伯鐸（彼得）說：「把劍收入鞘內！父賜給我的杯，我豈能不喝嗎？」（若望福音 第十八章第十一節），祂象徵痛苦，稱爲苦爵。

基督講對人的愛，也是仁愛。在最後晚餐上基督囑咐十一個門徒說：

「這是我的命令，你們該彼此相愛，如同我愛了你們一樣。人若為自己的朋友捨掉性命，更沒有比這個更大的愛情了。」（若望福音 第十五章第十二節）

基督比譬自己是牧人，牧人愛自己的羊，餵養牠們，若有狼來抓羊，挺身抵抗，寧自己遭狼咬死。

「賊來，無非是為偷竊，殺害，毀滅（羊），我來，卻為叫他獲得生命，且獲得更豐富的生命。我是善牧，善牧為羊捨掉自己的性命。」（若望福音　第十章第十節）

基督指出愛人如己的誡命，爲第二條大誡命。對於這條誡命的意義，祂說明有新的意義。「你們一向聽過古人說：『不可殺人——誰若殺人，應受裁判。』我卻對你們說：凡向自己弟兄發怒的，就要受裁判。」（瑪竇福音　第五章第二十一節）

「你們一向聽說過：『以眼還眼，以牙還牙。』我卻對你們說：不要抵抗惡人；而且，若有人掌擊你的右頰，你把另一面也轉給他掌擊。……」（同上，第三十九節）

「你們一向聽說過：『你應愛你的近人，恨你的仇人。』」我卻對你們說：你們當愛你們的仇人，當為迫害你們的人祈禱，好使你們成為在天之父的子

女，因為他使太陽上升，光照惡人，也光照善人；降雨給義人，也給不義的人。」（同上，第四十三節——第四十六節）

基督所講的愛，爲大公無私的仁愛，而且還包括仇人在內的仁愛。基督的門徒後來傳祂的道，特別注重這仁愛，以兩種理由作爲基礎：第一，大家都是天主的子女，第二，大家因著進入教會的洗禮，和基督成爲一體，基督是頭腦，彼此都是肢體。

「就如我們在一個身體上有許多肢體，但每個肢體都有不同的作用，同樣，我們眾人在基督內也都是一個身體，彼此之間每個都是肢體。」（致羅瑪人書 第十二章第四節）

「愛不可是虛僞的，你們當厭惡惡事，附和善事。論兄弟之愛，要彼此相親相愛；論尊敬，要彼此爭先；論關懷，不可疏忽；論心神，要熱切；對於天主，要衷心事奉；論望德，要喜樂；在困苦中，要忍耐；在祈禱上，要恒心；對聖者的急需，要分擔；對客人，要款待。迫害你們的，要祝福，只可祝福，不可詛咒。與喜樂者一同喜樂，與哭泣者一同哭泣。彼此要同心合意，不可心高望想，卻要俯就卑微的人，不可自作聰明人。對人不可以惡報惡，對眾人要勉力行善；如若可能，應盡力與眾人和睦相處。諸位親愛的，你們不可為自己復仇，但給天主的忿怒留有餘地，因為經上記載：『上主說，復仇是我的事，我必報復』。所以『如果你的仇人餓了，你要給他飯吃；渴了，應給他水喝，因為你這樣作，是將火堆在他頭上』。你不可為惡所勝，應以善勝惡。」（同上，第九節—第二十一節）

這是聖保祿宗徒所寫的信，他發揮了基督的愛，把愛的意義，發揮得淋漓盡致。基督的十二門徒中，有一位稱爲愛的宗徒，就是聖若望。他是耶穌基督在生時所最愛的門徒，他後來傳道特別注意講愛德：

「我們應該愛，因為天主先愛了我們。假使有人說，我愛天主，但他卻惱恨自己的弟兄，便是撒謊的；因為那不愛自己所看見的弟兄，就不能愛自己所看不見的天主。我們從他得了這個命令，那愛天主的，也該愛自己的弟兄。」（若望第一書　第四章第十九節—第二十一節）

一切的人都是自己的弟兄，該愛一切的人，愛人才能愛天主，表現自己是天主的子女。基督也說過；彼此相愛才能是祂的門徒，「如果你們之間彼此相親相愛，世人因此就可認出你們是我的門徒。」（若望福音 第十三章第三十九節）

二、仁愛的來源

1. 孔子之仁的來源

《中庸》第二十章說：「仁者，人也，親親爲大。」這是孔子的思想，孟子解釋說：「仁，人心也。」（告子上）仁愛的來源來自人心，人心生來有具有仁義禮智之端，而仁又包含義和禮智，故說「仁，人心也。」即是說人心生來具有仁。心，在孔、孟和後代的儒家裡，意義非常重大。《大學》講修身，修身在於正心。孟子講人的生活在於養育大體，大體爲心，養育大體便是「存心」，便是「養心」，存心所以養性，養心所以寡慾；養性才能知天，寡慾才能發展仁義禮智之端。宋朝理學家朱熹進一步說，人心所以是仁，因爲是由天地之心而來：

「發明心字，曰：一言以蔽之，曰生而已矣。天地之大德曰生，人受天地之氣以生，故此心必仁，仁則生矣。」（朱子語類 卷五）

「天地以生物為心，天包著地，別無所作為，只是生物而已。亙古至今，生生不窮，人物得此生物之心以為心。」（朱子語類 卷五十三）

「天地以生物為心者也，而人物之生，又各得夫天地之心以為心者也。故語心之德，雖期總攝貫通，無所不備，然一言以蔽之，則曰仁而已矣。」（朱文公集 卷六十七 仁說）

「當來得於天者只是箇仁，所以為心之全德。」（朱子語類 卷六）

仁是生，生即生命，也就是變易的「存有」（being），人物從天地得有生命，生命按照氣之清濁，程度不同，人之氣最清，人的生命乃是仁義禮智的生命，簡單說就是仁的生命。

朱熹特別提出天地之心，《易經》祇說「天地之大德曰生」，朱熹以天地之德，即表現天地之心，這一點和老子不同，老子以天地不仁，即沒有愛心，讓一物自然生滅。《易經》既講生生爲天地的大德，便應該說天地有創化萬物之愛心，但是理學家都以天地爲氣，氣怎麼可以有心呢？朱熹的門生便多次就這個問題，向朱熹發問：

「道夫曰：『向者先生教思量天地有心無心，近思時，竊謂天地無心，仁便是天地之心。若使其有心，必有思慮，有營為。天地曷嘗有思慮來！然其所以『四時行，百物生』者，蓋以其合當如此便如此，不待思維，此所以為天地之道。』曰：「如此，則易所復『復其見天地之心』『正大而天地之情可見』又如何？如公所說，祇說得他無心處耳。如果無心，則須牛生出馬，桃樹上發李花，他又卻自定。程子曰：『以主宰謂之帝，以性情謂之乾』。他這名義自定，心便是他箇主宰處，所以謂天地以生物為心。中間乾夫以為某不合如此說。某謂天地別無勾當，只以生物為心。一元之氣，運轉流通，略無停間，只是生出許多萬物而已。」問：「程子謂『天地無心而成化，聖人有心而無為。』曰：這是說天地無心處。且如『四時行，百物生』，天地何所容心？至於聖人，則順理而已，復何為哉！所以明道之：『天地之常，以其心普及萬物而無心；聖人之常，以其情順萬物而無情。』說得最好。問：『普萬物，莫是以心固偏萬物而無私否？』曰：『天地以此心普及萬物，人得之遂為人之心，物得之遂為物之心，草木禽獸接著遂為草木禽獸之心只是一箇天地之心耳。』今須要知得他有心處，又要見得他無心處，只恁定說不得。」（朱子語類　卷一）

「四時行，百物生」，是孔子在《論語》書裡的話；《易經》說天地有心和天地有情，朱熹說天地以生物為心，便不是他自已的創見，乃是繼承孔子的思想。天地有心即是天地有主宰。天地有主宰，在孔子來說，是天地有上帝作主宰；在宋朝理學家來說，便說是理當如此。但是朱熹又不敢說一定，他說：『蒼蒼之謂天，運轉週流不已，便是那個。而今說天有箇人在那裡批判罪惡，固不可；說道全無主之者，又不可，這裡要人見得。』（朱子語類　卷一）孔子曾說：「天何言哉！四時行焉，百物生焉，天何言哉！」（論語　陽貨）

孔子願意效法上天而不說話，祇以行為表示仁道。天地有心有情，是代表上天上帝的心情。人得天地之心以為心，雖說是得天地之氣以為心，然而天地之氣運行生物，則是代表上天上帝生物之心。因此，孔子之仁，來自人心，人心來自天地之心，天地之心來自上帝之心。

2. 基督之仁的來源

就一般的人來說，人是天主按照自己的肖像造成的，人像天主。人心有仁愛，仁愛來自造物主天主。

就一般受了洗禮而信基督的信徒來說，信徒因著洗禮和基督成爲一體，分有基督的神性生命，因著基督而相愛，這種仁愛乃是基督的仁愛，是直接來自基督的聖神。基督因聖神授給信徒一種聖寵，信徒因著聖寵而發仁德。這種仁愛爲一種超乎人性的善德，而能得永生的酬報，永生的酬報，即是欣賞天主的無限真美善。

「可愛的諸位，我們應該彼此相愛，因爲愛是出自天主；凡有愛的，都是出自天主，也認識天主；那不愛的，也不認識天主，因爲天主是愛。天主的愛在這事上顯出來，就是天主把自己的獨生子，打發到世界上來，好使我們藉著祂得到生命，愛就在於此，不是我們愛了天主，而是祂愛了我們，且打發自己的兒子，爲我們做贖罪祭。

可愛的諸位，既然天主這樣愛了我們，我們也應該彼此相愛，從來沒有人瞻仰過天主，如果我們彼此相愛，天主就存留在我們內，祂的愛在我們內才是圓滿的。我們所以知道我們存留在祂內，祂存留在我們內，就是由於祂賜給了我們聖神。」（若望第一書第四章第七節——第十三節）因著聖神而相愛，則是超乎人性的仁愛，若是信徒愛天主，因天主的真美善而愛天主，天主的真美善在我們現世不能看到，祇由天主的啓示而知，這種愛天主之愛稱爲神學性之愛。乃是天主直接所賜的善德，這種善德再因聖神而行動，因此，必定是超乎人性的善德。這一點和孔子的仁，便有本乎人性和超乎人性的分別。

三、仁的完成

1. 孔子之仁的完成

孔子之仁，來自天地之心，傾向生化萬物，仁的完成，在於生生的完成。代表孔子之仁的完成人格，稱之爲聖人，或稱爲仁人，或稱爲大人，孔子自己曾說：「若聖與仁，則吾豈敢，抑爲之不厭，誨人不倦。」（論語 述而）中國古人教育的目的，最高點即教人成聖人。

荀子曾說：「基義則始乎爲士，終乎聖人。」（勸學篇）聖人是誠於自己的人性，如《中庸》所說：

「唯天下至誠，為能盡其性；能盡其性，則能盡人之性；能盡人之性，則能盡物之性；能盡物之性，則可以贊天地的化育；可以贊天地之化育，則可以與天地參矣。」（第二十二章）

「贊天地之化育」，乃是參加天地好生之德，與天地合其德，如同《易經》所說，「夫大人者與天地合其德。」聖人的精神，便是「仁民而愛物」（孟子 盡心上）的精神，《中庸》說：「大哉聖人之道，洋洋乎發育萬物，峻極於天。」（第二十七章）《中庸》稱讚孔子：「萬物並育而不相害，道並行而不相悖，小德川流，大德敦化，此天地之所以爲大也。」（第三十章）這種精神，就是儒家精神生活的「天人合一」的最高境地，仁道得以完成，張載曾說「大其心，則能體天下之物，物有未體，則心爲有外。世人之心，止於見聞之狹，聖人盡性，不以見聞盡其心。其視天下，無物非我，孟子謂盡心，則知性知天。以外，天大無外，故有外之心，不足以合天心。」方東美說：「張橫渠的思想把宋儒平常習用的概念，找出了一個主腦，這主腦在生命的體念，以心為中心而『大其心』，然後才把這心的來源追溯到天。所謂掌握了『天心』，才可以瞭解世界一切的一切。」

2. 基督之仁的完成

基督之仁來自天主聖神，使人成為天主的子女，參加天主性的超性生活。這種超性生活的完成，在於面見天主，如同子女看見父親，面睹父親的容貌，欣賞天主的真美善。人在現世具有身體，身體的眼睛為物質，物質的眼睛不能看見絕對的精神，中國古人也說：「神無方而易無體」，現世所認識的天主，是用信仰而信天主所啓示的天父，雖然基督曾經說：「誰看見了我，就是看見了父」（若望福音 第十四章第九節）；還仍舊是由有形的基督所表現的天父，真實看見天父，面對面的看見，則在人脫去了身體或是具有復活了的非物質性身體，才可以完成。聖若望宗徒說：

「可愛的諸位，現在我們是天主的子女，但我們將來如何，還沒有顯明；可是我們知道，一顯明了，我們必要相似祂，因為我們要看見祂實在怎樣。」（若望第一書 第三章第二節）聖保祿宗徒說得很清楚：

「因為我們現在所知道的（天主），只是局部的，我們作先知所講的光是局部的。及至那圓滿的一到，局部的就必要消逝。……現在我們是藉著鏡子觀看（信仰），模糊不清，到那時，就要面對面的觀看了。我現在所認識的，只是局部的，到那時我就要全認清了」（致格林多前書 第十三章 第九節—第十二節）

全認清絕對精神體的天主，欣賞天主無限的真美善，乃是天主教的天人合一，實現與天主合一的生命。

四、結　論

綜觀，孔子的仁，一貫他的思想，爲「率性之謂道」，「仁民而愛物」，立己立人，達己達人，源自天地之心，效法天地好生之德，以達到贊天地的化育，化育萬物。

基督的仁，爲一切誡命的總綱，全心靈愛天主在萬有之上，愛人如己。人受洗禮與基督合爲一體，成爲天主的子女，以基督天主之心而愛天主愛人，期望將來面見天主，這種仁愛的來源和目標，都超乎人的本性，昇入超性的神性。

從本性方面說，孔子之仁和基督之仁很相同，兩者都是出自人心，人心源自天心。孔子之仁以親親爲先，旁及四海之人，且愛到萬物，參與天地好生之德，達到天地萬物相通爲一，調協和諧，宇宙大同。

基督之仁，源自天主，流自聖神，發於基督之心。人心和基督之心相合，以孝愛真情孝愛天父，以天父子女之心愛友人愛仇人。彼此在基督之內結成一體，連同宇宙萬物，敬拜造物主天主，期待脫離物質的肉軀，親自面對天主，認識天主的本體，欣賞無限的真美善。基督之仁，在現世和孔子之仁並行不悖，目標則常在超乎本性的天主，現世以信德（信仰）與天主相接，來世則面對面而與天主相合。

現代化儒家思想與基督信仰的融會

基督的教義和精神，同孔子的思想和精神，可不可以發生關係呢？自認爲代表中國政府的共產政權，不是一種絕對的唯物無神論嗎？自認可以代表中國傳統文化的中華民國新儒家思想，不是革新孔子的人文主義，把宗教信仰和倫理哲學距離得更遠嗎？歐洲信仰基督的民族，現在不是正在使社會世俗化，脫離基督信仰的牽制嗎？在這東西兩種雖不相同的情形，而卻同一不利於基督教教義和儒家思想互相融洽的情形下，可不可以談基督教義和儒家思想的接觸呢？我的答案是肯定的。

一、兩方面的困難

1. 儒家方面

儒家的思想，從孔子以來，是以人爲中心的人文思想。《易經》的卦有三爻，上爻代表天，下爻代表地，中爻代表人，人和天地成爲三才。重卦則六爻，六爻是雙卦的爻。

「易之為書也，廣大悉備，有天道焉，有人道焉，有地道焉，兼三才而兩之故六。六者非他也，三才之道也。」（繫辭下 第十章）

《禮記・禮運篇》說：

「故人者，其天地之德，陰陽之交，鬼神之會，五行之秀氣也。……故人者，天地之心，五行之端也，食味，別聲，被色，而生者也。」（禮運）

這是從人由氣而成的一方面說，人的氣爲天地的秀氣，即天地的清氣。清氣或秀氣構成人，人乃有靈敏的心，人心溢而靈，能知，能主宰。宋朝理學家如二程和朱熹以人心來自天地之心，人心爲仁，孟子也早以人心有仁義禮智四端。因此，儒家以人心具有人性之理，人性之理就是人的生活原理。《中庸》便說：「天命之謂性，率性之謂道，修道之謂教。」

第一章

人的生活須按照人性之理，稱爲率性，率性就是「誠」。《中庸》說：

「誠者，天之道也；誠之者，人之道也。」（第二十章）

儒家的哲學便以人性爲基礎，以建立整體的哲學，把宗教的信仰排擠在哲學以外。祇有在《書經》和《詩經》裡講述上天的信仰。這種信仰實現於上天任命皇帝，代天行道，治理萬民；對上天的敬禮，也由皇帝代替萬民舉行郊祀祭天大典。國民對於上天的信仰，祇相信上天主宰賞罰。孔子則以上天的賞罰完全依照人的善惡，人所須要做的，就是行善避惡。善惡的標準，在於人性天理。

人性天理本來是善的，《大學》所以說：「大學之道，在明明德，在親民，在止於至善」。人性乃是天生善德，而且自然明朗，祇是人心有私慾，慾情可以掩蔽人性的明德，所以人的修身，即在於克除私慾，使人性明德能夠顯明。《中庸》所說「誠者，天之道也」，乃是說聖人的心清明無慾，人性明德自然顯明，因此便是天然之誠。一般人，即是聖人，也有私慾，便要自己克慾，因此便是「誠之者，人之道也。」

克慾的修身，每人都須實行，就是孟子所說人心祇有仁義禮智四端，四端須要人自力去培養，爲培養人心的四端，人應該克慾。

人應該克慾，克慾是人人修身之道，每個人都要做，每個人也能夠做。陸象山和王陽明以格物致知，在於格正事物，以致良知，使知行合一，知行合一，人人可以做。儒家的思想裡，便沒有原罪的觀念，也沒有人須蒙受救贖的想法。人自己要行善，人自己而且絕對能夠行善，人人都可以自力成聖人。儒家的行善，不靠上天的神助。這一點，在儒家的人看來，是和基督信仰的根本衝突點。基督信仰的核心在於基督的救贖工程，而儒家則認爲這一點是根本不必要的神話，他們可以相信基督是一位偉人，但不相信基督是降生的天主聖子，便不相信是人類的救主。

儒家的倫理，和基督的倫理可以相融合，乃是大家所公認的事；但是現在儒家的倫理在改革的時候，傳統的倫理可以保存多少，目前很難預定。孝道已經似乎全部消失了，孔子重義輕利的規條，似乎根本倒轉去了，中庸之道似乎變成了強暴偏急的群眾運動，愛好和平的禮讓似乎被人身攻擊的流氓行動所替代。現在向中國社會人士講天主十誡，將會被人看同守舊的人講孔、孟的仁義禮智，所以連儒家倫理和基督倫理相接近的可能，都有些渺茫不著實地了。況且現在講儒家思想革新的人，更要強調儒家的「非宗教性」，和儒家所講的「人性尊嚴」。

2. 基督信仰方面

基督信仰從信仰方面說，派別非常多；要談基督信仰和儒家的關係，我若從我自己所信仰的天主教方面來說，則必不能代表這次參加學術會議的各派基督教。所以我祇好從基督信仰最基本的幾點來講。

基督的信仰雖然派別很多，然而最基本的一點，則是都不願修改自己的信條，以便迎合別的宗教或別的生活哲學；這一點在天主教教會裡，更是最基本的一點。在清朝康熙皇帝時，因著祭天、祭孔、祭祖的禮儀問題，天主教教宗寧可冒行政上的錯誤和傳教的危險，嚴格禁止了這些禮儀，而不願冒有損教義的危險，把當時天主教和儒家傳統接觸的好線索斷絕了。今天，別的基督教派都懷著這種心理，寧願不和儒家傳統或新儒家相接觸，以免損害了自己的教義。因此，我們來談基督信仰和儒家思想可能的接觸關係，祇能在教義以外，或者在不損害教義條件下，才能夠談關係。

另一點基督信仰各派的根本上，基督信仰進入人生的各部門，和人生活和社會生活都要受這種信仰的約束，不能祇在禱告時或祈福免禍時，才信有天主或上帝，如同中國人傳統的宗教信仰祇是人和神靈在禍福方面的關係，佛教的信仰，雖然包括人的來生，然而對於人的現生，中國人仍舊是守儒家的傳統，不用佛教的信仰，祇是在歐美目前社會的趨勢也是在緊縮宗教信仰的約束範圍，把生活和宗教信仰分離；然而這種趨勢並不爲基督各教派所接受。

再一點最根本的信仰，在於信仰耶穌基督是人類的救主，信仰基督是天主，是人類的創造者，又是人類的再造者。西方人有些主張自然科學反對宗教信仰，而中國現在自認爲革新的人物，則以爲科學證明了宇宙不由上帝所造，（今年青年節中央日報的特刊上，就有一個台大心理學教授這樣說）；再者，中國傳統又以人性爲天生善德，人自己努力可以成聖，不必相信一位來自上天的救世主，雖說許多中國知識份子都承認基督爲一位具有非常高尙人格的偉人，也承認是一位偉大的救主，然而偉人祇是人，不能相稱基督救世主的身份。

在倫理的價值觀，基督教義，尤其從天主教教義去評價，有個基本上的差異點，即是本性和超性的差別。中國哲學家可以承認倫理的超越性——也可以承認人類精神生活的追求——常是講「天人合一」，這種追求的目的，是種超越棄世的目的。但是儒家的超越祇是人世的宇宙或人世的社會，而不是人的本性。他們認爲若是人類的生活超越人的本性，人便走失了人性；人的生活便沒有根基，也便不再是人的生活。基督的信仰則以人在領受洗禮時，接受了基督的神性即天主性生命。這種生命因著聖神或聖靈而來，結合在人本性的心靈生活上，既不摧殘人的本性生活，卻提高人本性生活的本質和目標。受了洗禮的靈性生活，以信德聖德愛德的能力，直接以天主上帝爲目標，獲得永遠生存的價值，而發動信望愛三德的動力，則來自上帝天主的恩寵助力。因此信友的生活，具體地在本性內活動，內部的精神則要脫離罪惡而趨於天主上帝，在一種超乎人性的境界裡行動。這兩方面的差異，不是互相矛盾，或互相衝突的境界，而是由下而上的階梯，可以互相通行；困難在於觀念上的溝通。

因超性而有來生，來生且是永生，基於儒家的孔子，祇能引起驚疑，並不會引起否決。孔子的孝道要求孝敬已亡的親人如事生人，《詩經》裡的祭祖歌詞，常說文王的魂在天帝左右。漢代的儒家王充等人雖否認人死後能有神魂，但是漢以後的中國人幾乎全部接受了佛教的輪迴和地獄的信仰，幾乎每家都請僧道超渡亡魂。基督信仰的永生信條不足成爲最難的接觸點，或是還可以成爲改良社會迷信而造成更合理合情的追思亡人典禮。

二、兩方面可以有的融會交點

現在我們中國人都在研究儒家思想的現代化，使儒家思想還能作爲中國文化的主流，作爲中國人生活的模型，傳統的儒家生活模型，是大家庭的孝道，是對於皇帝的忠心，忠孝的執行都有上天的賞罰。因著忠孝，中國人愛自己的家鄉，家族觀念和鄉土的同鄉觀念很深。

儒家的傳統模型又在於愛惜現生，經營現生，能節省，能吃苦；雖然孔子重義輕利，雖然漢代儒家已經就重農輕商，但是現生的生活需要錢，中國人對於錢的價值雖不敢和學問道德並列，然而在一般人的心目中，佔有特殊地位。因此，中國人爲重經商便走遍東南亞，而且住在東南亞，掌握了東南亞的經濟權。現在革新的儒家，更將重視現世的生活，更將重視金錢，家族觀念和鄉土觀念將逐漸消失，各種行業的團體將成爲社會的核心。因著注重現世和金錢，則享樂主義必應運而生。而且在台灣已經流行於社會，已經成爲風尙。

但是爲求新的儒家思想能有一種根基，必須建立精神的核心和依託，目前，台灣的青年有不少人已經感覺精神的空虛，而且因著聯考的困惑，精神沒有依託而失去平衡，許多青年乃尋求宗教信仰的幫助，研究佛學和研究基督教義的青年越來越多。在另一方面，退休的老年人越來越多，在休閒中感到精神的空虛，而求研究宗教。革新儒家思想的人提出「天人合一」的超越理想，原來儒家的「天人合一」的理想，是「與天地合其德」，天地之德是好生之德，代表上天的愛心。在這一點上，可以有基督信仰和儒家思想交接融會之點。聖若望宗徒曾說「天主是愛」（若望一書 第四章第七節）

儒家以天地有好生之德，化生萬物，宇宙的萬物合成一道生命的洪流，互相連繫，王陽明在〈大學問〉一篇中乃講「一體之仁」。仁是生命，「一體之仁」即一體的生命。張載在

〈西銘篇〉裡也有「乾稱父，坤稱母，……民吾同胞，物吾與也。」天地萬物的生命互相連繫，不僅是人的生命結成一體，互相關連，植物、動物，和礦物的存在，都是生命。都互相連結。整個宇宙是一整體，在存在上，在生命上，即是在生存上，互相關連，互相協助。若一部份的生存，受到損害，以至於生存不能繼續，則整個宇宙的萬物，在生存上也都要受到損害。今天，大家都在講環境保護，預防污染；但環境污染的程度已經達到危害宇宙萬物生存的程度，大家都提高了警覺，高呼保護環境，寧可犧牲經濟的成長，也不願犧牲大家的生存。這一點證明我們聖經所說天主造了宇宙萬物，由人照管，使能發展。萬物的生存由於天主的愛，人卻違反了造物主的愛心，濫用萬物，引發自然界的反撲。所以應該提倡天主對造物的愛心，使人對自然界也應有愛心。

儒家雖然相信人性是明德，王陽明雖然相信人心是理，祇要表現了人性或良心，人就是完美的善人。但是儒家都承認人心生來有私慾，人為顯明人性的明德，為能致良知，必須克慾。孟子已經說過：「養心莫善於寡慾。」（盡心下）儒家又雖然常相信人自己努力就可以克慾，然而在實際上大家卻都說：「心有餘而力不足」，因此便不能不承認人類中有罪惡，荀子並且主張性惡，法家們也不贊成孔子的德治，而實行「嚴刑峻法」的法治。目前，中國的社會裡，犯罪的行為層出不窮，台灣社會正在以青年犯罪作為重大的社會問題，在另一方面，儒家學者現在反對基督信仰的原罪，是沒有懂得明瞭原罪的意義，認為原罪破壞了人性，人生來就是惡人。實際上，原罪的意義是在成爲天主的對敵者，原罪的流毒是在加重情慾的壓力。如同聖保祿宗徒所說：「可是我發覺在我的肢體內，另有一條法律，與我理智所贊同的法律交戰，並把我擄去，叫我隸屬於那在我肢體內的罪惡的法律。我這個人真不幸！誰能教我脫離這該死的肉身呢？感謝天主，藉看我們的主耶穌。」（羅瑪人書 第七章第三十一節），既然大家都深深體會「心有餘而力不足」，能有從天降來的基督伸手援助，使我們有力行心所願行的善，儒家的人也不能說這是和人性相矛盾，失去人性的尊嚴。孔子曾說「三人行，必有我師」（述而）儒家不以受人的教誨和指導爲恥，怎麼卻以得天主的教導和援助爲辱呢？

儒家哲學的生命哲學，對於耶穌基督的救世論，還可以給予一種很好的解釋。原罪由原祖而流傳於整個人類，是因爲原祖開始一種人性生命，這種人性生命由原祖開始往下傳，由生育而繁殖爲整個無數人的人類，人類的人性生命由原祖而傳，原祖的人性生命既因著罪和天主相敵對，而放縱了私慾，後代的人類都懷著這種因原罪而受害的人性生命。基督降生救人，改造由原罪而受害的人性生命。基督降生成人，具有整個的人性生命，，就祇沒有原罪和原罪的流毒，而且將人性生命和天主性生命相結合，成爲基督的整個生命。基督爲救人，將自己的整個生命因著聖洗，傳給受洗的人；凡是受過洗禮的人，因著聖神的神力取得了基督的生命，和基督結成一體，共成一個新的人類。人類的生命是一體，基督既由聖洗除了人性生命的原罪流毒，則凡是具有人性生命的人都可以信仰基督而接受由洗禮而來的新生命。基督成爲這種新生命的原祖，結成一個新的民族，基督就是這種一體新民族的頭顱。而且儒家主張宇宙萬物的生命相連，便可以解釋聖保祿宗徒在羅馬人書第八章所說萬物都因原罪而成爲奴隸，要由基督的新生命而享受天主子民的自由，即萬物也因人的新生命，即天主子女的生命而一體地分享天主子女的生命，當然是按自然物本質的適宜生命，使宇宙萬物和人相連，人和基督相連，整個宇宙因著基督而歸於天主聖父。（格林多前書 第十五章第二十八節）

三、結語

我在結束我的論文以前，不能不承認我不能決定儒家的現代化，如果究竟將是怎樣。我所說的儒家革新點，是按基督信仰的觀點去看；而且我也不能不承認我的觀點還是天主教的觀點，不能代表基督教各派的觀點。但是從另一方面說，我所指出的基督信仰和現代儒家思想的交接融會點可以得儒家現代化各派的人和基督信仰各派的人予以接納，因爲我所說的乃是兩方面的幾個基本點。

傳統的儒家從堯、舜一直到清末，相信皇天上帝，清朝皇帝也祭天，北平有一座「天壇」。民間老百姓都相信上天的賞罰。目前，雖然社會流行「科學反宗教信仰」的思潮，但是當社會青年人和退休的老年人感到心靈空虛，尋求宗教信仰的依託時，新儒家提出皇天上帝，基督信仰提出上帝天主，這便是交接的一點。

傳統儒家以人心為仁，因為天地之心是仁，人得天地之心以為心，人心故仁，仁為愛之理，孟子和《中庸》都以人為仁。目前社會青年多趨殘暴，大陸共產主義更提倡階級鬥爭，因此，大家都深深體會到再提出儒家之「仁」，重新養育一個有愛心的中華民族。基督的信仰以仁愛為中心。因此基督的仁愛和儒家的仁愛又是一個交接之點。

儒家講一體之仁，以宇由萬物為一體的生命，自然界的萬物和人類，彼此在生存上互相關連，互相協助，不能弱肉強食，也不能濫用自然物以滿足人的慾望，否則將同歸於盡。基督的信仰，以宇宙萬物為上帝所造，交由人類利用，然而上帝定有自然法，按法而利用萬物，人受利益，違反自然法，人將受害，整個自然界也將受損。這一點又是儒家思想和基督信仰相交的一點。

雖然儒家相信人性為明德，人自力可以明明德。但是儒家也祇承認唯有聖人，天生明智，心靈沒有私慾，能夠自己明明德。所以儒家以「誠者，天之道也」指的是聖人，天然可以至誠，至於賢人和一般人則是「誠之者，人之道也」，人人都該努力克慾。可是天主的聖人並沒有出現，孔子自己承認，到了七十歲才修養到「從心所欲不逾矩」。儒家的聖人，就是沒有原罪的人，祇有基督，和基督的母親瑪利亞。這一點也可以作爲交接點。

天地萬物（一體之仁）

最近，輔仁大學和主教團合辦了一個學術研討會，名爲「天地萬物研討會」，大家都莫名其妙，認爲這個學術會議究竟研討什麼學術問題？我自己當建議辦這個學術的人來談時，也覺得似乎有點荒唐，後來聽了他們的解釋，我認爲很有意義。他們的目標在研討天地萬物的相互關係，以求保衛生態環境和避免污染環境的理由，而且從天主造天地萬物方面去觀察，而實際研討保護環境的普通方法。

我在這個學術會議致開幕詞時，就說到這種天地萬物互相連繫的思想，在中國儒家的傳統哲學裡已經有，宋朝張載在〈西銘〉裡，明朝王陽明在〈大學問〉裡都說明這一點，孟子則也早就說過君子要親親，仁民，愛物。

我講生命哲學，也就是根據這種思想，再加上聖經的啓示，融合而成。

一、以聖神的德能　創造萬有

天地萬物，有始有終，便不是自有的絕對實體，而是相對的實體。相對的實體不能自有，因爲在它沒有存在以前，它不能使自己存在，必定是另一已經存在的實體使它存在。小孩沒有受孕成胎以前，絕不能自己在母胎成孕，是父母使他成了胎兒。萬物沒有一件是自己有的，合萬物而成天地，天地也不是自有的。唯物論的宇宙自有說，乃是一種自相矛盾的主張。祇要看物理方面萬物運動的規律，就可以想到不是物質所能自造的。人有理性，人能創造，人能定規律；人的理性則不是物質，人的理性的創造活動仍舊限定在物理規律以內。整個宇宙，也就是天地萬物，由一絕對自有實體所造。絕對自有實體不是由自己本體的變而生萬物，乃是用自己的能而從無中生有，創造萬物。絕對自有實體即是造物主天主，中國稱爲上天或皇天上帝，造物主所用的能，即自己的能，稱爲聖神的德能。

天地萬物的「有」，由天主的德能（創造力）所造。

天地萬物有了，爲能繼續存在，仍舊靠造物主的德能。因爲天地萬物原來是虛無，由天主的德能而有。這個「有」，是存在造物主天主的德能上，若天主撤消自己的德能，萬物的「有」就消失了。聖多瑪斯稱天主對萬物的「有」所予以照顧而使繼續存在，爲「繼續的創造」，即是創造工程的繼續。不過，在天主方面沒有時間空間，一切都是現前，所以創造和照顧萬物的「存有」，是造物主天主的德能之同一工作。

天地萬物的存在，也由天主德能所保全，或所造。

因此，天主教會在彌撒祭祀中，頌謝天主，「以聖神的德能，養育萬有」。

養育兩字，較比保全兩字的意義更深。

二、以聖神的德能　養育萬有

造物主絕對實體，以自己的創造力，創造了萬有，又以自己的創造力保全萬有。萬有被創造後，不是死靜的，而是繼續變化的，不是一次造成了萬有，便一切都有了，而是由一物推動一物，繼續化生。《易經》曾說：「一陰一陽之謂道，繼之者善也，成之者性也。」（繫辭上　第五章）

萬物既已存在，便有動作，動作的動力，是在自體裡，第一次的發動力，則來自另一實體。萬物彼此相連，動力相通。動力的來源，來自造物主的創造力，萬物的有和存在，都來自造物主的創造力，萬物的動力也來自造物主的創造力。好比一座大工廠，全廠大小機器相連，機器的動力爲電，電由電源輸進，流入全廠機器裡，全廠機器都動。一停電，機器就停止工作。一架機器有損傷，電流不通，機器就不能動。

天地的萬物爲物質物，自己不能動，每種物體按照造物主的創造計劃，具有一種非物質的動力，物體固著自己的動力，在被發動後便能動作，動力的非物性，程度不同，按照物體的本體之物質性而定，礦物本體的物質性深重，所具有的動力的非物質性最低最淺，植物本體的物質性較輕，動物更輕，人則最輕。人的動力爲靈魂，乃屬精神體。

物質的動力既在本體內，在本體便都有變化。動力的非物質性最低者，動力的動便是最低的變動。一塊石頭，在本體內具有動作，使各份子相連，保持自己的量。若石頭本體內沒有動作，則各份子分散，石頭就不是石頭了。植物動物的本體，繼續發展，本體內的動力乃是發展的動力，發展通常稱爲生命，發展動力稱爲創生力。宋朱熹曾說「理一而殊」，理爲生命之理，實際的生命則隨物體的本性而不同。生命之理即物體內在之動，凡是物體都具有內在之動，動的性質則高下互異。

物體內在之動，都爲發展自己的「存在」，最低的物質體，以內在之動以保持自己的存在，高級的物質體以內在之動以發展自己的存在。物體在保持和發展自己的存在時，也協助其他物體保持或發展自己的存在。因此，萬物在「存在」上，在保持和發展存在上互相連繫，互相協助，因此說萬物有一體的生命，即王陽明所說「一體之仁」。

物體的內在動力，來自造物主的創造力。因著造物主的創造力而有創生力，因著創生力，萬物乃能發育生命，化生萬物。造物主便是用自己聖神的德能，養育萬物。

物體的變化有兩種：一種是本體內在的變化，一種是附加體的變化。西洋士林哲學認爲本體的變化，祇有生與死，本體在存在的期間不能有變化，所有的變化都是附加體的變化，因爲本體若變化，主體就是不同一本體，原存本體就消失了。這一點，在抽象理論方面，是絕對正確的，例如一個人「我」，無論「我」自少到老有多少變化，「我」的本體不變，變的是「我」附加體。

但是，在實際上或理論上，「我」的「存在」是繼續動的，「存在」既是動，本體便也是動的。例如「我」在理論和實際上是活的，活是動，不動則不活，不活，「我」就不存在。這個本體的動，因爲動（變化）按照「性」而動，性常不變，存在本體也就不變。本體的動，和附加體的動一樣，由能而到成。同一「能」的繼續動，所有的「成」也常同一，中國《易經》以陰陽在所成的物體內繼續動，陰爲靜，陽爲動；我們可以把陰看爲「能」，陽看爲「成」，陰陽之動便是由能而到成。陰陽之動而成物，天地萬物都是由能而成之物體，《易經》說「成之者，性也。」

中國哲學常主張體用合一，生命和生命者爲一。在實際上是對的，在理論上則體是體，用是用，兩者並不同一。但用「體用合一」，不用「體用同一」，則是正確不錯。問題則仍常是本體的問題，本體既然是繼續由能而到成之變，除變以外，有什麼本體？可是，在另一方面，若沒有本體，怎麼有變？變應該是本體的變，本體是主題，變是主體的動。例如「我」由少到老，繼續在變，變的是我的生命，除生命以外，還有什麼「我」？但若沒有「我」作本體，生命常變，便沒有不變的「我」，每一時刻的我都不是同一的了。目前西洋哲學「同一」（Id endity）成爲難題，就在這裡。

物體內在的本體動（變），由內在動力而成，內在動力維持本體各份子的合一，發展各份子的關係，物體由內在的動力而成一，內在動力爲生命，爲「存在」。物體的本體由性和生命而成，即是由性和存在而成。

三、以聖神的德能　養育聖化萬有

「聖化」使一事物屬於神，不屬於人或物。天地萬物爲自然界的物，屬於自然界；自然界的物又屬於人，供人使用。人便成爲天地萬物的主人，在人以上沒有所謂神靈，這是現代人的主張，也就是無神論的主張，無神論實際上有很遠的來源，不是出自現代的思想家。

現代的科學，可以說是「登峰」了，「造極」當然沒有，將來還要向上。科學的各方面，物理、化學、生物、天文，都講述美妙驚人的原則和規律，根據這些原則和規律，乃有新的科技；太空科技、飛機科技、原子科技等等。科技本身是物質性的，自然物體的原則和規律則是非物質性的。

物質的動力不來自物質，動力的規律也不來自物質。動力的來源是自有的絕對體，是造物主的創造力。造物主的創造力造了天地萬物，按各物的本性予以動力，又按物性制定動力的規律，規律附在物體的本性裡。我們人也是一樣，我們的動力是生命，生命的規律是人性。《中庸》首章說：「天命之謂性，率性之謂道，修道之謂教。」

人連自己的生命都不能作主，祇能按照天命之性而生活，人怎麼能夠自稱爲宇宙的主人，總管天地萬物？

人的罪惡也就在這點，自己要作宇宙的主人。在個人方面，以「我」獨尊，一切都歸於自己。自私的私心，造作各種罪惡。在人類方面，人自視爲宇宙的主人，天地萬物屬於人類，不僅供人類使用，還要完全由人類作主，結果破壞了自然法，傷害了天然環境，毀滅了植物動物，人自己的生命也受損害，趕快要回頭作環保的工作。

天地萬物爲天主的創造物，就如一件藝術品爲藝術家的作品，表現作家的天才和工夫。天地萬物每個物體的結構，就是一朵小花，一根青草，一隻小蟲，也非常奇妙，非常美好。

中國詩人畫家歌頌自然美景，蘇軾在〈前赤壁賦〉說：「且夫天地之間，物各有主，苟非吾之所有，雖一毫而莫取。惟江上之清風，與山間之明月，耳得之而成聲，目遇之而成色，取之無盡，用之不竭，是造物者之無盡藏也，而吾與子之所共適。」

蘇軾承認自然界的萬物，爲造物者之所有，人可以取用。但是人要知道感激造物者，又要因造物之美好而讚頌造物者的德能。聖保祿宗徒說明這端大道理：「即天地萬物，亦莫不如飢如渴，引領而望天主義子之揭曉焉。夫芸芸眾生，迄今屈伏於無常之下，非出自願，有制之者耳。然制之而未絕其聖也，蓋萬物亦必悉蒙解放，脫朽腐之絆，而熙天主義子光榮之自由也。」（致羅瑪人書 第八章第十九節 吳經熊譯）。天地萬物因人們驕矜自私的罪，被控制在人的私慾之內，渴望因基督的救恩，人們歸順天主，作爲義子，萬物也能脫離人的私慾之外，歸於造物主，藉著人們的心靈，讚頌造物主，而分享天主義子的光榮。

天地萬物顯露造物主的德能，但坦然無知，不能有所意識，唯獨人有心靈，可以認識萬物的美好，可以以美好光榮造物主，人們心靈的這種宗教性的動作，由聖神所啓發，所以說：天主以聖神的德能，聖化萬有。

宇宙的一切動力，來自天主造物主的創造力，創造力給予萬有內在的創生力。整個宇宙因著創生力而動，每件物體發育自己的生命（存在），互相連繫，結成一個大生命。科學家在物理界、生物界、天文界，可以看到物體運動的連繫。宇宙的大生命，因著人的心靈生命，回到造物主天主，造成生命的旋律，出自天主，運行世界，回歸天主。宇宙爲屬神的宇宙，宇宙萬物得以聖化。

《易經》雖然沒有講到這種聖化，然而講宇宙變易之道，讚美「易」（變易之道）爲神秘不可測：「易與天地準，故能彌綸天地之道。……範圍天地之化而不過，曲成萬物而不遺，通乎晝夜之道而知，故神無方而易無體。」（繫辭上 第四章）「一陰一陽之謂道，……陰陽不測之謂神。」（繫辭上 第五章）「易無思也，無爲也，寂然不動，感而遂通天下之故，非天下之至神，其孰能與於此！」（繫辭上 第十章）「天地之大德曰生，聖人之大寶曰位；何以守位，曰仁。」（繫辭下 第一章）。

宇宙變化，神妙莫測，不動而動，不爲而成；這不是物質自身可以有的，而是來自絕對的精神實體—造物者天主。

許多學者說《易經》講天道地道人道，一切歸之於自然，不接納《書經》《詩經》的上天上帝尊神，但是我們翻閱《易經》的經文，可以證明這些學者所說的不對。

「上九，自天祐之，吉無不利。象曰：大有上吉，自天祐之。」（大有卦）

「象曰：雷出地，奮，豫先王以作樂崇德，殷薦之上帝，以配祖考。」（豫

卦）

「觀天之神道而四時不忒，聖人以神道設教而天下服矣。」（觀卦）

「大亨以正，天之命也。……天命不祐，行矣哉。」（無妄卦）

「六二，或益六朋之龜，弗克違。……王用享于帝，吉。」（益卦）

「象曰：九五含章，中正也，有隕自天，志不舍命也。」（姤卦）

「象曰，萃，……利有攸往，順天命也。」（萃卦）

「六四，王用亨於岐山，吉，無咎。」（升卦）

「象曰，……利用祭祀，受福也。」（困卦）

「象曰：鼎，象也。……聖人亨以上享上帝，而大亨以養聖賢。」（鼎卦）

「象曰：風行水上，渙，先王以享于帝立廟。」（渙卦）

上面所引的文據，都出自易的上下經文。象和彖屬於〈十翼〉，〈十翼〉爲孔門的著作，但是，象都是解釋卦辭，不是新加的思想。《易經》是卜卦的書，卜卦用宇宙自然的運轉以解釋人事的遭遇，因此所講，都是自然界的變易；在自然界的變易裡面，則有上天之命，皇帝需要祭天；這就是《書經》《詩經》的思想。

我們得有天主的啓示，則明白知道天主以聖神的德能養育聖化萬有。因此知道，天地萬有因天主的德能（聖神的德能）而受造，乃能「有」。有了以後，爲繼續「存在」，仍舊須要天主的德能以維持。有了，在了，就動，就變易，動的動力也來自天主的德能。天主的德能造了萬有，維持萬有，使萬物動；因爲天主的德能是動的德能，是天主的生命；因此，天地萬物沒有不動的呆靜物體。一不動，這個物體就消失了。例如人，一不動，就死了。一個肢體不動，也就死了。所謂「痲木不仁」，就是肢體不動，喪失生命，成爲死肢體。整個宇宙，爲一個活動的宇宙，生生不息。孔子對著這種現象，也嘆爲神妙：「天何言哉！四時行焉，百物生焉！天何言哉！」（論語　陽貨）我們對著宇宙的神奇美妙，欽讚造物主的美德，將整個宇宙因著基督的救恩回歸天主父。生命的意義，宇宙的意義，人類的思想，已經達到至善，也就止於至善。

天主創造、維持、發動萬物，祇是純一的創造力，設有時間空間，祇是「現前」。天地萬物因創造力而有、而在、而動，則有時間空間；因爲萬物都是物質物，或至高爲心物合一體，動必會有物質的量，有量必有分子，有分子的動必有時間的先後和空間的排列。柏格森雖然極力想擺脫空間和時間，以「綿延」表示運動，然而人們沒有不含量的運動的觀念，「綿延」仍舊脫不了空間時間。佛教天台宗和華嚴宗，以萬物爲真如向外的表形，並非實有，祇是在表形中有人，人有知識，人的知識卻以真如的外形爲實體的萬物。佛教說這是人的無明和愚昧。我們得天主的啓示，深知天主創造力所造爲實有體萬物，萬物因創造力而分享天主的生命，自身也具有創生力，而能化生萬物。萬物的生存，顯示造物主的德能，因著人的心靈而歸回造物主，整個宇宙結成一體之生命，造成一個無限大的生命旋律。

（作者爲輔仁大學校長）

宗教教育與中國社會之發展

討論會開幕詞

民國七十八年十二月四日輔仁大學

宗教教育現在被擠在中華民國教育制度以外，但是中華民國的現代教育制度卻是宗教團體——天主教和基督教開創的。在一七八六年，在當時的北京，天主教設立第一座修道院，隨後設立了教授兒童的小學。在一八三七年西灣子設立了小學，招收女生；基督教則在一八四二年在香港設立男生小學，一八四四年在香港設立了女生小學。以後天主教繼續在全國各省，設立小學和中學。庚子賠款後，美國基督教在北京創立了燕京大學，以後基督教在全國創設了七所大學，天主教在中國設立了三所大學。

在民國成立以前，教會學校有宗教教育，民國初年教育部不承認宗教教育，國民政府的教育法令禁止在私立學校以宗教爲正式課程，並且不容許學生參加宗教儀禮。

爲什麼有這種事實呢？中國知識份子，認爲天主教與基督教爲侵略中國及中國文化的歐美帝國主義，再者，他們認爲宗教是迷信，和現代的科學相矛盾。

但是，現在我們若問政府官員和社會知識分子，大家都不說天主教和基督教是帝國主義，也不願說是迷信，然而卻又覺得宗教和教育不相關，不必在教育內有宗教教育，這是因爲中國歷代對於宗教的觀念，衹知道人和神靈的關係，這種關係僅衹是求福免禍的關係。天主教和基督教則肯定宗教信仰爲人生的基礎，包括人生的各部份，人生的目標和一生價值觀，都以宗教信仰而定，教育既爲培養人格，便應該有宗教教育。

目前，我們的政府和社會的人士，面對社會的各種犯罪現象，擔心社會治安惡化，想到了宗教信仰的感化力，要求宗教人士發揮效力，以挽救社會道德。

我可以告訴各位，從我五十年研究中國哲學的經驗，我看到中國歷代的教育是宗教教育。中國歷代教育以家教和私塾教育爲主：家教教育孝道，孝道把父母配天。私塾教育四書五經，經書都教訓人有「天命之性」，人性有天生的道德規律，即是良知或良心，人應按良知做事，因爲上面有上天的賞罰。《易經》在坤卦就說了：「積善之家，必有餘慶，積不善之家，必有餘殃。」這是宗教的教育。

民國以來，知識階級打倒了孔家店，推翻了傳統文化，接納西方文化，卻不知道西方文化是建立在宗教信仰上，所接納的祇是西方文化的外皮，中國傳統文化的內容反被拋棄了，現階段的中華民國的社會，變成了沒有文化的社會，才演變到今天無惡不作道德破產的社會，政府須要用嚴刑峻法來治理。

這次學術討論會，研究宗教教育和中國社會，要從這方面深入探討，道德固然和宗教不可分離，人生和宗教也不能相分離。若是這樣，大家就可以看到宗教信仰對目前中華民國以及中國大陸的社會可以有的貢獻。我謹祝這次研討會圓滿成功。

佛學會議致詞

主席，各位法師，各位學者，各位女士、先生：

研究中國哲學史的人，常遇到兩個困難問題：第一個是漢朝的易學，第二個是隋唐的佛學。但是必須勝過這兩個問題，才能夠明瞭宋明的理學。

佛學的中心在於心靈的心；因佛教以人生爲痛苦，痛苦的來源爲人的無明愚昧，產生「我執」與「物執」。無明是心的無明，由心而有萬法，所以萬法唯心。這種心是假心。破除假心而得真心，佛教提倡「明心見性」，反觀自心，以見到的自我本體真如，由真如觀看一切，乃見萬法平等，圓融相通，佛教四諦：苦集滅道都集中在「心」。

佛學重心的主張，影響了宋朝朱熹和陸象山，更影響了明朝的王陽明。朱熹主張理氣二元，理成人性，氣成物形，形就是情，朱熹以心統治情，心就代表人。陸象山以心爲理，心外無理。王陽明以心爲知；知致於行，使知行合一。因此宋明理學在修身上，都注意克慾以正心。

目前，台灣社會情慾充斥，道德淪喪，社會治安很不正常。佛教在這時開會研究佛教倫理對目前社會的關係，正是很合時宜的會議，大家研究佛教克除情慾，清潔心靈，不貪，不淫，不好殺，對於目前社會是一份良藥，使人們心中的慾情，能夠得到一份清涼，同時恢復人心的仁愛，大家和睦相好。我誠切祝賀這次會議圓滿成功。

民國七十九年一月十二日

嬰仿小路和儒家孝道

前　言

三月廿八日，法國「生命之母」（Notre Dame de la Vie）善會會長來拜訪，邀我在七月間往法國，參加她們所召開的一次國際研討會，研討聖女嬰仿德蘭靈修方法。我謝謝她的好意，說明我的身體和時間，都不便往法國。她便要求我寫一篇文章，作為參加這次研討會的論文，又指明論文要討論聖德蘭的靈修方法和中國文化可以有的關係。我答應了寫一篇論文，講聖德蘭的嬰仿小路和儒家孝道的關係。

一、嬰仿小路

聖小德蘭的靈修方法，以一個「愛」字作總綱，「愛」的特點，在於以嬰孩愛父母的愛愛天主。聖女稱自己的靈修方法，爲「嬰仿小路」。

「耶穌惠示我神愛火窯，惟一必由之路，是路也，即具小兒信賴之心，安臥於乃父懷中，泰然無懼。」

歷代聖人教訓人們修德成聖，或是逃避人世，藏身曠野；或是深居靜院，長齋苦鞭；或是捨己助人，費盡心力；或是靜坐默禱，專心對越天主。聖小德蘭則想尋找一種簡單方便的方法。

「然則我雖微小，也可希望做到聖人。叫我長大些，我卻不能，只好遷就我的身材，許多的過犯，想個法兒，找一條小小的升天路程、又劈直，又抄近。好在今世紀有許多新發明，要登堂，不須一級一級的再爬梯子了，有錢的都安置電梯可代。我也想找個電梯，升到耶穌之前。由於我，人太小，要一步一步，爬這條修成的路，怕不行。

於是這部登新域的新電梯，我求之往上，容或能如願以償。果然我找到幾句，天主上智親口所說：誰是最小的孩兒，該到身邊來。這不是我要找的找到了嗎？我便靠近了天主。」

聖小德蘭發覺了這條「嬰仿小路」，以嬰兒的心情投奔天父。這條「嬰仿小路」，非常單純，非常簡樸。嬰兒對於母親和父親，祇有天生的愛心，不推理，不繞彎，也不事事推究，想用什麼方法。四歲五歲的小孩，仍舊天真老實，有什麼就說什麼，要就要，不要就不要。父母親所喜歡的，就是這份天真。若是小孩鬼計多端，父母便要動腦筋，管理這種小孩。聖小德蘭用嬰孩的天真赤心，侍奉天父：

「我雖無功，可天天念日課，幸福又幸福。其餘書本上絕妙經文，實在不耐煩去搜尋。一則太多，令我頭疼；二則一篇好似一篇，既不能篇篇都念，念了那一篇好呢？我只學那不識字、不會念的小孩兒，把我一心所要的，說給天主，天主常常懂我話。」

「又如默想時，往往瞌睡，謝聖體也一樣，不是極該懊喪的麼？如之何倒不心焦呢？因我想小孩子，或睡著，或醒著，爲父母的都是一般歡喜，又想治病，用刀圭，必先用麻藥，使熟睡。爲此想著聖詠所言：主見我們生來脆弱，因念我們不過是灰土而已。」

小孩有種赤心，可以向父母撒賴，父母不但不怪他，還更喜愛他，「嬰仿小路」教導人們對於天父，懷有這種小孩的赤心，必能獲得天父的寵愛。

小孩對於父母，常有完全的信託。基督在福音上曾經說：

「你們當中有誰，他的兒子要麵包，卻拿石頭給他？要魚，卻拿蛇給他呢？你們雖然邪惡，尚且知道拿好的東西給自己的兒女，你們在天上的父親豈不更要拿好東西賜給向祂祈求的人嗎？」（瑪竇福音　第七章第九節）

聖小德蘭充分領悟了基督的教訓，她對天父懷著無限度的信託，一心接受天父的安排，絕不懷疑都爲自己的好。她又聲明即使自己有了罪，仍舊不失信託的心：

「並非我幸無大罪，故敢坦然靠託，欣然向慕吾主天主。即使我良心上，有世上種種能犯之罪過，仍不失我絲毫靠託之心。心中一面惱恨，一面投奔救主懷中。世間的罪惡縱多，一與耶穌相接，便如一點雪花投入洪爐，頃刻間罪惡消除，無跡無影。」

這種純淨無邪的信託最使天主喜愛。世上的父母，常能體貼兒女的信賴，用心照顧兒女，兒女沒有想到的，父母都給他們想到。天主也是這樣，基督也曾說過：

「在你們祈求以前，你們的天父已經知道你們所需要的。」（瑪竇福音　第六章第八節）

世上的父母所最痛苦的，是兒女不願接受他們的愛，既不感恩，還摒棄他們的愛心。聖小德蘭便想到天父所最痛心的，必定是世人不認識祂的愛，拒絕祂的愛。德蘭便向天父賠補這種違背愛心的罪，她袒開自己的心，求天父把被拒絕的愛，都流到她心裡去，她願作愛的犧牲，被愛火所燒毀。

「噫，我主我天主，你的愛情，被人輕賤，被人拒絕，就此留在你心中麼？我以爲倘有人願做你愛火的犧牲，你必肯，頓時焚化了他，斷不肯，把藏在心頭無窮的愛火，封鎖得密不通風，以爲快也……

我的好院長，承你允准，就照此意，奉獻於天主，時一八九五年三月九日也。你知道，一奉獻後，愛火炎炎，海洋似的聖寵，奔騰充溢我靈魂，就從那日起，這愛火，內面燒透我，外面包圍我，……把我煉得乾乾淨淨，不讓一些罪過的痕跡留存我心。」

「嬰仿小路」的特點，在於這種愛心。全心愛天父，還替別人愛天父。別人不愛，自己便多愛幾分。別人拒絕天父的愛，自己便盡量接受天父的愛。好比一家有幾個兒女，兒子都不孝，離家出走，祇有一個小女兒很孝順，她留在家裡，自己盡孝道，還代替兄長和姐姐們盡孝道。聖小德蘭愛天父的愛，有點像孟子所說的「浩然之氣」，充塞宇宙，包括全人類的愛情。

「但我既在聖教會中，我願各肢各體，均有我在也。我之使命，我之聖召，惟愛德，足以完成之。蓋聖教會之集眾肢體也，必有其最珍貴、最重要，而不可少者焉。不可少者，在一身之中，非心靈而何？心由愛火以鼓其動，以傳其動於各肢體。故惟愛德包羅一切聖召，一切使命，無時無地，無一物而弗被包羅者。」

這種愛德，說是小孩的愛，因爲是赤子真誠，無猜無飾的愛。但又是動作最高，效力最大的愛，因爲追天父的光榮，願意做一切的事，以致於流血捐軀。

「我願啓迪人靈，如諸先知，如諸聖師。又願週行天下，傳揚爾聖名，樹立爾榮光之十字架，於外教之區。然僅以一區爲宣傳，心猶不足，並願同時宣講福音於四海，無荒島荒裔之不往。吾之願爲傳教士也亦然，非僅傳教於一時，願自有天地，迄天地終窮，而後乃已。噫，諸願之上，我尤願者，其惟致命乎！因此又有一癡願焉，願不止一種苦刑，必也種種苦刑皆備，而後償吾願焉。」

這種愛爲真誠的愛，願爲所愛的做一切的事。聖小德蘭懷著滿腔熱誠，想爲天父做天下人所做的好事，但熱腔變成痴心，沒有實現的可能。但是每個爲天父做事的人都有一片愛心，聖小德蘭就想到外面的事情不能都做到，做事者的愛心，她在心中可以有。把全世界人的愛心都集合在自己心中，心是無限的，可以包含無限的愛。既有一切爲天父做事者的愛心，等於爲天父做了一切的事，她的愛，不僅包含一切人對天父的愛，還包含一切對天父的事，如同自己所說：「包羅一切聖召，一切使命，無時無地，無一物而弗被包羅者」。這種愛是最活潑的愛，最積極的愛，無爲而無不爲的愛。

聖小德蘭仿效耶穌基督對天父的愛。聖子降生成人，爲引人類歸向天父。基督作爲天父的化身，顯示天父的愛，用譬喻講解，太陽光照一切的人，天父愛一切的人；老父歡迎回家的浪子，天父歡迎罪人的悔改。基督又作人類的化身，全心孝愛天父，以奉行天父的旨意爲自己的飲食，按天父的吩咐向人講道，照天父所行的照樣行事，絕不求自己的光榮卻祇求天父的光榮，接受天父的命而捨棄生命，以救人類。基督的一生，祇有一個愛字，爲愛天父而生，爲愛天父而死。因此，天父兩次聲明基督是自己的愛子，信仰基督，因著聖洗和基督結成一體，作天父義子的人，也要以孝愛真誠愛天父。聖小德蘭仿效基督的孝心，以赤子的心情孝愛天父。她祇強調自己的弱小，不敢想如同基督講道殉道，僅只像小孩事事討天父的歡心。她的愛，是小孩單純樸素的愛。是小孩無猜的信託的愛，又是願爲天父做一切事的愛。

二、儒家孝道

孔子以仁道貫通全部倫理思想；仁爲生命的愛，愛自己的生命，就愛別人和萬物的生命。儒家則以孝道實踐仁道，在實際生活上，孝道包括一切善德。

《論語》有子曾說：「孝弟也者，其爲仁之本與。」（學而）孟子也曾說：「親親，仁也。」（盡心上）孝道在中國的文化裡，成了一項凸顯的特性。

《孝經》第一章〈開宗明義章〉，開端第一句話就說：

「孝也者，德之本，教之所由生也。」

《論語》和《中庸》兩冊書講達德，爲智仁勇三德，孟子則講仁義禮智，漢朝儒家講仁義禮智信五常。但無論三達德，或四達德，或五常，都以仁德爲基礎；因爲《孟子》和《中庸》都說：「仁也者，人也。」（孟子 盡心下 中庸 第二十章）仁，爲愛生命之愛，一切善德都從這種根本發出。愛生命，便該愛生命的根源，生命的根源是父母，孝愛父母，爲一切善德的根本。中國歷代的教育，爲家教，兒童在家庭受教育，或在私塾受教育；教育的出發點，即在教兒童孝敬父兄。

儒家的孝道，以生命爲基礎，子女的生命，來自父母，和父母的生命結成一體。子女的身體，視爲父母的遺體。曾子曾說：

「身也者，父母也遺體也。行父母之遺體，敢不敬乎！居處不莊，非孝也；事君不忠，非孝也；蒞官不敬，非孝也；朋友不信，非孝也；戰陣不勇，

非孝也。五者不遂，災及於親，敢不敬乎！」（禮記 記義）

子女的生活，整個地以父母爲目標，行善，爲孝；行惡，爲不孝。

「吾聞諸曾子，曾子聞諸夫子曰：天之所生，地之所養，無人為大。父母全而生之，子全而歸之，可謂孝矣。」（禮記 祭義）

子女的生命和身體，由父母所生；父母代表上天，由父母生養萬物而生子女，子女要保全身體和生命，歸於父母，又歸於上天。子女的一生，爲父母而生活，曾子又說：

「孝有三：大孝尊親，其次弗辱，其下能養。」（禮記 祭義）

子女要努力行善，以求父母得到光榮；要避免罪惡，以免羞辱父母；要奉養父母，使父母生活愉快。

《孝經》說：「立身行道，揚名於後世。」（開宗明義章）

兒子求學，培養自己的人格，進修學識，知道立身處世，在鄉里做好人，在國家作賢士。寫文章，教弟子，能夠「立己立人，達己達人」。然後作官，替國家做一番事業，自己的名聲遠播，取得官爵，才可以揚名顯親。對於父母，克盡了孝道。《中庸》說：

「舜其大孝也與！德為聖人，尊為天子，富有四海之內，宗廟饗之，子孫保之。」（第十七章）

「武王周公，其達孝矣乎！夫孝者，善繼人之志，善述人之事者也。春秋，修其祖廟，陳其宗器，設其裳衣，薦其時食。……事死如事生，事亡如事存，孝之至也。」（第十九章）

子女盡孝乃是終生大事，在時間上爲一生的事，在空間上爲一切的事。子女謹言謹行，求自己受人尊敬，父母也受人尊敬。自己的品位越高，聲望越大，父母的品位和聲望也提高，這樣才滿全孝親的責任。舜之尊爲天子，以天子之尊事奉父親，稱爲大孝。武王和周公，繼承了文王的遺志，以仁義治理天下，稱爲達孝。孔子也曾說過：「三年無改於父之道，可謂孝矣。」（學而）

儒家的人生觀，以心靈的精神生活爲主，所以說：「仁也者，人也。」孝道的目標，在於精神方面顯揚父母，以爵位名譽，增加父母的光榮。在以物質奉養父母時，要以孝敬的心使父母心情愉快，孔子曾說：

「今之孝者，是謂能養。至於犬馬，皆能有養，不敬，何以別乎？」（論語為政）

在精神方面孝敬父母，「樂其心而不違其志。」若是遇到父母行事有缺，很恭敬地向父母勸說。孔子說：

「事父母幾諫。見志不從，又敬不違，勞而不怨。」（里仁）

父母有過，將損害父母的聲譽，子女不能不關心。恭恭敬敬地向父母說明，父母不聽，仍舊不改孝敬的心。儒家的孝道，爲一種「尊親」的孝道，孟子曾說

「天下有達尊者三：爵一、齒一、德一。朝廷莫如爵，鄉黨莫如齒，輔世

長民莫如德。」(公孫丑上)

在這「三尊」上,顯揚父母。這是「成人」的孝,是事事努力的孝。

三、比較融會

聖小德蘭孝愛天父的孝,和儒家孝敬父母的孝,在基礎上同是「生命」。孝愛天父,因為天父是生命的根源;孝敬父母,因為父母,是生命的根源。以生命為基礎,孝愛天父為一生的整個生活,凡是惡,都開罪天主,凡是善,都光榮天主。以生命為基礎,孝敬父母,為終生的事,時時刻刻都要「尊親,弗辱,能養。」儒家的孝道,可以用來事奉天主,而且也只能用為事奉天主。父母雖是生命根源,父母也是人,又為自己生命的起源,不能作為子女生活的最終目標。儒家的孝道用為事奉天主,則「尊親,弗辱」的道理,可以圓滿地貫通到「嬰仿小路」,一直到基督以光榮聖父為生命的孝道。現代中國的社會已經改變了生活的規範,倫理規條也改了,傳統的孝道,逐漸消失,雖然有心人士還在努力保全幾份孝道的精神和生活,但決不可能以子女作為父母的遺體,全心事奉父母。儒家孝道的全部精神和意義,若能提高用爲孝敬天主，不僅使中國人容易懂得人和天主的關係，也可以造成一種合於中國文化的靈修途徑。再融會到「嬰仿小路」裡，及能結合全教會的當代靈修新途徑，放出東方的色彩。

「嬰仿小路」的孝道和儒家的孝道，有一個大不同點，前者注重在「愛」，後者注重在「敬」。愛，以平等相結合，敬，以上下作距離。聖小德蘭愛天父，以赤子的愛，緊緊投在天父懷裡，親暱嬌憨。天父則以聖寵提高聖小德蘭的心靈生命成爲天主性的生命，生命相似，乃能結合。儒家的孝敬，則以父母爲長輩，子女愛而敬。敬有距離，儒家的禮，很注意這一點，朱熹家禮就說：

「居閒無事，則侍於父母舅（翁）姑之所，容貌必恭，執事必謹。言語應對，必下氣怡聲。出入起居，必謹扶衛之，不敢涕唾喧呼於父母之側。父母舅姑不命之坐，不敢坐，不命之退，不敢退。」

《禮記》書裡的〈內則篇〉，訂定的家中生活的古禮，更加嚴密。但是歷代的中國家庭裡，實實在在遵守這種規矩的，祇有達官王公的家，一般平民的家都很隨便。但普遍說來，敬字還是子女對父母應有的規矩。至於歐美方面，子女對父母的親暱，也祇在兒童和少年時代，成人以後祇表示在父母前不必拘束。「嬰仿小路」所以以小孩對父母的親暱作爲事奉天父的特點。聖小德蘭在天父前不願長大，但願常是小孩，常有赤子之心，常能親暱嬌憨。其實人的生命，雖到了七八十歲，在永久長在的天父前，算得什麼？在天父前沒有時間，祇有現在，一歲百歲相同。中國曾以七十歲的老萊子，彩衣娛親，作爲妙談。七十八十的人，以小孩赤子之心，娛樂天父，該是正常的事。成年人、老年人，所有知識才能和事業，在天父前又算得什麼？天父根本就不看在眼裡，這一切不是天父的恩賜？天父看的是人的一顆心，心能純潔樸素，常有小孩的天真，才是天父所看重的。因此基督說：「人不變成小孩，不能進天主的國。」

儒家孝道的敬，教小孩學大人，變成少年老成，知道尊敬父母，不敢親近。但是小孩跟父母，不講敬，講愛，講親暱。以赤子之心孝愛父母，中國可以懂，但是心理上，則有一種疙瘩，因爲歷代對於上天，祇講敬，不講愛。「敬天」，乃中國的古訓。而且人對於上天的敬禮，由皇帝代行，歷代祇有皇帝可以祭天，「郊祭」是皇帝的特權，皇帝舉行郊祭，典禮的隆重爲朝廷典禮中最隆重的，皇帝舉行郊祭以前還要考慮是否國泰民安，沒有違背天命。民國以來，皇帝沒有了，郊祭不舉行了，敬天的典禮就消失了。要中國人以小孩的赤子之愛，和上天相親暱，中國人總覺得太不恭敬。就如西洋以男女夫妻的愛，象徵信徒和基督的愛，中國人認爲侮辱基督，不倫不類。不過，孝敬上天，中國人是可以懂的。目前，中國社會的家庭，兒女對於父母已經失去了傳統的敬，逐漸有行歐美的親暱了。在這種情景之下，便可以改變傳統的心理，對於天父，以愛，而又不忘以敬。

曾經在比國聖安德隱院晉陞司鐸的陸徵祥神父，晉鐸典禮以後，他不敢每日舉行彌撒聖祭，因爲他往年任欽差大臣時，朝覲國王，戰戰兢兢，唯恐失禮。舉行彌撒聖祭，面對天主，更形恐懼。後來，好友們給他解釋，舉行彌撒是代表基督行祭，基督爲天主聖子，以聖子的身份向天獻祭，何必害怕？陸神父才有勇氣上祭台。我們當愛天父，也是和基督結成一體，因基督而成爲天父義子，同基督一起，以基督的心情孝愛天父，可以不褻瀆天父，和天父相親近。

當科學發達，物質文明達到高峰，人們的心靈反而覺到乾枯了。當人類經過兩次大戰，又經過納粹主義和共產主義的仇恨恐怖以後，人類更需要同情。聖小德蘭的赤子對天父的愛，成了當代教會的精神良藥，「嬰仿小路」引導現代的人奔向天父，感到無限的溫暖。我們中國人經過八十年的內亂，受過日本人的毒殺，受盡共產黨的迫害，能夠舉目向天，以赤子呼喊天父。《史記》上說：

「夫天者，人之始也；父母者，人之本也。人窮則返本。故勞苦倦極，未嘗不呼天也。疾痛慘怛，未嘗不呼父母也。」

我們現在以赤子之心，愛慕天主，精神有寄託，生活有目標，心靈可安定。

天主教的政教關係觀

一九○九年十二月淡江大學召開宗教與政治學術討論會所提論文

討論政教的關係，不能將各宗教混爲一談，也不能將各國併爲同等。每種宗教對於自己的信仰和人生的範圍不相同，每個國家和宗教關係因著歷史背景也都不一樣。我在這篇論文裡，要研究天主教對政治的關係，便從天主教的本身和天主教的歷史去作研究。爲簡單明瞭起見，我把我的研究分成三方面：一、原則；二、在歐洲；三、在中國。

一、原則

天主教的政教關係觀，以自己的教義爲基本原則。天主教教義以人的生命，來自天主——上帝，歸於天主。人的心靈，即是靈魂，在人死後仍舊存在。人的生命以靈魂生命爲重，靈魂生命的原則爲倫理規律。因此，靈魂生命——即精神生命在物質身體以上，倫理規律範圍人的全部生活，私人生活應守倫理規律，公共生活也要遵守倫理規律。政府的法律和行政，便在倫理規律以內。倫理規律有神律有人性律（Natural Law），這兩部份倫理規律和宗教信仰緊要聯繫，由教會講解和監督。

國家爲一種人性所要求的團體，人爲生存必須有國家，以保障並發揚人的生存權利。國家不是由「民約」而產生，「民約」或他種政治歷史方式，祇是成立國家的途徑，國家本身則是人類本性所要求的團體，因爲是人生的必須品。國家爲保障人民的權利，達到自己的目的，本身就具有應有的權力，例如立法司法行政的權力。這些應有的權力，來自國家的本性，產生出來的形式則隨時隨地不同，可以是君主，可以是民主。君主或民主的權力形式，由國民決定，君主由一個人或少數人決定，民主由多數人或全體國民決定。但是國家的權力，不是由國民所授與，而是來自國家的本性。國家的權力超過國民權力，例如國民不能殺人，集合不能殺人的國民不能訂定死罪的法律。因此，國家的主權來自國家本性，國家本性來自創造宇宙人類的天主，使在天主所定關於國家本性的規律以內（Natrual Law）

教會也是人生活的必須有的團體，教會的必要性不來自人的本性，來自天主的特別規定，規定人的靈魂生活因著耶穌基督而進入神性的生活，將來永久幸福，教會爲達到自己的目的，有耶穌基督所授予的應有方法和工具。一個人在社會裡有普通的一般生活，同時能有信仰基督的神性生活。在普通生活一方面，是普通國民，屬於政府的管轄；在宗教信仰的神聖生活，是一個信徒，屬於教會的指導。兩種生活的目標不同，管理兩種生活的權力不相重疊，不相衝突，但常相聯繫，因爲兩者所管理的，一個是國民，一個是信徒，國民和信徒則同是一個人。一個人的生活，雖如孟子所說，有精神心靈的大體，有物質感官的小體，大小兩體合成一個人的整體生命，不能分割，只能有分別。因此，教會和政府不能分離不相關，祇能分別互相合作。

天主教的信仰，信仰人的心靈的生命的永生，永生因著基督的救援，成爲純潔的神性生命，和天主的生命相團結。爲達到這個人生的終極目標，人在現生該逃避罪惡，避惡行善。爲避惡行善，人應嚴守倫理規律，培養各種善德。遵守倫理規律便和宗教生活相融爲一，倫理也和教義相連，倫理生活也就屬於教會權力的監督。政府的權力可以立法，規定國民生活的外在公共規律，教會的法規進入人的內心。

二、在歐洲的歷史

歐洲的國民，在耶穌基督降生時，屬於統一的羅瑪帝國。羅瑪帝國的皇帝繼續三百年反對天主教的信仰，迫害信仰的人，政教兩方沒有正式發生關係，祇有皇帝一方迫害教會的諭令。在第四世紀，公斯當定皇領受洗禮，成為天主教徒，天主教在羅瑪帝國一變而成為帝國的國教，羅瑪皇帝由迫害教會者而改為教會的保護人。因著保護，同時也就監督公斯當定皇遷都東方，他和東都的繼位皇帝以教會的保護者和監督者自居。當時因著教會內部對於教義發生爭議，羅瑪皇帝便在近東召集天主教主教會議，皇帝自己涖會。羅瑪教宗沒有抗議，而且追認這些會議的議案。這是政府干涉教會的時期，所謂干涉是由協助的好心好意。

第五世紀，歐洲北方和南方的蠻族入侵羅瑪帝國，在半個世紀內，逐漸佔據了羅瑪帝國的領土，帝國瓦解，歐洲陷入野蠻時期。在這段長達三百多年的時間裡，歐洲社會的文化和教育，都靠天主教的教士去維護。在教堂和修院裡，教士辦國民教育，抄寫古書。入侵的蠻族已經定居，建立政權，都也皈依天主教。德國、法國、西班牙的政權結合成一個神聖羅瑪國，推舉神聖羅瑪皇，羅瑪教宗為天主教會的元首，神聖羅瑪皇和歐洲當時各國的王侯都是天主教信徒，所有國民也都信奉天主教，社會的教育、慈善，文化事業都操在教士手中，國民的生活又都融合在宗教信仰以內，教會復形成了歐洲社會的主腦，羅瑪教宗便被奉為全歐的首領和盟主。神聖羅瑪皇的加冕禮，由教宗主持，神聖羅瑪皇許諾向教宗效忠。在這期間，兩方發生不少衝突，尤其在任命主教的問題上，爭持很久，因為當時有些主教兼為國內的諸侯。結果，常是神聖羅瑪皇向教宗屈服。一〇七七年正月廿八日，神聖羅瑪皇恩利四世，在義大利北方加諾撒城的侯爵宮，已經三天在雪地赤腳求恕，得到教宗額我略七世的寬赦。教宗權力達到最強烈之時，是在教宗波尼法八世的年代，教宗波尼法八世已經沒有神聖羅瑪皇的對抗，卻有法國國王斐里伯，外號美麗者對抗，一三〇二年教宗公佈「唯一教會」（Unam Sanctam）的通諭，聲明教會的精神權力在物質權力以上，人生的終極目的在於永生，達到目的的途徑，由教會指導。但是波尼法八世被法國國王所害，憂憤而死。

但是歐洲的社會已經變了。開始由教會創立的大學，例如巴黎大學，已經不受教宗的管轄，由各國國王接管，法律學家已有多人不贊成教宗的精神權力在政府現世權力以上，教會的修身規律漸形鬆弛。文藝復興的潮流瀰漫歐洲社會以後，乃有路德和喀爾文的分裂運動，歐洲北方和德國瑞士的國王諸侯等，贊成分裂，脫離和羅瑪教宗的關係，歐洲的政教關係，進入了一個新的時代。

歐洲的局勢由葡萄牙和西班牙的霸權，轉到法國的興盛，再轉爲英國的全球王國，德國國勢漸漸強硬，荷蘭、比國和北歐東歐的國家，已經成了定型。全歐和美洲的人民雖都信仰基督，但北美和北歐則新教的信徒較多。在這種局勢下，羅瑪教宗順應國際潮流，和各國建立外交關係，互派外交使節。爲處理政教相關的問題，教廷和各國政府，簽訂「協定」（Concondatum）。這個時期可以說是「協定時期」，雖不是一切國家政府和教廷都有協定，但「協定」的原則常作爲雙方處理問題的標準。

廿世紀裡，歐洲的社會顯著地俗化，政治脫離宗教，社會生活放棄宗教信仰，私人的生活也離開了宗教。歐洲的國家已經沒有奉天主教爲國教的國家，東歐處在共黨政府之下四十多年，最近才恢復宗教自由。目前，教廷和國家各國政府的關係，都很友善。歐洲社會的傳統仍舊保有宗教信仰，但在倫理原則上，離婚和人工節育造成了政教的分裂；在教育和勞工問題上，政教則尚能合作。教廷所堅持不讓步的，乃是任命主教，教宗保持任命權，就是在東歐共黨執政時，教廷對共黨政府，在這一項絕不讓步。

三、在中國的情況

天主教和中國政府發生正面關係，是在康熙年間關於敬孔祭祖的問題。教廷依據外籍傳教士的報告，中國祭孔和祭祖的典禮，都是宗教性質的祭祀，教宗格肋孟（Lemen）十一世在一七一五年三月十九日公佈「從登基之日」（Ex illa die）通諭，絕對禁止信徒祭孔祭祖，不許用上帝和天的名詞，祇許用天主一詞，教廷兩次遣使到中國，覲見康熙皇帝。康熙皇帝堅持中國人應當遵守禮儀，天主教人也應祭孔祭祖；教廷特使多羅總主教（Carlo Tommaso Maillard de Tou），和嘉樂總主教（Carlo Mezzabarba）默守教的禁令，兩方決裂，清朝皇帝下令驅逐教士，禁止傳教。

一八四〇年，南京條約開五口通商，准許傳教士在通商口岸傳教。一八五八年天津條約成立，准許傳教士到內部傳教建堂，在兩個世紀以前，葡萄牙人發現繞好望角到印度的航線，操持歐亞的航海權，於一五一四年從羅瑪教宗取得亞洲傳教士的保護權，即後來所謂「保教權」（Patnor），亞洲的天主教傳教工作受葡萄牙王的保護和控制。到了天津條約時，葡萄牙的海上霸權早已消失，英國已經如日中天，英國爲基督新教，不能有保護天主教的權，法國乃乘機而入，以在中國天主教的保護者自居。法國既保護中國的天主教士，歐洲的其他國家政府不甘心以在中國的本國傳教士受法國人保護，乃各自實行對本國在華教士的保護權，因而造成了中國的教案時期。教案的發生，常因中國地方人民殺害天主教教士，結果常是清廷賠款或租借港口。中國普通一般人，遂認天主教爲西洋帝國主義的工具，也稱爲洋教。

教廷很注意這事，設法廢除列強的保教權，有關教會事件，由教廷和中國政府直接交涉，避免列強政府插手。教宗良十三世（Leo XIII）和清朝光緒帝決定互派大使，建立外交關係。法國政府於一八八六年九月十二日向教廷國務提出最後通牒，如教廷所派駐華大使於九月二十五日動身赴任，法國廢除和教廷所簽的「協定」，召回駐教廷大使，停止對法國教會的津貼。教廷乃被迫無限期延後駐華大使往中國。庚子年拳匪的亂造成重大教案，仍由八國聯軍的政府和清朝交涉。民國成立，陸徵祥出任外交部長，民國六年進行和教廷通使，雙方達成協議，互派外交使節，法國報紙立時反對，法國政府當時因法國總統訪問義大利國王問題和教廷絕交，不能正式再向教廷抗議，乃轉向中國政府施加壓力，中國政府遂放棄了和教廷通使。

一九二二年，教宗庇護十一世（Pius XI）就暗地裡秘密派遣了剛恆毅總主教（Clso Costantini）為駐華教廷代表，十一月十八日抵香港，公佈了自己的任命，在北京設立宗座代表署，對中國天主教教會事件，直接和中國外交部接洽。抗日戰爭興起後，一九四二年中國政府派謝壽康為駐教廷公使，次年正月卅日抵羅瑪，二月廿五日呈遞國書。教廷則於一九四五年改宗座代表為教廷駐華公使，派黎培里總主教（Hntonio Riberi）出任。兩方面使節於一九六一年升格為大使。但自中華民國政府退出聯合國以後，教廷駐華大使館則只有代辦，中國駐教廷大使舊仍繼續留任。

目前天主教在中國和政府的關係，是自由政治中的互相尊重的關係。由於中國是一個多元的社會，由以往的儒家一元思想和近年三民主義一元思想，進入了多元思想。社會的宗教已經有被內政部認可的十二個：佛教、道教、回教、天主教、基督教、理教、軒轅教、天理教、一貫道、天德教、天帝教、統一教。對於各宗教，天主教主張和平相處，互相尊重，我曾主持八個宗教座談會組織二十年。自由中國的國民政府，採取宗教分離政策，根本不干預宗教的事件，在這種的情況下，天主教的政教觀有下面幾項原則。

1.對於政治體制，教會站在局外，政府或內閣制或總統制，總統或直接民選或間接國代選，地方首長或指派或民選，教會沒有意見，信徒每人則可有自己的意見。

2.教會要求政府實踐憲法的宗教自由，不另訂立宗教法，天主教會有自己的教會組織法，和別的教會不同，政府不可用宗教法干預教會的組織和行政。

3.教會不干涉政府的行政，教會遵守國家的法律。但對於傷害倫理道德的法律和政策，必表示反對，如離婚法，墮胎法，人工避孕，人口政策，天主教會都反對。

4.教會要求教育權，設立教會學校，辦理宗教教育，對於限制私立學校的一切法規，天主教雖實際上都遵守，但在原則上表示反對。教會有教育信徒的權利，不能被國家所剝奪。父母有教育子女的天生人權，教會也爲父母爭取教育權，反對政府一手包辦教育。

5.在大陸天主教會和中共的正面衝突，是教宗任命主教和管理中國教會的主權，中共不予承認，教宗則堅持不讓，而且也不能讓，因爲事關教義。在自由中國沒有這種問題。中華民國政府和教廷有外交關係，中華民國駐教廷大使爲唯一駐歐洲的大使。

6.教會積極與政府合作，參與社會活動，協助青年教育，幫助家庭衛生，扶助老年人生活，維持社會治安。

我本人在台灣負責天主教會的主教職務，已達三十年，和各階層政府負責主管，互相往來，處理雙方有關事務，常常遇到友好的態度，君子式的爭執。在言論方面，我則非常直爽，心口一致，對於政治界發生的事件，每每批評，但加批評，為好意的批評，而且講理的批評。去年一位愛爾蘭籍的神父，被警署強迫出境，教會人士群起反抗，我向內政部也表示抗議。在台獨運動裡，有天主教教士贊助，但是天主教教會則是贊成中華民族的統一，台灣和大陸合成一國。

這種政教的關係原則和現狀，可以認為適當的政教關係觀。

司鐸聖品的神學意義及在田耕莘樞機雷鳴遠神父的實踐

司鐸聖品神學意義學術會議和田樞機生辰百週年雷鳴遠神父逝世五十年紀念

一、司鐸聖品的神學意義

1. 敬拜天父的祭司

聖保祿宗徒致以弗所人書說：

「感謝我們的主耶穌基督的聖父天主！因為藉著基督，祂把天上各樣屬於神的福氣賜給了我們。祂在創世以前，已經藉著基督揀選了我們，使我們在祂面前成為聖潔無瑕疵的。天主愛我們，樂意藉著基督使我們歸屬於祂，作為祂的兒女。

上帝賜給我們的恩惠是多麼地豐盛啊！祂用深遠的智慧完成祂的旨意，又賜我們智慧，使我們所知道祂已經決定要藉著基督去完成的奧秘。這奧秘的計劃就是：天主要在時機成熟的時候，把天上和地上一切受造的，都歸屬基督，以祂為首。」

「宇宙萬物都要按照天主的計劃和決定來完成，天主根據祂原始定下的旨意，在基督內揀選了我們作祂的子民，那麼讓我們這些首先把全部希望寄託於基督的人，讚頌天主的榮耀吧！」（以弗所書　第一章第三節——第十二節）

天主本體爲絕對的自有體，具有無限的美善和無限愛。天主把自己的美善和愛發展出來，創造宇宙萬物，在各種各色的物體裡，都展出了美善和愛。宇宙萬物互相連繫，互相維持，天然地按照次序，和諧地運行，宇宙萬物的運行，參享了天主的生命。這種受造的生命，一梯一梯，一層一層，由低級往上級，到了人類，生命到了最高點，宇宙萬物具有天主的美善和愛，天性地歸向天主，頌揚造物者的美善和愛。人類的生命爲靈性的生命，有理智能懂得宇宙萬物和自身的美妙，又有意志情感能愛慕稱頌造物主。天主在創造宇宙萬物時，曾安排了宇宙一切供人使用，受人指使。按照天主的原始計劃，人類享受萬物的美善，率領萬物歸屬天主，使宇宙表現美妙的和諧，一切有次序，一切有愛心，宇宙整體成爲一所潔淨無罪的樂園。

但是不幸，天主在使這計劃實現以前，先給人類原祖一次考驗，看是否忠於天主。原祖不遵從天主旨意，自求多福，在考驗上失敗，成了天主的對敵，一切歸於自己，以自己的福利，作生活的全部目標。感覺的吸引力，淹沒理智，情慾強烈，委屈意志。人類社會所浮現的多爲罪惡，宇宙萬物也因人類的罪惡不歸於天主，聖保祿宗徒說：

「一切受造物都熱切期望著天主的榮耀從祂的兒女們顯示出來。因為整個受造的被屈服在敗壞的情況下，並不是出於自願，而是出於造物主的安排。然而，受造物仍然盼望著，有一天能擺脫那會朽壞的鎖，得以跟天主子女分享光榮的自由。」（羅瑪人書　第八章第十九節）

在人類和天主作仇敵的情況下，天主俯視宇宙，祇見人類的罪惡。因此，預先就決定了派遣聖子降生成人，重新改造人類。爲改造人類，聖子耶穌順聽聖人旨意，受苦受辱，補贖人類違命的罪惡，將自己作爲犧牲，奉獻贖罪祭祀，死在十字架上；聖子耶穌乃成爲新人類的司祭。

「如果敬拜天主的人的罪，眞的都得到潔淨，他們就不會再有罪的感覺，一切獻祭的事都可以停止了。其實，獻祭只是使人年年記起自己的罪，因為公羊和山羊的血都無法替人贖罪。」

「因此，基督要到世上來的時候，向天父說：『你不要祭品和禮物，稱已經為我預備了一個身體，你不喜歡祭壇上焚燒的犧牲，也不喜歡贖罪之祭』。於是我說：「天父啊！我來了，為的要遵行祂的旨意，正如法律書上所記載的，關於我的事。』」(希伯來人書 第十章第二節)

「現在事情已明顯，因為另一個像麥基瑟德的司祭已經出現，祂成為司祭，並不是由於人的規矩條例，而是由於那無窮生命的能力，因為有聖經的作證。……

「再者，耶穌成為司祭，是具有天主誓言的。……
這樣的大司祭纔適合於我們需要的大司祭。祂是聖潔，沒有過錯，沒有罪惡，從罪人中被分別出來。提升到諸天之上，祂跟其他司祭不同，不需要每天先為自己獻祭贖罪。只獻過一次，祂把自己獻上，一舉而竟全功。」
（希伯來人書 第七章第十五節）

聖子降生爲贖人罪，引導回歸天父，成爲天父的子女。人能歸向天父，以欽崇愛慕天父作生活的目標，宇宙萬物因著人也就歸於造物主，人在萬物內見到造物主的美妙和愛，更能歌頌造物主，天主創造宇宙萬物的原始計劃乃能實現。

基督一次完成了十字架的祭祀，復活升天，救贖人類的工程則須在人類的歷史裡進行，一直到人類歷史的終結。基督乃建立了聖體聖事，以餅和酒變成祂的體血，奉獻聖父，繼續十字架的祭祀。祭祀時，以體血賜給參禮的人，養育因聖洗所得的天主性生命。而且保留在聖櫃裡，常在體和血分離的致命情況下，延續祭祀的存在。基督在建立聖體聖事時，設立了聖品聖事，使宗徒們分享祂的司鐸品位，成爲聖體聖事的司祭，代表祂舉行聖體聖祭。

十字架祭祀補贖人類的罪過，向天父呈獻謝恩頌德的愛心。聖體聖祭也是讚頌感恩之祭。天主俯看宇宙，面對一種新的局勢：聖子耶穌率領新的人類，連同宇宙萬物，向造物主奉獻自己，頌謝主恩。聖子乃是天主，是聖父的愛子，是天主自己的本體。聖子欽崇讚頌必能獲得天父的欣享；聖體聖祭頌謝詞說：

「上主，你實在是神聖的，你所創造的萬物，理當讚美你；因為你藉著你的聖子，我們的主耶穌基督，以聖神的德能，養育聖化萬有，不斷召集子民，好能時時處處，向你呈上純潔的祭獻。」（感恩經 第三式）

宇宙現在向天主所呈現的，是耶穌基督的新人類向天主呈獻贖罪和讚頌之祭。新的人類是基督給與新生聖寵而得基督天主性生命的人，他們和基督因著天主性結合一體，成爲基督妙身，合成一個教會。聖體聖祭便是整個教會的祭祀，整個教會的信友都參加這個祭祀的奉獻，都分有基督的司祭身份。但是爲舉行聖體聖祭，代表基督主禮，則是分享基督鐸品的司鐸，他們是教會的職務司祭。基督建立了司鐸聖品聖事，先以鐸品賜給了宗徒們，由宗徒們傳給自己的門徒主教，由主教授予司鐸神父。神父的司鐸聖品爲基督的獻祭聖品，使聖體聖祭在人類歷史中，繼續加爾瓦略山十字聖祭，延續基督的救贖工程。

國。

2. 宣講天國的使者

天主聖子降生成人，耶穌基督，在舉行加爾瓦略山十字聖祭以前，三年宣講天主的神國。

「耶穌聽到若翰被監禁以後，……離開了納匝肋，來住在海邊的葛法翁，……從那時起，耶穌開始宣講說：你們悔過罷！因為天國臨近了。……」（瑪竇福音　第四章第十二節）

「耶穌將祂的十二門徒叫走，授給他們制伏邪魔的權柄，……耶穌派遣這十二人，……你們在路上應宣講說：天國臨近了！」（瑪竇福音　第十章第一節）

「此後，主另外選定了七十二人，派遣他們兩個兩個地在祂前面，到祂自己要去的各城各地去。……並給他們說：天主的國已經臨近你們了。……

……」(路加福音 第十章第一節)

基督所宣講的天國，就是宣講聖父，使人認識聖父，可以成爲天父的子女。在古經舊約裡，天主常稱爲亞伯漢，依撒各，雅各伯的天主，以色列人稱爲天主的選民，選民和天主的關係，是人和天主的關係，也是人民和君王的關係。因此以色列人一旦有罪，天主就罰，終至於以色列人受罰而去了國。基督所開創的新約，則建立新的天人的關係，爲父子的關係，天主爲人的天父，人是天父的義子義女；因爲信從基督的人，因著洗禮和基督結成一體。基督乃向人宣講天父，天父對人是慈愛，人對天主應當孝愛。基督而且以身作則，教訓人孝愛天父。基督常常聲明祂以順從聖父的旨意爲生命，祂所講所行，都是按照天父所要祂講要祂做的，祂祇有天父的光榮。在最後晚餐裡，基督向天父說：

「我已經把祂顯明給那些祂從世界選召出來，付託給我的人。……我把祂的信息給了他們，他們也領受了；他們知道我確是從祂那裡來的，也相信祂派遣了我。」(若望福音 第十七章第六節)

「公義的父啊！世人不認識你，但我認識你，這些人也知道你派遣了我，我已經把你顯明給他們，我將繼續這樣做，為要使你對我的愛會在他們的生命裡，我也會在他們的生命裡。」（若望福音 第十七章第二十五節）

基督完成了受聖父派遣來世的使命，復活升天，在升天當時，吩咐門徒說：

「你們往普天下去，向一切受造者宣傳福音。」（瑪爾谷福音 第十六章第五十節）

基督的司鐸聖品含有宣傳天國福音的責任，宗徒們在領受聖神以後，就全心全力宣講福音，當希臘信友抱怨希伯來人疏忽了他們的寡婦時，

「於是十二宗徒召集眾門徒，向他們說：叫我們放下傳講天主的聖言，而去管理膳食，是不對的，所以，弟兄們，請從你們中間選出七位，有名望，受聖神充滿而有智慧的人，讓他們來管理這些事。我們則專心於祈禱和傳道的事。」（宗徒事錄 第六章第二節）

聖保祿宗徒最熱心於宣講福音，就連授洗的聖事，也由別人去做，他是專務傳道。

「基督差遣我來，不是為施洗，而是為宣傳福音，且不用巧妙的言辭，免得基督的十字架失去效力。」（格林多前書 第一章第十七節）

教會從宗徒開始，在司鐸以下，設立了幾種職務，執事職由宗徒所立，其他有輔祭，讀經，驅魔等職務，執行禮儀和經濟的事務，讓司鐸可以專心傳道和舉行聖祭。

古經舊約的司祭，「是由人間所選拔，奉派執行人類關於天主的事，為奉獻供物和犧牲，以贖罪過。」（希伯來人書 第五章第一節）新約基督的鐸品，則是新約的中保：「我們所討論的重點是這樣的：我們有了這樣的一位大司祭；祂坐在天上至尊至聖者寶座的右邊，在至聖所作大司祭；這至聖所不是人所造，而是主所選的真帳幕，……現在耶穌接受的司祭職務，比他們更優越多了；正如祂在天主和人中間所安排的契約是更好的，因爲這契約是根據那更好的應許而立的。」（希伯來人書 第八章第一節第五節）「但是基督已經來了，他作大司祭，……通過了帳幕，一舉而竟全功地進到至聖所，祂並沒有用山羊和牛犢的血作祭品，卻用祂自己的血，爲我們取得了永恆的救恩。」（希伯來人書 第九章第十一節）

新約的鐸品爲基督的鐸品，奉獻基督的體血，向聖父表示服從，表示頌揚；且要宣揚聖父，不斷召集子民，向聖父呈獻純潔的祭獻。

二、雷鳴遠神父

一位神父接受了司鐸聖品，分享基督的司祭身份；教會向他所要求的，是實踐聖品的職務，全心獻祭傳道。教會必定還給他一些別的職務，時代環境也逼他做些別的工作，但是他必須把獻祭傳道作爲生活的中心，和工作的主幹，他一生的思言行爲，都環繞這兩點，寢食不廢。

雷鳴遠神父爲中國一位出名的神父，創辦了益世日報，組織了抗日戰爭的救護隊；另外因著天津老西開事件，爲中國人主持正義。但是這些使他成名的事件，並不直接和司鐸的職務相關，而且又不是每位司鐸都可以做的事；假若僅以這些事作爲雷神父一生的基本工作，我們不免要說雷鳴遠不是一位標準的司鐸，但是我正在努力標出雷鳴遠爲一位聖人，當然承認他是一位模範司鐸，他的這些社會性和政治性的工作，祇是他司鐸工作的枝節，而不是工作的主幹，他的主幹工作，乃是宣傳基督福音，他爲宣傳福音正義。創辦益世日報，他爲宣傳福音的愛，他組織抗日戰爭救護隊，又爲實踐福音的正義，他替中國人主持正義。他不是爲爭取自己的名聲和地位而做，實在是爲宣傳福音而做：因爲他一生的精神目標，從小就定在宣傳基督福音上。他在一八八九年預備初領聖體時，就想要成爲一位傳教士。在一八九〇年義和團引起八國聯軍以後幾個月，北京的樊國樑主教到了羅瑪，指定他到中國傳教。一八九一年三月二十日雷鳴遠乘船到了大沽口，進入天津，轉到北京，從此成了中國的傳教士，北京教區的神父，被派到京東大口屯副本堂主任。一九〇三年，調任武清縣小韓村本堂主任。一九〇五年，受任爲涿洲總鐸，次年調任天津總鐸。一九一六年調往正定任何家本堂副主任，一九一七年往寧波教區，任紹興總鐸。一九二〇年被調往巴黎。一九二七年回中國，在安國教區工作，任高家莊總鐸。一九四〇年五月二十四日逝世。雷鳴遠神父在各處本堂，打破神父和教友的距離，事事爲教友著想。就合地方環境，創設教友組織，起用新式傳道方式，在中國社會裡，表出基督的愛和正義。

一九〇一年七月十三日，雷鳴遠從北京給胞弟伯達寫信說：

「我一生當中從來沒有愛過什麼，像愛中國民族一樣，我愛外教人像我教友一樣，就是這個使我感到榮幸。當我同修士們在一起，用我不合語法的一點兒中國話跟他們交談，勉力開始我的傳教生活，那時我比聖保祿在天堂更幸福。小弟弟，我的聖召多美好啊！多美好啊！幫助我感謝好天主賜給了這恩惠！」（雷鳴遠書信集　第三十一頁）

一九〇六年十二月六日，雷鳴遠從天津給胞弟伯達信：

「又因好事而使我寫信中斷！方才我跟兩位教友半小時所談的，該給你寫四張信紙才能說得完。由他們二位的支援，在本縣五、六村莊中可設立堅強的宣講所。如何感謝天主賞賜這麼大的恩惠！但也藉著這封多次中斷的信，使你深深了解這不是空虛的推辭，而是我眞的很忙。……請為我祈禱，因為我的教友和我，完全成為一體，不可分離。」（同上，第八十六頁）

一九二七年五月七日，雷鳴遠神父從安國給母親的信：

「我找到了我作傳教士的眞實生活；我周圍的人都愛戴我，就如同很少的人在此可憐世上能有這種福份；工作永遠做不完，行善的機會數不盡。」

(同上，第四〇〇頁)

一九三一年一月二十六日雷鳴遠自安國寫給胞弟伯達信：

「實際上，我認為在出現於最後審判之前，我只有一個任務；就是儲備一批優秀的人才，對皈依安國能做有效的工作。還有我的兩座可愛的會院，由於災難，在我們預定的收入款項上，遭遇到很大的困難，如此，我不可能再多收德來會修女，因為我們的人數太多，住處不夠，我們耀漢兄弟會，已經擁擠，達到極限，其至連小診療室都住了人。……但是喜樂、和平、及興奮的精神高高在上，支配一切。」(同上，第四二三頁)

傳教的精神從少到老，充滿雷鳴遠神父的心，發動他作了各種的傳教計劃，投入了全部的精力。無論環境怎樣困苦，心情怎樣沉鬱，他常是工作不暇，絕對沒有消極退縮的一刻。因此，又表現了他的司鐸聖品的另一面，表現出祭祀的典範。基督的鐸品以奉獻十字架的祭祀而完成，以奉獻聖體祭祀（彌撒）而繼續，象徵新人類奉獻自己，欽崇聖父。基督因此說明，在跟隨祂的人，必須天天背著自己的十字架，跟著祂走。雷鳴遠神父乃在自己的生活緘言裡，放入「全犧牲」。（生活緘言：眞、全、常）在自己的歲月裡，承擔了重重的十字架。他是在遭受打擊中，渡過了一生。青年時，身體多病，幾乎不能成爲傳教士。一九一五年，雷神父三十九歲時，在天津總鐸任內，因老西開事件，替中國人爭主權，被法國籍主教調往正定，任何家村本堂副主任，次年，又被調往浙江嘉興；他的傳記上稱這些調動爲充軍。一九二〇年，雷神父四十三歲，被調回巴黎，離開中國，及到一九二七年，中國第一任國籍主教在羅瑪受祝聖後已經回國，雷神父才能回來，在安國教區孫主教之下，再度展開傳教工作。

一九一六年，他剛被收留在正定時，給好友湯作霖信，「願天主愛讚美！痛苦的浪濤雖然多次洶湧，似乎要擊碎我的心，但在吾主的垂視下，我常保平靜和喜樂，因爲祂是信實的，祂將論功行責。……爲了我們的中國，爲了極可愛的中國民眾，我奉獻一切，希望天主使中國皈依。我們或生或死，我們屬於上主。」（同上，第一四〇頁）

一九一七人，雷神父從浙江紹興給湯作霖神父信：

「您不知道我所受的苦。我給您所寫的這一切沒有給您指出我內心深處的創傷。痛苦經由所有的毛孔進入體內，悲哀佔據了全身做為住所，憂愁拔去了一切筋脈，好像吸乾了我的骨髓。

我不會表達這一切，但似乎我受的苦比您更多，並非因我的十字架更沉重，而是我的雙肩更無力。常對我自己這可憐的人加以反省，我感到傷心的是我忍受了很多痛苦，自己卻這樣沒有成就，距離英勇，聖善，克己的理想還這麼遠！以上的德行是我幾乎三十年以來夢寐以求的。」（同上，第一九四頁）

一九二一年元月十一日，雷鳴遠神父晉見傳信部長王勞松樞機（Gulielm Va nRossum）談了選任中國第一任國籍主教事，王勞松樞機對雷神父說：

「我親愛的朋友，您看，假如沒有您，一切都失敗了，也因此我曾感謝您，而現在還感謝您，就是您的絕對服從無所計較，讓我們做我們所做的。請您聽清楚我的話，假如一位神父的品行不是絕對光明磊落，我們不能就以我們的權力去支持這位神父所保持的論點。我們可能還該等待，……」

（同上，第三〇三頁）

王勞松樞機肯定了雷鳴遠神父忍耐而聽命的高尙價值，使教廷信任他的主張，任命第一位中國國籍主教。這就是全犧牲的代價。

三、田耕莘樞機

一般人都推崇田樞機，因爲他是中國的第一位樞機，也是亞洲和非洲的第一位樞機，他當然應該受人尊敬，也當然在中國教會的歷史上佔有尊高的地位。

但是孟子說社會上有人爵有天爵，「仁義忠信，樂善不倦，此天爵也；公卿大夫，此人爵也。古之人修其天爵而人爵從之；今之人修其天爵以要人爵，既得人爵而棄其天爵，則惑之甚者也，終亦必亡而已矣。」（告子上）

樞機爲教宗所立，是教會的人爵；司鐸爲基督所立，爲教會的天爵。基督所立天爵專司和天主有關係的事，稱爲聖品或神品。

田耕莘樞機於民國七年六月九日（一九一八年）受祝聖爲司鐸，領取了司鐸聖品後，就被派往沂水王莊。次年，中德宣戰，德籍神父被遣回國，田神父受命往濟寧戴家莊，又管理汶上。德籍神父卻能因中國政府暫緩遣走，歸到山東，田神父乃往鉅野，旋又奉調往單縣黃岡。民國十一年，調往山東東部諸城，民國十三年，調往范縣，民國十五年，調到魚台縣。民國十八年三月八日，田神父進入了聖言會。民國二十年二月七日，誓發聖願，即被派往喜祥縣。半年後，調往鄆城。民國二十一年七月一日，陽穀監牧區成立。民國二十三年二月二十三日，田耕莘神父被教宗庇護十二世任命爲陽穀監牧，稱爲田主教。

田監牧巡視教區，慣常騎單車，不到五年，使教友的人數增加了一倍，由原先的一萬三千七百人，增加到二萬八千九百多人。民國二十八年十月二十九日，耶穌君王節田監牧在羅瑪聖伯鐸大殿，被教宗庇護十二世祝聖爲主教。民國三十一年，田主教自陽穀被調到青島，轉任青島教區主教，仍騎單車視察教區。民國三十五年二月十八日，教宗庇護十二世在聖伯鐸大殿擢升田耕莘主教爲樞機，同年四月十一日，教宗任命田耕莘樞機爲北平總主教。

上面一段日期，是田樞機一生的經歷。開端的日期，是他受聖爲司鐸的日期。以後的日期，是他司鐸職位的變動，職位的變動是外面的變動，司鐸的基本則沒有變，田樞機一生是一位獻祭的司祭。在困苦艱難中每天同基督奉獻十字架的祭祀。他年輕時傳教，走過山東的西部東部南部，在貧乏裡生活，在勞苦中工作。後來日本人佔據了山東，在八年抗戰的度過戰爭生活。最後共產黨由東北到華北，再到江南和華南，霸佔整個大陸，田樞機被迫流亡，在流亡中又加上病和老。

工作帶來困苦，乃是當然的事，傳教神父都要受苦，在這幾十年裡中國的神父都是這樣。但是中國第一位樞機過著流亡的生活，在流亡生活的精神痛苦，則只有田樞機知道。

教宗庇護十二世很器重田耕莘主教，升他爲樞機，因爲庇護十二世很堅持主教不離職守的原則，他第一次所升的樞機都是在第二次大戰時，堅守職位不離教區的有功人士。田主教困居日本人佔領區，在陽穀和青島住所不動。青島教區在當時的中國國籍主教教區中爲最好的教區，南京于斌主教戰時在重慶，庇護十二世對于主教很不諒解，選了田主教升樞機，沒有選南京于主教。田樞機一離開北平，流亡在外，庇護十二世訓令住在美國聖言會芝加哥會院，不能離開，同時訓令于斌總主教住在紐約，不能對外多講話。

民國四十六年二月四日，我國外交部部長葉公超博士晉謁教宗，當面請求庇護十二世允許田樞機來台灣訪問。教宗面允可以考慮，田樞機乃在當年九月十三日來台灣，留住兩個月，於十一月八日離台飛往德國。民國四十七年八月十四日，在西德波昂遭遇車禍，右臂折斷三處。同年十月九日，教宗庇護十二世崩逝。繼任教宗若望二十三世，改變了態度，於民國四十八年十二月四日，任命田樞機爲台北總教區署理主教，民國五十五年三月一日辭職，退休在嘉義養病。民國五十六年七月二十四日逝世。

在美國流亡時，常有遭人忌視的痛苦。回台灣署理台北教區，又有因病不能工作的苦悶。在台北天母住處，祇在寢室、客廳、聖堂，手持念珠，踱來踱去。因爲眼睛有病，不能閱讀，行彌撒聖祭，須用大字經本。退休在嘉義會院，成天在寢室裡踱走，誦唸玫瑰經。不認識的人，看到他，絕不會想他是樞機。這種老病的生活，就是他每天的十字架，同基督一齊忍苦，作爲傳教的祈禱。

司鐸的天職，有傳教的職責，田神父熱心傳教因而被選爲主教，田主教熱心傳教因而被升爲樞機。升樞機遭遇共黨禍國，不能繼續傳教工作；然而仍舊創下了三項重要事業，北平的耕莘中學和台北的聖多瑪斯神哲學院，和若瑟小修院，三學校都爲培植司鐸聖召，因爲主教的第一項任務就是培植聖召。

田耕莘樞機的尊高，不祇在於樞機的高位，還是在於精神的高尙，實踐了基督鐸品的任務，終生受苦，同基督奉獻十字架的祭祀，費盡心血，宣傳福音，擴張基督的神國。司鐸的尊高，因聖品天爵爲分享基督的鐸品，基督的鐸品的實踐，積成深湛的精神生活。在精神生活中，同化於基督，以基督的生活爲生活，終生奉獻祭祀，以宣揚天父的神愛。聖品的尊高，由心靈而發，神化眾人。不在外面的形色。

我們舉行這次學術會議，共同反省司鐸聖品的意義，又從史實裡體驗中國聖職員中兩位卓越司鐸的生活，我們身有司鐸聖品的人便要看重我們的身份，實現聖品天爵的精神，加強爲中國教會工作的熱忱，放射基督福音的光明。

教宗若望保祿二世所指示的司鐸靈修生活

爲紀念司鐸年，輔仁大學彙編了當今教宗歷年建立聖體節致全球司鐸的書信，共十封。彙編成一冊，中英文對照，印刷成一本美好的書，贈送台澎的每位中外司鐸，作爲司鐸年的紀念品。這本紀念品當然不祇是爲收藏，而是供司鐸們閱讀。閱讀後，還要深刻地思考，然後再去力行。

一、司鐸的自我

我是司鐸，我究竟是誰？司鐸的本質是什麼？若望保祿二世在第一封書信裡，引第二屆梵帝岡大公會議教會憲章的話作答覆：

「主基督—由人間選拔的大司祭，把新的民族『變成了國家，成為事奉他的天主和人的司祭』，因為凡是領過聖洗的人們，都藉著重生及聖神的傅油，已經祝聖為精神的宮殿及神聖的司祭，讓他們把基督徒的一切行為，都獻作精神的祭品，並揭示從幽暗中領他們進入奇妙光輝的基督的德能。所以，全體基督信徒，要恆心祈禱，同聲讚美天主，把自己奉獻為神聖的，悅樂天主的活祭品，在世界各地為基督作證，並且向追問的人解釋自己心內所懷的永生的希望」。

「教友們的這項普通司祭職與聖職司祭職，或聖統司祭職，雖不僅是程度的差別，而是具有本質的區別，可是彼此有連帶的關係；二者都以其特有的方式，分享基督的同一司祭職。有聖職的司祭以其所有的神權，培養管理擁有司祭職務的信眾，代替基督舉行聖體祭，以全體信眾的名義奉獻於天主；教友們則藉其王室司祭的職位，協同奉獻聖體祭，在恭領聖體時，在祈禱感謝時，以聖善的生活見證，以刻苦和愛德行動，來實行他們的司祭職務。」（萬民之光 第十節）

司鐸是由聖品聖事祝聖的司祭，享有培養管理信眾的神權，代替基督舉行聖體祭祀，以全體信眾的名義奉獻於天主。司鐸的司祭職來自天主，不來自信眾團體。

「不過，這職務不是來自這團體，彷彿是團體『召喚』它或『委任』它。聖事性的司祭職為這團體確是一種恩賜，它來自基督，來自基督司祭職的盈溢。」

基督在最後晚餐中，建立了聖體聖事，同時建立了聖品聖事。基督藉著聖品聖事授予聖事司祭職。

「聖週四是我們司祭職的生日，我們都在這一天誕生。就像孩子生自母胞，基督，我們也從祂惟一而永恆的司祭職所生，我們是因新而永久的盟約的恩寵和德能所生。我們是在最後晚餐以及加爾瓦略山的十字架旁誕生；那新生命和教會一切聖事的發源地，也是我的司祭職開始的地點。」

天主因著無限的愛心，創造了宇宙萬物，顯映了天主的美善。宇宙萬物雖然顯映造物主的美善，但沒有靈性不能意識這種奧妙，祇有人具有心靈，可以意識到造物主的美善和愛心，奉獻感謝欽崇。因此，造物主把萬物屬人權下，由人管理，也由人率領歸向造物主。不幸，人類原祖沒有勝過天主的考驗，背叛天主的命令，成了天主的對抗者，他們的後代，頂著這項原罪的流毒，失去了生活的目的。天主又因著無限的愛心，派遣聖子降生成人，救贖人類，重造新的人民。聖子耶穌基督以十字架的犧牲聖祭，洗除人類的罪，以聖洗聖事將自己天主性的生命賜予受洗的人。基督成爲新人類的始祖，新人類和祂結成一體，因爲天主的子女，率領整個宇宙讚美欽崇天父。凡是領洗的人，都和基督相連，有讚美欽崇天父的司祭職，基督一次在十字架奉獻了自己作爲犧牲，完成了贖罪的祭祀，產生具有天主性生命的新人類，結成了一個奧體的新選民，成爲基督的教會。基督長久要留在人間，同新的子民教會奉獻讚頌之祭，基督便在捨生的前夕，和宗徒們用最後晚餐的巴斯卦禮時，建立了聖體聖事，以繼續十字架的祭祀；建立了聖品聖事，祝聖宗徒們爲司祭，以舉行聖體祭。聖職司祭的司鐸，代表基督，以教會的名義奉獻聖體祭祀，又以基督的聖體，分給信眾，養育他們的天主性生命。司鐸便是實現愛天主而奉祭，愛人而培養神聖生命的雙重愛之人。

「司鐸常常以不變的方式，在基督大司祭身上找到他身份的來源，不是世界要決定司鐸的地位，好像司鐸地位是因社會角色的需畏而改變的，司鐸是烙上了基督司祭職的神印，爲的是分享祂唯一中保和救主的職務。」

二、司鐸以聖體祭為生活的中心

「因爲祂親自揀選了我們，特別讓我們分享祂的司祭職，並以不可磨滅的神印標明我們，使我們每一個人能奉獻祂自己的祭獻，作爲全體子民的祭獻；祂不斷將奉獻予天父的和好祭獻，同時在祂內，人和世界也獻於天父。」

「聖體是他（聖維亞納）靈修生活和牧靈工作的中心。他說：『所有好的工作加起來，也無法與彌撒聖祭相等。因爲那是人的工作，而神聖彌撒是天主的傑作』。是在彌撒中，加爾瓦略上的祭獻，爲了世界的救贖而實現。的確，司鐸應該把每天個人的奉獻與彌撒的奉獻相結合。」在今天，建立聖體聖事的日子，我們謙遜而誠懇地求你，使聖體聖事能在全世界爲祂所召叫的聖職人員所舉行，使祂的門徒和爲祂信仰作證的團體，都不會缺少此神聖的祭獻和精神的食糧。

「聖體聖事是給予教會的首要的恩惠，一項無可言喻的恩惠，司祭職也是爲了聖體聖事而給予教會的恩惠。」

司鐸聖品爲聖體聖事而設，聖體聖事爲十字架的聖祭，又爲基督聖體給予信眾的恩賜，充滿愛天主愛世人之愛，司鐸便從聖體聖祭的愛中，汲取靈修生活的愛。每天舉行彌撒聖祭時，和基督結成一體，作爲基督替身，恭捧基督的體血，奉獻天父，養成聖保祿的精神：「和基督同釘在十字架上，我活著，不是我活著，是基督在我內活著。」（加拉太書 第二章第十七節）將自己一天的苦楚，同基督的體血一同作祭品，自己甘心樂意忍受每天的艱難困苦。每天舉行彌撒聖祭時，向聖父懇求赦免人類的罪，接受新的人類和全宇宙萬物因著基督聖祭而奉獻的欽崇和謝恩。每天奉獻基督體血後，恭領基督體血到自己體內，又奉著聖體分予參禮的信友，和信友在基督內結成一體。因此，在每天的彌撒聖祭中，司鐸發揚心靈的生命，增加信望愛三德。

在彌撒聖祭以後，基督又留在聖體櫃裡，繼續體血分離的死亡情況，延續彌撒祭祀的意義。司鐸分送聖禮時，高舉聖禮說：「請看，天主的羔羊！請看，除免世罪者！」司鐸在每天的生活裡，表現聖櫃內的聖體精神，繼續彌撒聖祭的意義，把一切事務都作爲奉獻聖父的祭品。這樣，聖體祭便成爲司鐸生活的中心。

三、時常祈禱

「祈禱顯示司鐸的主要型態，沒有祈禱，這種型態將會變形。祈禱協助我們經常得到自從我們司鐸聖召開始引領我們的光，而且這光從未中止引領我們，儘管這種光有時似乎在黑暗中消失。

祈禱使我們不停地悔改常孝於到達天主的地步。……」

「同樣，祈禱使我們不停地發現天國的幅度，因爲幾時我們重複那種教導我們的話，我們是求天國的來臨。」祈禱是他（聖維亞納）生活的靈魂：靜默和默觀的祈禱，通常是在聖堂的聖體龕前，經由基督，他的心靈對天主聖心開放，在他遺囑上，他將他的可憐的靈魂託付於聖三。『在他非常忙碌的生活中，他一直與天主結合』。他沒有疏忽過日課和玫瑰經，他自然轉向童貞聖母。」

「今年在聖週的默想中，我們把晚廳和華色瑪尼園聯想一起，爲的是要了解，我們的司鐸職必須與祈禱聯結一起，必須深植於祈禱中。」

「作爲基督司祭職的分擔者，而基督司祭職是不可分離地與祂的犧牲相銜接；因此，我們必須在司鐸職服務的根基上安放祈禱基石，使我們能夠調和我們的生活和司鐸職的服務，完整無缺地保持聖召的一致性和真確性，聖召成爲我們在教會內，天主子民的團體中的特有嗣業」。

「司鐸的祈禱，尤其是日課和朝拜聖體，首先將幫助我們保持是「基督之僕」的深刻認識，我們以獨特方式成爲『天主的管事人』，不論我們現實的職務是什麼，不管我們實現靈牧服務的工作是什麼型態，祈禱會使我們是神恩奧秘的『管事人』的體會落實，祈禱會使我們所做的一切事物表達出那種體會」。

「追隨耶穌的芳表，司鐸——『天主奧秘的管事人』——當其是『爲他人』著想時，才真正發現自己。祈禱給予他對『他人』具有特別的感應，使他留意他們的需要，生活及人生目的。祈禱使司鐸能夠認識那些『天主賜給他』的人。」

若望保祿二世在每封致司鐸的信裡，都談到祈禱的重要，在一九八七年的聖週四書信，以祈禱作主題，由基督的祈禱，講到司鐸的祈禱。祈禱是和天主接觸，使心歸於天主。司鐸是「天主奧秘的管事人」，理應常和天主接觸，心靈常在天主那裡。若望保祿二世稱祈禱爲司鐸服務工作的基石。

在祈禱中，司鐸常要感謝天主，因爲鐸品是天主的恩寵，是天主慈愛的注視點，「司鐸是由恩寵所陶成的人，又是恩寵的管理員，我要永遠歌詠上主的恩寵。」

祈求聖神的光明和熱火，乃是司鐸每天的祈禱，「我們要依賴聖神，祂將輔助我們的軟弱，以無可言喻的歎息代我們轉求。因爲常是聖神要保持教會青春的話，不斷使她革新，領她去和淨配（耶穌）作完美的結合。」司鐸所行的聖事，都是因聖神而成。主耶穌復活後，給予宗教徒們赦罪的神權，開端就說「你們領受聖神罷！」舉行彌撒聖祭，在成聖體以前，司祭求聖父派遣聖神，聖化麵酒，使成爲基督的聖體聖血。

若望保祿二世特別囑付司鐸祈求聖母助佑。

「親愛的弟兄們，在我任職的開始，我將你們大家託付給基督之母，她也特別是我們的母親，司鐸之母。事實上，十二位之一，耶穌特愛的門徒曾在晚餐廳聽到以下的話：『你們做這個為紀念我』，懸在十字架上的基督也把他託給祂的母親，同時向母親說：『請看你的兒子』。那位在聖週四得到舉行聖體祭權力的人，也由於垂死的基督的話，而被交給母親，做為她的『兒子』。因此，我們大家經過司鐸授職禮領受同樣的權力，在某種意義之下，我們也有優先權。視她為我們的母親。因而我切望，你們大家同我一起，認瑪利亞為司鐸之母，這種鐸職是我們從基督手中得來的，我也切願——你們以特殊的方式將你們的鐸職託靠給她。」

這是若望保祿二世在第一封致司鐸書信裡的話，在一九八八年聖週四的書信裡，若望保祿二世以聖母年為主題，講述司鐸聖職和聖母瑪利亞的密切關係，勉勵司鐸敬愛聖母。

「我們每一位必須如若望宗徒一樣『迎接她到我們自己家裡』，就是說，我們每一位應該讓聖母住進我們司鐸職位的『家裡』，作為我們大家都願意以我們的生命去服務的『偉大奧跡』的慈母和中保。」

四、獨身生活

在第二屆梵岡大公會議以後，出現了各種反對司鐸獨身生活的言論。不少的司鐸放棄了司鐸的職位，申請教宗豁免獨身的許諾，還俗結婚。若望保祿二世在第一封致全球司鐸書信中，詳細地說明了司鐸獨身生活的意義和價值。

「拉丁教會一向希望，現在仍然希望，依照主耶穌的榜樣，宗徒們的教訓及教會的全部傳統，所有接有神品聖事的人，應為天國的緣故而捨棄婚姻。……我們大家都曉得，『我們的寶藏是裝在陶土的器皿中』。但是我們也曉得很清楚，這確是一個寶藏。」

「事實上，主要及適當的理由包括在基督及聖保祿所宣佈的真理中，而這真理是在耶穌談到為天國之故放棄婚姻時所宣佈的，而聖保祿是在宣佈每人在教會內都有自己的特恩時所宣佈的。的確，獨身確是一項聖神的恩寵。」

「教會之所以如此做，是因為天國的緣故而度的獨身，不只是末世性的標記，而且它在目前的生活中為天主子民服務具有一個偉大的社會意義。經過獨身，司鐸成為『利他的人』。……司鐸的牧靈任務是偉大的，而且大公會議也教訓我們說，它是普遍的，是指向整個教會的，因而它是傳教性的。……司鐸的心，為能便於服務，應該是空曠的。獨身是自由的標記，而這種自由是為了服務。」

司鐸在接受聖品時，許諾守持獨身，不僅和修會的修士修女守持獨身，象徵天國的生活，不嫁不娶，另外是為更自由更圓滿地為教會—天國服務。司鐸的獨身雖然由教會法律所定，然而司鐸接受法律的規定，是完全出於自己的意願，完全甘心作這種選擇。

「顯然地，這種決定，不只是由於教會的法律，而且也是出於個人的負責而發生約束力。遵守諾言同時也是一種責任，及司鐸內心成熟的憑證。這也是他人格尊嚴的表示。……我們應該尋思這些事，特別是在危機之時，而不求助於豁免，認為一種『行政程序』而已，彷彿這不是一個良心的問題及人性的考驗。天主有權利以這種方式考驗我們；因為每一個人，這塵世的生活是一個考驗時期。但是天主也希望我們勝過這些考驗，而且祂為此也給我們適當的協助。」

結婚的信友，自由地選擇了婚姻聖事的責任，彼此許下忠貞。他們要求從司鐸得到好的榜樣，至死忠於聖品的許諾。教宗知道這是重大的責任，須用祈禱去支持。

「在這時期，個人應在更熱烈的祈禱中尋求支持。經過祈禱，他必須在天主前及良知中發現這種謙遜及坦誠的態度，的確，祈禱是支持動搖中的力量的源泉。同時，在祈禱中產生相似聖保祿所表達的信心，他說：『我較加強我力量的那一位，應付一切』。

五、天天悔改 革新

靈修生活乃精神生命的活動，活動不停滯在一點上，或是前進，或是後退。司鐸的靈修生活便要天天努力向前，天天反省，看清自己精神生活的情況。為著身體的生活，要緊按時檢查身體，為著精神生活也該作體檢，查出不正當之處，加以改正。若望保祿二世囑咐司鐸要用懺悔聖事，即告解聖事。

「我們大家必須每天『悔改』。我們曉得這是福音向我們每人的基本要求……所謂『悔改』，就是回到我們聖召的恩寵……此外，悔改也意味著不停地在我們心靈的主前交代我們的服務，我們的熱火及我們的忠貞的賬目，因為我們是『基督的僕人，受託管理天主奧秘的人』。然後悔改指的是爲我們的疏忽和罪過，我們的膽怯，我們的缺乏信德及希望，我們只『以人的方式』，而不『以天主的方式』的思想交眼。……最後，悔改爲我們還意味著在和解聖事（告解聖事）中尋求寬免及力量，並經常從新開始，每天進步。……」

司鐸因著悔改而革新，因著革新司鐸對於天國的幅度，日加增廣，更能認識天父和基督對司鐸的愛，是多麼廣，多麼深，又更能領悟天父和基督對人類的愛心，司鐸乃加增牧靈的熱火。

「悔改還指的『不停地祈禱，總不鬆懈』……祈禱使我們不停地發現天國的幅度，因爲幾時我們重複耶穌教導我們的話時，我們是在祈求天國的來臨。……可能幾時我們祈禱，我們會更容易看到那『莊稼已發白的土地』，同時也會瞭解基督在看到這田地時所說的話的意義，祂說：『所以要求莊稼的主人，派遣工人收割他的莊稼。』」

增廣了天國的幅度，提高牧靈的熱忱，就得增加自己工作的學識，何況目前各種學術日新月異，社會環境和人們的心理，也在迅速變動，爲應付這些變遷，便要隨時學習，若望保祿二世勉勵司鐸天天革新，就要讀書到老。

「我們除了祈禱以外，應不停地激勵我們自己，這就是『長期訓練』。……我們不應停滯於我們在修道中所學的，即使是在大學的水平線上讀過的，猶如教育部所推崇的，這種理智訓練應維持一生，特別是在現在的時代，因爲至少在世界很多地區，教育十分發達。我們應向受這種發展之惠的人們，爲耶穌基督作證，一定要有資格，我們要以眞理及道德導師的身份，有力地及有效地告訴他們賜給我生命的希望。」

台灣步入了開發國家的圈裡，又在革新傳統的中華文化，青年人都想入大專，我們司鐸向他們傳道，學識的水準，決不能停在修院的幾本神學書上。何況，台灣的修女們，不論老少，都年年加入講習班。司鐸們卻對講習班缺乏興趣，都歸罪於講習班辦不好。如果是辦不好，便要想法改革講習班；但不能長久拖下去，認爲自己可以不學而能。教宗說：「我們必須每天悔改，我們必須每天發現在神品聖事中從基督所得到的恩賜，深入瞭解教會救世任務的重要性，並且根據這種任務思考我們聖召的偉大意義。」

六、救世的任務

我們司鐸的靈修生活，在於執行教會救世的任務。我們祈禱，我們悔改，我們革新，我們獨身。都是爲著這種任務，而且在這種任務的執行裡，實現我們的祈禱，悔改，革新和獨身。司鐸「是由於愛基督，經過特殊的聖召，獻身於服務教會，而且也在教會內服務人群，解決最重要的問題，特別是關於人的永遠得救。」若望保祿二世給司鐸們標出了一個模範，就是亞爾斯堂區的聖維亞納神父。

「為所有的司鐸來說，亞爾斯堂區主任是司鐸愛心的模範。他慷慨的秘訣無疑地是在他對於天主的愛，沒有限度地愛天主，不斷地答覆在被釘死的基督身上所表達的愛。這就是他要盡一切力量去救基督以極大的代價所救贖的人靈，使他們回頭愛天主的基礎。」

聖維亞納神父的救世任務，以教授信仰和淨化良知兩種工作為最重要的工作，引領天主子民走向聖體奧蹟。所以，這兩種工作，也是每位司鐸的重要工作。

「基督司祭內的弟兄們！在聖年內，希望你們成為天主的真理中有關寬恕和赦罪的導師，此真理是教會不斷宣報的真理。要把此真理的一切富裕介紹給人們，設法將它刻劃在現代人的思想和良心中。除了訓導以外，你們在聖年內，也要慷慨地成為告解聖事的聖職人，在此聖事中，教會的子女得到罪過的赦免。」

「親愛的司鐸弟兄們，你們常要深信：此仁慈的職務，是最美好最有安慰的職務。它使你們能開導良知，以主耶穌之名寬赦他們，給他們新的活力。它能使你們成為他們心靈的醫師和顧問；它是司鐸職無法替代的表達和考驗。」

近年來，信友對於告解聖事的重要性，大都冷淡了，領聖體的現象則日益加多，不少人便疏忽了為領聖體應有的良心清潔。告解聖事赦了罪，給人革新的聖寵，而同時使人自己反省，認識自己良心的情況，著力於該改正的事，教宗便很注意司鐸宣讀告解聖事的真理，指示慷慨成爲告解聖事的服務人。

亞爾斯本堂主任一直小心不疏忽聖道職，因爲聖道職爲使人得信德和皈依是絕對必需的。他甚至於說：「我們真理天主，視祂的聖言和祂的聖體一樣的重要。」

「親愛的司鐸弟兄們，你們深信宣報福音的重要性，梵二大公會議把它列爲司鐸的首要職務，你們用要理講授，宣講和其他包括傳播工具的方式，設法打動現代人的心，他們既抱有希望也有焦慮不安，爲了引發他們的信仰，像亞爾斯堂區主任一樣，並依照大公會議的勸諭，你們要努力教授天主的聖言，祂召叫人民歸依成聖。」

在我們傳教區內，宣傳福音乃是我們司鐸的首要任務。現代社會道德淪落，人們生活腐化，有些青年人追求心靈的發展，投入佛教的禪修。我們福音的靈修指示，乃是生活的光明，我們要指引青年人走入基督的光明。

「我們每一個人都應該像基督一樣，容易讓人接近。青年人不應該感到難於接近司鐸，而應該在司鐸身上，對他們所困擾的問題，領略到開放，慈祥和服務的態度。」

「我相信，親愛的弟兄們，我們每一個人應該懇求主耶穌，使我們與青年的接觸，主要能成爲分享基督對於青年的『注視』，分享基督『愛』那位青年的愛。」

在現代多元化，又充滿分離和自私的社會生活裡，我們司鐸要瞭解青年的心理，要同他們在生活的考驗裡，體貼人性的尊嚴，相信青年們選擇自己生活的道路。

在一九八九年聖週四的書信裡，若望保祿二世總括司鐸的職務，在於爲「平信徒」教友服務。

「大公會議正確的肯定，教友們有權利從聖職善牧手裡，充分領受教會的精神財富，尤其是天主聖道及聖事的幫助。」

「這服務是我們使命的中心。無疑地，我們的弟兄姐妹們—平信徒—把我們當做『基督的聖職員和天主奧秘的管理人』，在此，我們發現我們的聖召以及我們在教會內地位完全實在的意義。」

在今年的聖週四書信裡，教宗指出今年全球主教代表會議以司鐸的培育作爲主題，鼓勵司鐸們在這次會議祈禱。教宗結束他的書信說：

「藉今天的禮儀，齊聚一起環繞聖品的恩典，盼望專務討論司鐸職的主教會議成功，讓我們允許聖神在我們內工作，使教會的傳教使命繼續成熟成長合符在基督內發現的尺度。期望我們更完滿地知道『基督的愛超越一切知識』，因祂並藉祂，在我們司鐸的服務上，我們俾能充滿天主的一切完滿。」

我就用教宗的這一段話，結束我的這篇報告論文。